CUÁNDO DECIR «SÍ»,
CÓMO DECIR «NO»

# LÍMITES
## CON LOS
## ADOLESCENTES

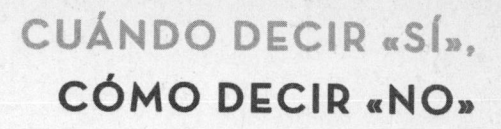

## DR. JOHN TOWNSEND
Coautor del éxito de librerías *Límites*

*La misión de Editorial Vida es ser la compañía líder en comunicación cristiana que satisfaga las necesidades de las personas, con recursos cuyo contenido glorifique a Jesucristo y promueva principios bíblicos.*

**LÍMITES CON LOS ADOLESCENTES**
Edición en español publicada por
**Editorial Vida – 2006**
**Miami, Florida**

© **2006 por John Townsend.**

Originally published in the USA under the title:
**Boundaries with Teens**
© **2006 by John Townsend.**
Published by permission of Zondervan, Grand Rapids, Michigan

Traducción y edición: *Grupo Nivel Uno, Inc.*
Diseño interior: *Grupo Nivel Uno, Inc.*
Adaptación de cubierta: *Good Idea Productions Inc.*

ISBN: 978-0-8297-4629-7

CATEGORÍA: Vida cristiana / Familia

IMPRESO EN ESTADOS UNIDOS DE AMÉRICA
PRINTED IN THE UNITED STATES OF AMERICA

10 11 12 13 ❖ 12 11 10 9

*A todos los que están embarcados en la tarea de ayudar a los adolescentes a navegar con seguridad hacia la adultez. Su amor y esfuerzo no serán en vano. Dios los bendiga.*

**E**l error que cometimos Sharon y yo, y ambos estamos de acuerdo en esto, es que jamás pusimos límite alguno.

**Ozzy Osbourne**

# Contenido

**CUARTA PARTE**
Dirigiéndonos a los problemas comunes

# RECONOCIMIENTOS

**A** mi esposa Barbi, por ser una madre amorosa y siempre presente mientras juntos criamos a nuestros adolescentes.

A Ricky y Benny Townsend, por ser chicos tan grandiosos, en especial durante estos años de la adolescencia.

A Scott Bolindre, editor de Zondervan, por su apoyo y por creer en la importancia de este tema.

A mi editora Sandy Vander Zicht, por su visión en la creación de este libro y su amor por la palabra escrita.

A mi editora Liz Heaney, por su diligencia y atención en el proceso de lograr un libro de fácil lectura.

A mi agente Sealy Yates y su socia Jeana Ledbetter, por su sabiduría y protección en el proceso de escritura.

A mis amigos, padres de adolescentes, que me brindaron historias e información útil: Roger y Diane Braff, Jim Burns, Cindy Canale, Cathy Evangelatos, Belinda Falk, Eric y Debbie Heard, Mark Hola, Jim Liebelt, Tom y Martha McCall, Dr. Paul Meier, Dr. Jerry Reddix, Te y Jen Trubenbach, Bob Whiton.

A mis amigos especialistas en adolescencia, que revisaron los capítulos y me brindaron comentarios útiles: Dr. John Barreto, Dr. Tom Okamoto y Brett Veltman.

Al Dr. Jim Pugh, por su sabiduría y experiencia en el campo de los adolescentes y la familia.

Al ministerio de jóvenes de la Iglesia Mariners de Irving, California y en especial a Chris Lagerlof, Ryan Schulte, Michael Siebert, Sabrina García, cuyo rol en el ministerio para jóvenes de la Iglesia Mariners es de tan grande utilidad para tantos chicos, incluyendo los míos, para encontrar a Dios, el crecimiento y las relaciones saludables.

A los chicos de los grupos pequeños de la secundaria: Nate Barreto, Josh Bennar, Monty Buchanan, Zak Fuentes, Josh Hervey, Renny Martínez y Travis Wadell, por ser chicos tan buenos y seguidores de Dios.

A mi amigo y socio escritor Dr. Henry Cloud, por su inteligencia y profundidad de pensamiento en cuanto al tema del crecimiento y la crianza de los hijos.

Y un agradecimiento especial a mi asistente Janet Williams, quien sostiene mi universo de trabajo día a día, con buen humor y eficiencia.

# INTRODUCCIÓN

## ¿Quién operó el interruptor?

**C**onocía a Trevor desde que él tenía seis años porque nuestras familias solían ir a los mismos lugares. Como pre-adolescente, era un chico normal. No era perfecto pero tampoco fuera de control. Mostraba respeto hacia los adultos y era divertido.

Luego, cuando tendría unos trece o catorce años, mi esposa Barbi, nuestros hijos y yo lo encontramos con su madre Beth, en un cine una noche y los adultos comenzamos a conversar. No pasó mucho antes de que todos los chicos se inquietaran, en particular Trevor. Él y su madre entablaron un diálogo que fue más o menos así:

«Mamá, vamos ya».

«Espera un minuto, amor».

«¡Dije que quiero irme!»

Beth se mostró un tanto avergonzada y dijo:

«Trevor, casi ya terminamos de hablar ¿está bien?»

«¿OÍSTE? ¡DIJE – QUE – QUIERO – IRME!»

La gente que estaba en el cine comenzó a mirarnos.

La madre se veía mortificada. El chico tenía la cara colorada, pero no parecía avergonzado. Tenía una sola cosa en mente: que su madre se moviera.

Ella se despidió rápidamente y ambos se fueron.

Este encuentro permanece en mi memoria a causa del enorme contraste entre el Trevor de antes y el que veía ahora. Era como si alguien hubiera operado un interruptor. El respeto que antes tenía por su madre y seguramente por otros, se había esfumado.

Quizá pueda usted identificarse con Beth como madre, o como padre. Quizá su adolescente cuando pre-adolescente fue más fácil y obediente. O quizá vio semillas de problemas futuros en su pre-adolescencia solo para luego verlos germinar cuando llegó el momento de la adolescencia. O quizá su hijo o hija no se vea diferente, más que en su tamaño y fuerza. En todo caso, esto apunta a la realidad de que *ser padres de adolescentes no es lo mismo que ser padres de chicos y chicas de cualquier otra edad, porque los hijos cambian dramáticamente durante la adolescencia.*

## Los desafíos que enfrentan los padres de adolescentes

Los padres y madres enfrentan distintos problemas y temas en su esfuerzo por criar de manera efectiva a sus adolescentes, como lo muestra esta lista de típicas conductas adolescentes:

- Muestra falta de respeto hacia los padres, familia y demás personas.
- Desafía pedidos o reglas.
- Está ensimismado y no es capaz de ver las cosas desde el punto de vista ajeno.
- Es haragán y no se ocupa de sus responsabilidades.
- Tiene una actitud negativa hacia la vida, la escuela o la gente.
- Se muestra emocionalmente retraído y distante.
- Suele elegir amigos que uno desaprueba.
- Irrumpe en ataques de ira que parecen surgir de la nada.
- Le falta motivación para la escuela y no mantiene buen nivel de calificaciones.
- Abandona responsabilidades, es negligente con sus tareas.
- Tiene cambios de ánimo que no parecen tener razón ni ritmo.
- Es malo con sus hermanos o amigos.
- No se interesa por temas espirituales.
- Se despega de los eventos familiares para estar con amigos solamente.
- Miente y engaña respecto de sus actividades.
- Es físicamente agresivo y violento.

- Falta a la escuela haciéndose la rabona, o se escapa.
- Abusa de sustancias: alcohol, drogas, pornografía, etc.
- Inicia la vida sexual.

La lista podría seguir y seguir, claro está. No es de extrañar que cuando existe uno o varios de estos problemas los padres se sientan abrumados, desanimados o confundidos respecto a qué hacer. No tiene por qué formar parte de este grupo de padres. Si está leyendo este libro porque su adolescente manifiesta alguna de estas conductas, no pierda el ánimo. Estos problemas tienen solución. No hay por qué resignarse a aguantar y simplemente sobrevivir para llegar a los próximos años. La vida con su adolescente puede ser mucho mejor que eso. Puede actuar y lograr diferencias importantes en las conductas y actitudes problemáticas de su adolescente.

He visto a muchos adolescentes ser más responsables, más felices y prepararse mejor para la vida adulta una vez que sus padres comenzaron a aplicar los principios y técnicas que ofrece este libro. Muchos de estos adolescentes no solamente mostraron cambios positivos en sus vidas, sino que además se reconectaron con sus padres a niveles que estos pensaban desaparecidos para siempre. Estos principios funcionan si uno los aplica.

## Los adolescentes necesitan límites

Los problemas enumerados en la lista tienen un fundamento en común: *la batalla entre el deseo de libertad total del adolescente, y el deseo de control total de los padres.*

Todo adolescente quiere ser libre para hacer lo que quiere y cuando quiera. Necesita aprender que la libertad se gana, y que puede ganarla demostrando responsabilidad. La adolescencia es la época de la vida en que se supone que hay que aprender esta lección.

De la misma manera los padres necesitan poder reconocer cuándo están exagerando su control, y cuándo es adecuado y saludable decir «No». Necesitan poder distinguir esto para poder cumplir con su tarea: ayudar a los adolescentes lo que es el dominio propio y la responsabilidad para que usen la libertad adecuadamente y vivan bien en el mundo real. Para lograr esto los padres deben ayudar a los adolescentes a aprender lo que son los límites.

No puedo evitar insistir en lo importante que es su rol en este aspecto. En medio de las exigencias, caprichos, amenazas y actuaciones de su adolescente, su tarea consistirá en filtrar toda la locura y establecer límites con amor y firmeza.

Toda vez que su adolescente se comporte con responsabilidad, podrá soltar un poco las riendas y otorgar mayor libertad. Es usted la voz de la cordura en el mundo de su adolescente. Su adolescente necesita oír su voz y también le hace falta su ayuda para aprender a establecer límites.

¿Qué son los límites? Básicamente, los límites son la línea que demarca la propiedad o el terreno de cada uno. Definen quiénes somos y lo que no somos, establecen fronteras y consecuencias en caso de que alguien intente controlarlo. Cuando le decimos «no» a la mala conducta de alguien estamos estableciendo un límite. Los límites son buenos para nosotros y para los demás, porque permiten que cada uno aclare sus responsabilidades en la vida. (Para mayor información sobre los límites, por favor vea el libro que escribimos con el Dr. Henry Cloud: *Límites: Cuándo decir que sí y cuándo decir que no para tomar el control de su vida*).[1]

A causa de los cambios en el desarrollo de los adolescentes, a menudo carecen de control eficiente de su conducta, del claro sentido de la responsabilidad sobre sus acciones y de autodisciplina o estructura. En cambio sí suelen mostrar falta de respeto hacia la autoridad (como en el caso de Trevor), impulsividad, irresponsabilidad, mala conducta o conducta errática. Son, como lo describe la Biblia, «como las olas del mar, agitadas y llevadas de un lado a otro por el viento».[2]

Los adolescentes necesitan desarrollar buenos límites para poder pasar con éxito esta temporada de sus vidas. Los límites saludables les proveen la estructura, el dominio propio y el sentido de pertenencia que les hacen falta para responder a todas sus inquietudes respecto de «¿quién soy yo?», y para poder pasar por los cambios fisiológicos y del desarrollo que están experimentando.

Los límites funcionan de manera semejante al tronco de un árbol. El tronco sostiene a las ramas, las hojas, frutos y raíces. Sin embargo, todo árbol con tronco robusto comenzó siendo un retoño. Necesitó que se le atara a un tutor porque todavía no podía erguirse solo. Necesitaba apoyarse en algo más fuerte y robusto, algo que no pertenecía a su propia estructura. Con el tiempo, el árbol maduró y logró ocuparse de este sostén por sí mismo.

El proceso de desarrollar límites es parecido. Los adolescentes no pueden crear su propio «tronco». No tienen las herramientas que hacen falta para llegar a ser responsables, compasivos y solidarios con los demás. Como el retoño, necesitan ayuda externa. Los padres son los tutores. Son estructuras externas temporarias que los adolescentes necesitan para lanzarse a la vida real. Cuando los padres les dicen a sus adolescentes la verdad, establecen límites, horarios de llegada, enfrentan las malas conductas y hacen cantidad de otras cosas como estas, les están proveyendo de la estructura que les ayuda a desarrollar una estructura propia. Si todo funciona bien, el adolescente eventualmente estará en condiciones de poder descartar la estructura de los padres y podrá utilizar la propia para enfrentar las exigencias de la vida y responsabilidades de un adulto.

Y ese es el propósito de este libro: mostrarle cómo puede ayudar a su adolescente a cargar sobre sus hombros la responsabilidad de sus acciones, actitudes y palabras para que pueda aprender el don del dominio propio y la responsabilidad sobre su vida. El proceso comienza en usted, padre o madre. En este libro aprenderá técnicas que parecen engañosas por lo sencillas, pero que todo padre o madre de adolescente necesita: *saber cuándo decir que sí, y cuándo que no.* Es decir, saber cómo implementar y poner en práctica límites saludables y amorosos para su adolescente.

Después de leer este libro quizá piense: *yo tampoco tengo límites realmente efectivos. ¿Cómo puedo dar lo que no tengo?* Es común que un adulto piense esto. El adolescente sin límites necesita padres con límites. Podrá encontrar cómo hacer esto en la primera parte de este libro, que le enseña y equipa para desarrollar sus propios límites personales de manera de transmitir lo que sabe y mostrarle a su adolescente quién es usted.

## La imagen completa

¿Cuáles son sus objetivos y deseos para su adolescente? ¿Quiere paz y tranquilidad en la casa? ¿Más respeto? ¿Qué no haya drogas o alcohol? ¿Mejor rendimiento en la escuela? ¿Mayor consideración por los sentimientos y necesidades de los demás?

Es fácil que los padres de los adolescentes pierdan la perspectiva y el sentido de lo que es de veras importante. No reciben ayuda de sus adolescentes, que viven en el presente y se ocupan nada más de lo que están haciendo en ese preciso instante. Los adolescentes apenas se interesan o están conscientes y preocupados por su futuro. Viven sus vidas apretando el botón que dice *Urgente*. Por eso los padres necesitan crear un botón que diga *Importante,* tanto para sus hijos como para sí mismos. Necesitan guiar a sus hijos en la dirección correcta.

Probablemente tenga que trabajar un poco en esta doble perspectiva, porque no se percibe de manera natural. Recuerdo una vez en que uno de mis hijos y yo hablábamos sobre la hora en que debía volver de una fiesta. Mi hijo dijo: «No lo ves adecuadamente».

No me molestaron sus palabras, pero sí el tono sarcástico y falto de respeto. Así que dije: «Eso sonó irrespetuoso».

«No lo creo», dijo él.

Así seguimos durante un rato hasta que me encontré enfocado en ganar esta batalla. Ya no era tan importante para mí si había sido irrespetuoso o no, y pensaba solamente en ganar esta discusión (algo que no es de mucha ayuda con los adolescentes, digamos de paso). En algún momento, sin embargo, noté cómo ambos nos enojábamos y nos empecinábamos más en nuestra posición. Y pensé: *Estás olvidando la imagen completa, la orientación hacia el futuro. ¿De qué manera ayuda esta interacción con mi hijo a prepararlo para la vida adulta?* Entonces dije: «Bueno. Vemos tu actitud de manera distinta. Me gustaría que tu tono fuera más cálido, menos sarcástico y que sonara así...», y le mostré cómo esperaba que me hablase. Entonces dije: «Y lo que oí fue así...», usando el tono en que me había hablado. «Así que a partir de ahora, así me gustaría que me trataras cuando no estés de acuerdo conmigo». Mi hijo estuvo de acuerdo. Hasta hoy, siempre ha mantenido un tono de respeto hacia mí y hacia otros adultos.

Quería que mi hijo viese que en el mundo de los adultos es importante aclarar todo antes de tomar una decisión, y asegurarse de que todos los involucrados sepan qué se espera de cada uno. Esta es una habilidad que se requiere en juntas de directorio, matrimonios y acuerdos comerciales. Así que recuerde que la preparación para el futuro es en última instancia más importante que la dificultad presente.

Armado con esta doble perspectiva en el hoy y el mañana al mismo tiempo podrá establecer límites más adecuados, consistentes y amorosos, que pueden marcar una gran diferencia en la vida presente y futura de su adolescente.

## ¿Es demasiado tarde?

Muchos padres de adolescentes, sabiendo que están en la última etapa de la crianza de sus hijos se preguntan si todavía hay tiempo para ayudar a sus hijos a que aprendan la responsabilidad y el dominio propio. «Quizá solamente deba aguantar e intentar pasar esta etapa», dicen. A menudo es esta una señal de cansancio y rendición prematura. En muchos casos, sin embargo, diría que *los límites saludables pueden marcar una diferencia importante.*

¿Recuerda la historia de Beth y Trevor? La madre se negaba a darse por vencida y a causa de esto la historia tuvo un buen final. Me llamó unos días más tarde diciendo: «Estoy segura de que detestas que la gente acuda a ti pidiendo consejo para este tipo de cosas, pero me gustaría hacer algo respecto de Trevor».

«Bien —dije— yo comenzaría por ver si lo que estás haciendo ahora para enfrentar la actitud de tu hijo funciona o no».

«No hay problema con eso. Lo he intentado todo ya», dijo Beth.

«¿Estás segura?», pregunté. «Sospecho que "todo" en realidad no lo es todo o que no lo has hecho de manera correcta o que no lo intentaste durante mucho tiempo. A Trevor no parece importarle demasiado el hacerse responsable de sus acciones. De hecho, eres tú la que me viene a hablar de él, y no él mismo. Así que estás más preocupada de lo que lo está él».

«Creo que no recuerda lo que hizo siquiera», respondió la madre.

«En ese caso, recomiendo que empieces a hacer algunas cosas que permitan que tu hijo se preocupe más por sus actitudes y acciones», dije. Entonces le expliqué los principios clave que se ofrecen en este libro. Y con el tiempo, a medida que Beth los aplicaba, las conductas y el modo de hablar de su hijo comenzaron a cambiar para mejor. No es el adolescente perfecto, ¡si es que existe alguno!, pero sus modales y acciones son mucho más responsables y saludables.

Así que no se rinda. En esta etapa de la vida su adolescente necesita un padre o madre que se preocupe y que tenga buenos límites.

Digo esto por diversas razones. Primero, aun cuando los adolescentes progresivamente se despegan de sus madres o padres y van avanzando hacia el mundo, en cierto nivel *todavía dependen de sus padres.* No pueden funcionar en el mundo por sus propios medios. Lo reconozcan o no los adolescentes todavía necesitan cosas importantes de sus padres, tales como:

- Gracia, amor incondicional, y compasión cuando el adolescente se siente herido, fracasado o confundido.
- Guía en los estudios y su carrera.
- Sabiduría para resolver problemas en las relaciones.
- Ayuda en los enredos románticos.

Los adolescentes también necesitan seguridad, estructura, y el calor de un hogar amoroso que les ofrezca protección cuando la necesitan.

He hablado con muchos jóvenes adultos que me dicen: «Cuando era adolescente actuaba como si mis padres no tuvieran nada que decirme. No podía darme el lujo de actuar distinto. Pero por dentro, lo que me decían me importaba mucho».

Segundo, *los adolescentes no tienen libertad y permiso total.* Parte de esa libertad les pertenece a los padres. El adolescente está en la última etapa de su niñez y debiera hacerse cada vez más autónomo. Sin embargo, todavía no tiene los derechos y privilegios de un adulto. Por ejemplo todavía necesita permiso de los padres para ver ciertas películas o para hacer excursiones escolares. Esta es una buena noticia *porque la necesidad del permiso de los padres puede utilizarse para motivarles a aprender la responsabilidad.* Por eso el retirarles privilegios puede ser muy efectivo. Hay padres que necesitan quitar privilegios. Hablaremos de este importante tema más adelante.

Tercero, *el tiempo requerido para arreglar las cosas no es necesariamente el mismo tiempo que hace falta para empeorarlas.* Hay padres que piensan: *no puse límites durante quince años y ahora me quedan solamente tres. No me quedan quince años más para componer las cosas así que ¿para qué intentarlo?* Esto supone una correspondencia uno-a-uno de crianza inefectiva a efectiva.

Pero en realidad, no es así para nada, porque no es tan sencillo. La gente puede cambiar en menos tiempo de lo que uno cree. Hay otros factores implicados como la rectitud, consistencia y la intensidad de sus acciones, la participación de otros y la disposición del mundo interno de su hijo.

Hay personas que hoy tienen setenta u ochenta años y que a veces despiertan al hecho de que son irresponsables o egoístas. Uno no puede predecir de qué manera la verdad y los límites saludables afectarán a un adolescente y tampoco se puede predecir cuándo se dará el cambio. He visto padres de adolescentes de diecisiete años y a punto de dejar la casa lograr cambios importantes en la actitud rebelde y destructiva. No permita que sus temores o desaliento limiten el proceso de crecimiento que Dios tiene designado para su hijo. En ocasiones la intervención correcta en el momento justo, con las personas adecuadas, podrá marcar la mayor diferencia del mundo.

## ¿Qué pasa si mi adolescente no cambia?

Aun así supongamos que su adolescente no se comporta bien y que casi nunca está en la casa. Piense en la alternativa. Si usted desiste y entra en el modo de supervivencia su adolescente no habrá tenido el beneficio de padres amorosos, sinceros y estrictos y entonces estará mucho menos preparado para su adultez exitosa. Aunque su adolescente se resista a todo esfuerzo que intente usted y no se haya visto cambio alguno, algo bueno habrá sucedido de todos modos. En esos últimos meses y semanas habrá interiorizado eventos de los que no podrá despojarse con facilidad. Durante ese breve período el amor, la responsabilidad, la libertad y las consecuencias se aplicaron a la vida de su adolescente de manera buena y saludable.

Como psicólogo he conocido a muchos adultos que de adolescentes descartaban la autoridad de sus padres y que luego recordaron años después lo que había sucedido. Saben en algún punto que fue una buena manera de vivir. Así que aunque no vea el fruto hoy mismo, o mañana, su adolescente recordará el modo en que tiene que vivir la vida. Tome fuerzas de las palabras del hijo pródigo que por fin «lo entendió»:

«Por fin recapacitó y se dijo: "¡Cuántos jornaleros de mi padre tienen comida de sobra, y yo aquí me muero de hambre! Tengo que volver a mi padre y decirle: Papá, he pecado contra el cielo y contra ti. Ya no merezco que se me llame tu hijo; trátame como si fuera uno de tus jornaleros"».[3]

Ahora, no cuente con una disculpa como esa. En cambio, *pelee la buena pelea de establecer límites durante todo el camino hasta el último minuto* en que su adolescente esté a su cargo. Su inversión de tiempo y energía no habrá sido en vano.

## Cómo usar este libro

Este libro está estructurado de manera que les permita a los padres de los adolescentes usarlo de la mejor forma. Como dije antes, la primera parte les ayudará a desarrollar sus propios límites personales para que puedan crear los mejores límites para su adolescente. La segunda parte es una ventana hacia la mente y el mundo del adolescente, de manera que pueda entender lo que está pensando y sintiendo su adolescente. La tercera parte le muestra cómo establecer límites saludables con su adolescente. Y la cuarta parte explora problemas específicos con los que luchan los adolescentes con consejos sobre lo que usted, padre o madre, puede hacer al respecto.

Si tiene un área específica de preocupación, como el alcoholismo, la falta de respeto o el sexo, vaya al capítulo de la parte 4 que corresponda. Luego, cuando sienta que ha comprendido qué es lo que puede hacer, comience a leer el libro desde el principio para aprender a utilizar los límites de la manera más útil posible. En el corto plazo este libro le ayudará a enfrentar los problemas de irresponsabilidad. Y en el largo plazo le ayudará a pensar en formas que podrán ayudar a su adolescente a madurar.

A veces el tema que esté enfrentando no tendrá los límites como centro de la solución. Por ejemplo, un adolescente deprimido y responsable pero que está desconectado del mundo necesitará calor y relaciones en lugar de límites. Y presentaremos estas diferencias aquí. Los límites son una parte importante de la resolución de casi todos los problemas. Pero tenga en cuenta que establecer límites solamente no bastará para hacerle buen padre o buena madre: también necesita amor, realidad, apoyo, sabiduría, paciencia, y su propio crecimiento. Si no tiene estas cosas en su vida este libro puede ayudarle a encontrar personas y modos que contribuirán a que lo consiga. Las necesita para su adolescente y para usted.

## Una confesión

Antes de seguir avanzando, sin embargo, tengo que informarle que aunque creo que este libro puede ayudarle a guiar a su adolescente como padre o madre, Barbi y yo todavía estamos transitando esos años en el momento en que escribo. Nuestros hijos, Ricky y Benny, son adolescentes. Así que definitivamente seguimos en la curva del aprendizaje junto a usted. Los conceptos e ideas de este libro se basan en mi experiencia clínica y como consejero, en mi estudio del desarrollo del adolescente, en mi comprensión de los principios bíblicos en cuanto al crecimiento, y en mi experiencia personal. Aun así solamente Dios sabe lo que tendrá el futuro para nuestros hijos. Esperamos que el final de la historia de su adolescencia termine bien para ellos. Hasta entonces intentamos vivir los principios que leerá en este libro. Espero y oro porque su adolescente viva lo mismo que espero para los nuestros: que estén plenamente preparados para la tarea de funcionar como adultos en el mundo adulto.

Así que tome asiento, aprenda estos principios y consejos y comience por ser una fuerza activa en el mundo de su adolescente. Sea activo, sea amoroso, esté presente, sea consistente. En otras palabras: sea padre, sea madre. Si necesita permiso para ser padre o madre, ya lo tiene. La realidad, la vida y Dios están de su lado. Avance y sea un padre o una madre que conoce en casi toda situación difícil, *cuándo decir sí y cómo decir no.*

# PRIMERA PARTE

## SEA UN PADRE CON LÍMITES

El tiempo jamás es tiempo en sí
Uno nunca puede irse sin dejar un pedazo de juventud
Y nuestras vidas cambian para siempre
Jamás volveremos a ser los mismos.

**—Smashing Pumpkins, «Tonight, Tonight»**

Pregúntele a un líder de jóvenes, a un pastor de jóvenes o a un terapeuta de adolescentes qué es lo que más influye en la capacidad de un adolescente para aprender la responsabilidad y el autocontrol y obtendrá siempre la misma respuesta: *un padre o madre que sean modelos de esas cualidades.* Usted debe vivir aquello que le enseña a su adolescente. Así que esta parte del libro le ayudará a desarrollar y cultivar sus propios límites. Es un esfuerzo. Pero veamos, ¿cuánto puede perder siendo libre, sincero consigo mismo y alcanzando el dominio propio?

# CAPÍTULO 1

## Vuelva a visitar su propia adolescencia

**U**na noche cuando tenía diecisiete años conduje la vieja camioneta Ford Fairlane de mis padres al límite de su velocidad. Se detuvo como a los tres kilómetros. No arrancó más. Hubo que rectificar el motor. ¿En qué estaba pensando? ¡Era una camioneta vieja! Tuve que llamar a mi padre a la una de la mañana para que viniera a buscarme. Al día siguiente remolcaron el auto.

Si bien la tragedia del Fairlane no es un buen recuerdo, saqué provecho de esa experiencia. Cuando uno de mis hijos me dijo que había perdido un reloj que yo le había regalado, recordé lo mal que me había sentido cuando tuve que llamar a mi padre para decirle lo que había pasado con el auto. Ese recuerdo enseguida me hizo entender lo mal que se sentía mi hijo por perder su reloj, así que le dije nada más: «Oh, bueno. Compraremos otro y volveremos a intentarlo».

Si tiene usted pulso también tendrá historias similares, recuerdos de su propia adolescencia. Los adolescentes hacen cosas irresponsables. Es la naturaleza de la adolescencia. Para algunos la adolescencia estuvo marcada por transgresiones menores, pero para otros fueron años terribles.

Por el bien de su adolescente recuerde su propia adolescencia. Cuanto más pueda recordar sobre cómo se sentía y qué cosas hacía, tanto mejor padre o madre podrá ser.

## Su adolescente necesita que usted tenga pasado

¿Por qué desenterrar esos días? ¿Qué beneficio habrá en esto para su adolescente? Serán beneficios importantes, como veremos aquí. Porque recordar puede ayudarle a mostrar hacia su hijo o hija:

**Empatía e identificación.** Es fácil olvidar lo difícil que pueden ser los años de la adolescencia, y los padres a veces juzgan a sus hijos con demasiada dureza por cosas de adolescentes.

Sin embargo, su adolescente necesita que usted se conecte y muestre empatía, que pueda identificarse con lo que le pasa y entienda lo difícil que es esta etapa. Necesita saber que acompaña su desarrollo, que no lucha en soledad.

Piense en cuánto necesitaba usted que le escuchara un adulto, que le acompañaran en sus dificultades diarias. Qué habría pasado si cada vez que metiera la pata alguien le hubiera dicho: «¿Qué estás haciendo? ¿Estás tratando de arruinarte la vida?» ¿No sería fácil sentir desaliento, ganas de dejarlo todo? Su adolescente, cuyo cerebro todavía no está tan desarrollado como el de un adulto, se siente todavía peor ante las críticas. Su apoyo puede amortiguar los golpes que inevitablemente vendrán.

Esto no significa que tenga que contarle a su adolescente cantidad de historias y anécdotas de su adolescencia. Hay padres que hacen esto pensando que ayudan, cuando en realidad, están haciendo algo más por ellos mismos que por sus hijos. En cambio, recuerde esos días y cuéntele algunas historias de vez en cuando, pero conserve sus recuerdos y permita que le ayuden a identificarse con su adolescente. Muchos adolescentes me cuentan que se sienten desconectados cuando sus padres les cuentan todas las anécdotas de su adolescencia. Es mejor entrar en su mundo. Tampoco es preciso que apruebe todas sus decisiones para poder identificarse con su adolescente. Lo que necesita es ser capaz de tomar su lugar, aun cuando sea maleducado, egocéntrico y poco razonable. Cuando vea una partecita de usted en su adolescente, podrá darle la conexión que le hace falta para madurar.

**Comprensión y sabiduría.** Como sobrevivió usted a su propia adolescencia, tiene acceso a lo que le ayudó en esos años turbulentos, y al porqué le ayudaron. Cuando recuerde qué fue lo que marcó la diferencia en su vida, el recuerdo le dará comprensión y sabiduría para que a su vez brinde a su adolescente lo que le hace falta.

Pregúntese lo siguiente:

1. ¿Quién se quedó a mi lado sin dejarme nunca?
2. ¿Qué verdades me ayudaron a encontrarle sentido al mundo?
3. ¿Qué aprendí de las consecuencias de mis acciones?

Mi líder de la tropa de Boy Scouts, A. J. «DK» DeKeyser, pasaba tiempo conmigo en todas esas reuniones y viajes que hacíamos, y me alentaba a seguir con los Boy Scouts cuando yo estaba dispuesto a dejarlos. Y no les decía a mis padres cada cosa mala que yo hacía; en cambio, se ocupaba él mismo. DK es una de esas personas cuya sabiduría me ayudó a aprender lo que es la persistencia, y mis recuerdos de él me hicieron ver qué tipo de padre quiero ser.

**Esperanza.** Todo padre se pregunta si su adolescente cambiará alguna vez, si será más responsable y se ocupará de su vida. Los padres no conocen el futuro de sus hijos. Pero *como puede usted recordar su propia adolescencia, puede también entender su propia vida y decisiones.* Sabe que porque pasó por momentos difíciles y tomó decisiones equivocadas, gradualmente logró conectarse más, dominarse mejor, concentrarse y ser más responsable. Su propia adolescencia debiera ofrecerle esperanzas para su adolescente. Puede transmitirle esa esperanza aun cuando peor se sienta su hijo o hija.

Mi madre crió a cuatro hijos. Cuando fui adulto le pregunté cómo lo hizo. Me dijo que cuando se sentía abrumada, acudía a su madre que había criado seis hijos. Su mamá siempre le decía lo mismo: «Es una etapa. Ya la pasarán». Esto le ayudó a seguir adelante con nosotros y a ayudarnos a pasar a la etapa siguiente, fuera cual fuera.

## Intente recordar...

Aunque no es poco común que los padres hablen de lo difícil que es hoy el mundo para los adolescentes en comparación con lo que era antes, las estadísticas dicen lo contrario. Por ejemplo entre 1978 y 2002, la edad promedio del inicio de la ingesta de alcohol fue de 16,3 a 16,2.[4] La edad de fumar el primer cigarrillo fue de 15,2 a 16,1[5], y la edad de iniciarse en el consumo de marihuana fue de los 18,4 a los 17,2 años.[6] En 1991, el 54 por ciento de los estudiantes había iniciado su vida sexual. En 2003, ese porcentaje era de 46 por ciento.[7]

Los padres de hoy pueden estar seguros de que muchos de los desafíos que enfrentaban en su adolescencia son parecidos a los desafíos que enfrentan sus propios hijos. Así que piense en cómo, siendo adolescente, se las arregló en las siguientes áreas y permita que dichas experiencias le ayuden a ofrecerle compasión y ayuda a su adolescente.

**Conflicto y distanciamiento de los padres.** Casi seguramente pasó usted por una etapa dura en la que pensaba que sus padres eran controladores y no le comprendían. Quizá haya sido desafiante y tuviera largas discusiones un tanto fuertes con ellos. O quizá fuera astuto e hiciera lo que quería detrás de sus espaldas. O puede ser que jamás haya estado en desacuerdo con sus padres, con lo cual nunca se separó como individuo de ellos. Si es así, es posible que haya entrado en la adolescencia más tarde, cuando dejó su hogar.

No importa cuándo haya vivido este conflicto con sus padres, lo más probable es que no haya disfrutado de las peleas o los engaños. Los padres son el centro de la vida de un chico, por lo que siempre es difícil para los hijos desconectarse de ellos. Cuando vea usted el rostro enojado de su hijo o hija, comprenda que no disfruta del distanciamiento, al igual que usted.

**Problemas relacionales.** ¿Quiénes eran sus amigos? ¿Hacía deportes, estudiaba, iba a clases de arte, o música, o a la iglesia? ¿O tenía amigos en cada uno de estos ámbitos? Recuerde lo importante que eran sus amigos para usted. Eran lo único que le importaba en el mundo.

Esto tenía su lado inconveniente: discusiones, rencillas, romances que se rompían, peleas. Piense en lo cuidadoso que había que ser, a veces al punto de estar más preocupado por cómo gustar a los demás, que pensando en quién le gustaba. Piense en lo devastador que era cuando alguien le traicionaba y no había cómo solucionar el problema. Así se siente su adolescente hoy.

**Temas emocionales y conductuales.** ¿Alguna vez se sintió deprimido, en lo más bajo de sus emociones? ¿Perdido y confundido? ¿Se emborrachó o drogó? ¿Fue sexualmente más lejos de lo que quería? ¿Tenía explosiones de ira que no podía controlar?

A veces cuando pensamos en los buenos y viejos tiempos de nuestra adolescencia, pareciera que olvidamos la angustia, los sentimientos negativos y las conductas incontrolables que nos causaban problemas. Da miedo sentir y hacer cosas que uno no puede controlar.

Candace me dijo que cuando era adolescente sentía una terrible presión por mantener alegre a todo el mundo y que no podía sentir emociones negativas o comentarlas. Como resultado, desarrolló el hábito de pincharse los dedos hasta sangrar, y esto en cierto punto la aliviaba. Nadie lo descubrió. Años después vio que pincharse los dedos era su manera de sentir por fuera el dolor que no lograba sentir por dentro. (Los adolescentes que se cortajean lo hacen por motivos similares.)

Cuando su hija se enoja con ella Candace usa este recuerdo. Y aunque siempre exige respeto también siente compasión por la frustración de su hija y piensa: *al menos ella puede hablarme de lo que siente.* Candace usa sus recuerdos dolorosos para ser buena madre.

## Algunos consejos sobre cómo recordar

Si le cuesta recordar su adolescencia, le damos aquí algunos consejos que pueden ayudarle, en pos de que pueda desarrollar mayor compasión por su adolescente.

**Llevar un diario.** Utilice el ejercicio de rescribir lo que sucedía en su adolescencia. Vaya tan atrás como pueda. Muchas veces el acto de llevar un diario le permite traer a la luz lo que ha olvidado.

**Conversar.** Hablar con amigos sobre su pasado puede ayudarle a recordar. Aunque es útil, no es necesario que sean amigos de la adolescencia. Lo importante es que sea alguien con espíritu de aceptación, con quien se sienta a salvo, y que se interese en usted para que pueda revelar lo que tiene dentro.

**Observar el efecto del pasado en lo que hoy es usted.** Nuestras experiencias pasadas marcan una importante diferencia en el tipo de adultos que somos hoy. Mire sus puntos fuertes y los débiles y vea de qué modo se arraigan en sus experiencias como adolescentes.

Cuando estaba en la escuela secundaria, era muy activo en los deportes y comités. Me cansaba mucho porque no dormía lo suficiente y mis padres me dijeron que pensaban que estaba contrayendo mononucleosis. En realidad, resultó ser fatiga. Todavía puedo ver en mí esta tendencia a ser demasiado activo, y también la veo en mis hijos.

**El duelo, y dejarlo ir.** La mayoría de nosotros nos divertimos mucho en la adolescencia. Pero también tuvimos bastantes fracasos, sensación de pérdida y tristeza. El proceso del duelo puede ayudarnos a aprender de lo sucedido, a seguir adelante y ayudar a nuestros adolescentes. Quizá necesite contactarse con esa parte de dolor que vivió, con los errores que cometió y las pérdidas que sufrió. Si no ha podido enfrentar y manejar estas cosas, verá impedida su capacidad para sentir empatía con su adolescente. No podemos sentir empatía si nuestro dolor no está resuelto. En cuanto podemos dejar atrás el dolor, somos mucho más capaces de sentir compasión por las dificultades de nuestros adolescentes.

## Otorgue gracia, amor y comprensión

La próxima vez que su adolescente se muestre desafiante o con cambios de ánimo, intente ver su yo adolescente en los ojos de su hijo o hija. Sostenga esa línea, diga la verdad y establezca límites. Pero al mismo tiempo otórguele gracia, comprensión y amor, porque estos no son años fáciles. Los adolescentes necesitan padres que «entiendan» y que no hayan olvidado su propio pasado, sino que hayan logrado madurar a partir de ello.

---

### CONOZCA A SU ADOLESCENTE

Al volver a visitar sus años de adolescente, piense en su relación con sus padres. ¿Sentía que querían conectarse con usted, entendiéndole? Si es así, sabe que esto puede tener un impacto positivo. Porque le ayudó a agradarse y a que fuera más fácil aceptar sus límites y correcciones.

Pero si no fue así ¿cómo se sentía? ¿Qué diferencia habría marcado en su vida si sus padres hubieran expresado interés por comprenderle y conectarse con usted? Tiene hoy el poder de marcar esa diferencia en la vida de su adolescente, sencillamente llegando a conocerle y conociendo su mundo. Aquí van algunas formas para lograrlo.

**Apunte a conocer a su adolescente, en lugar de querer cambiar su forma de ser.** Su adolescente tiene que saber que usted quiere una relación porque quiere la relación en sí. Esto es esencial. Si su adolescente piensa que quiere hablarle para cambiar su vida y arreglarlo, está usted listo. Lo que obtendrá es resistencia o engaño. Así que siempre repase sus motivos. Su adolescente estará haciendo lo mismo.

**Escuche más, dé menos sermones.** Su adolescente debería utilizar gran parte de la información que usted le da, intentando usarla. Los adolescentes se manejan más con las experiencias que

---

con el conocimiento intelectual que reciben. Y aunque siempre deberá guiar, enseñar y corregir, su enfoque tiene que estar en otra cosa: escuche más, haga que se exprese para poder ver qué piensa y qué dificultades tiene. Evite moralizar sobre todo lo malo que oiga.

**Haga preguntas.** Pregunte cosas que requieran más que «sí» y «no». En lugar de preguntar: «¿Cómo te fue en la escuela?», que podría recibir como respuesta nada más que un «Bien», pregunte: «¿Qué hiciste en la primera hora?» o «Cuéntame de la prueba de ciencias, ¿qué preguntas hicieron?» o «¿Qué está haciendo Daniel estos días? Hace mucho que no lo veo».

Haga un seguimiento con preguntas basadas en lo que oiga. Por ejemplo, digamos que preguntó por Daniel y que lo que oyó es: «Está bien... se peleó con su novia», entonces pregunte por la pelea. Siga preguntando hasta enterarse de más.

Comience con preguntas sobre cosas sucedidas, luego pase a las ideas y más tarde a las emociones. Su adolescente necesita que lo conozca a nivel del corazón, y no solo de los eventos. Esto le abrirá para que pueda guiarle como padre o madre allí donde vive en verdad. Por ejemplo, podría decir: «¿Qué piensas de la pelea de Daniel con su novia? ¿Estás de su lado, o del de ella?» Y luego podrá preguntar: «¿Te sentiste mal por él? ¿Te sentiste enojado con ella?» Está ayudando ahora a que exprese y ponga en palabras lo que siente en lo más profundo de su corazón.

**Quite la presión física.** No vaya directo adonde está su adolescente para decir: «Háblame, ¡ya mismo!» En cambio diga: «No quiero perder contacto con lo que pasa en tu vida, así que necesitaré unos minutos contigo varias veces a la semana para tocar base. No hace falta que sea mucho tiempo, sino lo suficiente como para saber cómo estás, cómo estamos ambos y si hay algo con lo que pueda ayudarte». Es posible que su adolescente proteste, pero insista. Esto es importante.

En lugar de sentarse a hablar, vayan de paseo, hable mientras juegan a la pelota o cuando salen los dos solos (No recomiendo hablar mientras ven televisión o juegan un video juego porque estas cosas distraen demasiado). Cree un espacio seguro donde el adolescente sienta que puede abrirse con usted.

# CAPÍTULO 2

## Sea un límite

El otro día oí que mis hijos y sus amigos planeaban ir al cine. Era una de esas decisiones de último momento que suelen tomar los adolescentes. Ninguno tenía edad para conducir, así que intentaban resolver ese primer obstáculo.

Uno de los chicos, Ted, dijo: «¿Cómo vamos a llegar? La película comienza en quince minutos».

Su amigo dijo: «Llama a tu mamá. Ella es de las fáciles».

Era verdad. Andrea, la madre de Ted, es de las fáciles. Es una persona amorosa y tranquila que también deja que sus adolescentes se aprovechen y saquen ventaja. La he visto interrumpir planes hechos con semanas de anticipación para poder llevar a sus hijos a alguna parte, por una decisión de último momento.

Cuando le dije a Andrea que ella era lo que se conoce como «la madre fácil», se dio cuenta que sus hijos necesitaban aprender a planificar y organizarse. Ahora, cuando le piden que haga algo a último momento dice: «Lo lamento. Ojalá me lo hubieran dicho antes porque tengo algo que hacer ahora. Buena suerte».

Andrea hace más que hablar. Hace lo que dice. Es modelo de los límites que necesitan desarrollar sus hijos y les ayuda a experimentar los límites que necesitan.

## Vive lo que dices

Andrea entiende de qué se trata la buena tarea de los padres: *los adolescentes desarrollarán autodominio y responsabilidad en la medida en que sus padres tengan límites saludables.* Cuando de buenos padres se trata lo que somos importa más que lo que digamos.

Todos los padres en algún momento u otro hemos advertido o amenazado a nuestros adolescentes con alguna consecuencia que cae en el olvido cuando ellos no responden. Sin embargo, los chicos aprenden más de lo que viven que de lo que oyen.

Esto no quiere decir que no haya que enseñar y hablar de límites y reglas en la casa. Son cosas muy importantes. Pero estas reglas no tendrán significado a menos que usted las sostenga y las haga realidad.

Su adolescente necesita interiorizar sus límites. Es decir que necesita que formen parte de su mundo interior. Aprenderá una lección potente cuando pierda algo que le encanta a causa de una mala decisión. Cuanto más experimenten las consecuencias negativas de sus malas decisiones, tanto mejor será la estructura interna y el autodominio que los adolescentes desarrollen.

Cada vez que su adolescente experimenta la estructura externa de los padres, estará recibiendo algo que no puede obtener por sí mismo. Cada vez que pase usted por este proceso, su adolescente tendrá mayor conciencia, será un poco menos impulsivo, un poco más responsable y pensará más en el control que pueda tener de su futuro.

## Desarrolle cuatro capacidades clave

¿Qué le hace pensar esto a usted, como padre o madre? Hay algunas capacidades o habilidades que puede usted desarrollar si no las tiene todavía. Le ayudarán a establecer y sostener límites saludables que luego formarán parte del carácter de su adolescente.

**Definición.** La definición se refiere a la capacidad de saber quién es usted, qué es lo que quiere y qué valora. Cuando está definido, usted sabe qué esperar de su adolescente y también sabe qué cosas no quiere.

La naturaleza de la adolescencia consiste en hacer presión contra la definición de los padres. Porque los adolescentes están intentando definirse. Los padres que se definen por lo que sus hijos adolescentes quieren no están ayudándolos. Entonces, diga «sí» y diga «no». Como dijo

Jesús: «Pero sea vuestro hablar: Sí, sí; no, no; porque lo que es más de esto, de mal procede».[8]

Sé cuándo estoy con padres definidos por cómo se comportan sus hijos. Siguen pidiendo y queriendo muchas cosas, pero saben cuándo han pisado la línea. Han tenido suficientes experiencias con la definición de sus padres, como para saber cuándo mamá o papá no están contentos. Y no pasará demasiado tiempo antes de que ellos tampoco lo estén.

**Sentido de individualidad.** Cuando uno tiene un sentido de individualidad puede experimentar sentimientos y percepciones de manera diferente a la que lo hacen sus hijos. Los padres que tienen este sentido pueden apartarse de las exigencias, enojo y conductas de sus hijos, y pueden responder de manera adecuada sin quedar atrapados en el drama.

Cuando los padres no logran despegarse y sentirse individuos aparte de sus hijos, se dice que están enredados con ellos. Se pierden en el mundo y los sentimientos de sus hijos. Los padres enredados suelen sentirse responsables de la infelicidad o deseos de sus hijos y pierden la perspectiva y capacidad de decisión.

Sentirse individuos no implica desconectarse de sus hijos ni guardar distancia. Los adolescentes necesitan padres que los amen, pero también necesitan padres que no se hagan responsables de todo lo que sientan sus hijos. Los padres con sentido de la individualidad renuncian a la fantasía de que son ellos quienes hacen felices a sus hijos. En cambio, se ocupan de ver que sus hijos crezcan en un ambiente seguro para que maduren hasta ser adultos felices.

**Sinceridad.** Ser un límite implica ser sincero con los hijos y vivir en la realidad. Los adolescentes quieren autenticidad y tienen gran olfato para reconocer lo falso. Quizá no siempre les guste su sinceridad, pero recuerde que es un patrón para su futura interacción con los demás.

Ser sincero significa, entre otras cosas, confrontar directamente a sus hijos cuando traspasen la línea de manera que sepan que la han pasado. Significa evitar decir que algo está bien cuando sabe en su corazón que no lo está. Significa ayudar a sus hijos a tener conciencia de sus vulnerabilidades y problemas para que no se cieguen.

Recuerdo una vez en que tuve que confrontar a uno de mis hijos. Le dije: «Puedes ser realmente egoísta y esto nos afecta y también afecta a tus amistades. Voy a trabajar contigo sobre esto». Me sentí mal por tener que ser tan directo, pero su problema persistía. Unas semanas más tarde, mi hijo me contó sobre un conflicto que tenía con un amigo, y me dijo: «Creo que parte de todo esto es que hice algo egoísta».

Los padres que logran ayudar a sus adolescentes a saber qué sienten les dan las herramientas que necesitan para poder manejar sus emociones sin que los dañe el mundo externo.

**Persistencia.** Que los adolescentes intentan agotar a sus padres no es secreto para nadie. Empujan y presionan hasta que uno cede, deja el tema o pospone las consecuencias. A veces los padres piensan que esto no debiera ser así y anhelan un hijo que no se trence en peleas por el poder con ellos. Sin embargo, como dije antes, el adolescente necesita esta lucha de poder con sus padres para aprender a negociar con la realidad.

Así que los padres que personifican los límites son persistentes. Mantienen las reglas y las consecuencias mientras sean razonables. Dicen «no» a los intentos de manipulación, agotamiento y hasta de intimidación.

En el libro que escribimos con el Dr. Cloud, *Límites para nuestros hijos* mencioné a un mentor mío que me dijo hace muchos años: «Los niños irán contra tu decisión 10.000 veces. Tu tarea consiste en mantener la línea 10.001 veces». Respire hondo, ore, llame a sus amigos, y sostenga su línea.

Dios hizo a los padres para que sean los guarda rieles en el serpenteante camino de la vida. Necesitará ser lo suficientemente fuerte como para resistir los choques, una y otra vez. Debe permanecer fuerte para que sus hijos aprendan a ir por su carril. Los guarda rieles sufren choques y abolladuras. Pero si funcionan bien, preservan las jóvenes vidas que colisionan contra ellos.

# CAPÍTULO 3

## Conéctese

Hay una en cada barrio: la casa donde se reúnen todos los chicos para conversar, mirar televisión, jugar videojuegos o ping-pong, y comer. Su casa fuera de casa. Mi esposa y yo nos hicimos amigos de esa familia porque podemos visitar a nuestros hijos cuando visitamos a los padres (¡estoy bromeando!).

Sin embargo, a veces el «lugar de los adolescentes» se convierte también en el lugar de los padres. Cada tanto nuestra familia y varias otras nos reunimos en esa casa. Los chicos andan juntos, ignorando a los padres y los padres se sientan a la mesa de la cocina a conversar sobre sus adolescentes. Como los padres se sienten tranquilos y a salvo entre sí podemos intercambiar información sobre problemas y crisis. Salgo sintiéndome más normal de lo que me sentía al llegar porque veo que no estoy solo.

Los chicos también perciben nuestra conexión. Cuando pasan junto a nosotros preguntan: «¿De qué estaban hablando?» Uno de nosotros dirá: «De tu desaparición». La respuesta será: «Como quieras», y se irán.

Aquí está lo que quiero decir: su adolescente necesita que usted se conecte con otros adultos en relaciones con significado. Cuanto antes, mejor. El padre o la madre que no tiene relaciones profundas y de importancia está poniendo en juego su incapacidad para establecer, mantener y hacer cumplir límites con amor. Así que conéctese, no solamente por usted mismo sino también por su adolescente.

## Una lección de física

No puedo dejar de destacar lo importantes que son las relaciones para los padres de un adolescente. Es una cuestión de física, como lo demuestra esta metáfora. Usted, el padre, es un auto y las relaciones son el combustible que le dan energía y potencia para poder conducir por la ruta de la vida. La tarea de ser padres le demandará mucha energía cuando las cosas van bien, y cuando su adolescente crezca y tenga mayores requerimientos, necesitará todavía más energía. Si no se detiene en la estación de servicio para cargar combustible, pronto se quedará sin la energía que se requiere para criar a sus hijos y tanto usted como ellos estarán en problemas.

Dios nos creó de modo que necesitemos relaciones y conexiones para sobrevivir y salir adelante en la vida. Toda la dedicación, todas las buenas intenciones, la fuerza de voluntad y la disciplina del mundo no nos ayudarán a criar a nuestros adolescentes del mismo modo en que lo lograrán las relaciones con otros adultos sanos. Como dijo el sabio Salomón: «Más valen dos que uno, porque obtienen más fruto de su esfuerzo. Si caen, el uno levanta al otro. ¡Ay del que cae y no tiene quien lo levante!».[9]

Como padre o madre de un adolescente será cuestión de tiempo hasta que caiga. Necesitará cuerpos mullidos para que amortigüen su caída cuando esto suceda.

Los que viven en un vacío emocional corren el riesgo de accidentalmente poner a sus adolescentes en ese vacío también. Si su adolescente está disponible, es cálido, y se conecta, estos padres suelen utilizarlos para cargar combustible en su tanque emocional. Y cuando esto sucede es el adolescente quien hace de padre o madre. Dios no diseñó a los padres y a los hijos para que funcionaran de este modo. Cuando el adolescente es el adulto no podrá traer su inmadurez y sus problemas ante los padres cuando necesite apoyo. Los padres no podrán apoyar a su hijo o hija si dependen de él o ella como sistema de apoyo. Así que no busque apoyo en su adolescente. Busque alguna conexión en otra parte.

## Cuatro características de las buenas conexiones

Necesita amigos que le permitan ser usted mismo, que acepten sus vulnerabilidades, le amen y le otorguen gracia no importa qué suceda. No hace falta que sean padres de adolescentes. Lo que importa es su carácter y lo que sienten cuando están juntos. Hay amigos que tienen la capacidad de verdaderamente llenar nuestro tanque emocional. Hay otros amigos de cuya compañía disfrutamos pero que no pueden darnos lo que necesitamos a un nivel más profundo.

Así que busque adultos cuya amistad le brinde lo siguiente:

**Gracia.** Es fácil condenarnos a nosotros mismos por no ser buenos padres. Por eso necesitamos personas en nuestra vida que nos den gracia. Personas que no nos juzguen y critiquen, que estén a favor de nosotros pase lo que pase. Pase tiempo con amigos que le acepten, que le amen incondicionalmente y le apoyen aunque usted sienta que está fracasando.

También necesita amigos «inmunes al escándalo», gente que tenga la capacidad de oír cualquier cosa sin escandalizarse. Cuando tiene usted un amigo como este se encontrará siendo más sincero y abierto sobre lo que sucede en casa. Esta apertura entonces le llevará a soluciones más exitosas.

El mayor regalo de Dios, la gracia, viene de él y a través de nosotros. Como dice la Biblia la gracia nos ayuda en nuestro momento de necesidad: «Así que acerquémonos confiadamente al trono de la gracia para recibir misericordia y hallar la gracia que nos ayude en el momento que más la necesitemos».[10]

Cuando uno entabla relaciones con personas que otorgan gracia sabe que no necesita fingir. No necesita mostrarse contento, y puede hablar de sus temores y fracasos como padre o madre. La gente de gracia se acercará más a usted y no se escandalizará o alejará a causa de su problema.

**Identificación.** Los padres de adolescentes a veces sienten que han perdido la cordura y que viven en un mundo raro, habitado nada más que por ellos. Pero cuando encuentre a las personas indicadas verá que las vidas de otros son igual de locas y esto ayuda.

Hay personas que querrán alegrarlo y no hay nada malo con eso. Pero antes de alegrarse necesita saber que hay otros que se identifican con sus dificultades, su confusión y frustración. Esto le brindará conexión, aliento y esperanza.

Así que conéctese con personas que vivan en su mundo y le ayuden a sentir que no está solo. Necesita estar con personas que le hagan saber que ellos también se enojan, que se salen de sus límites, y que toman malas decisiones con sus adolescentes.

Varios de los amigos más cercanos de mi esposa y míos, son padres de adolescentes que asisten a nuestra iglesia. Sin que lo hayamos planeado todos nos sentamos en el mismo sector durante los servicios del domingo. Después de la iglesia conversamos sobre el último problema que hayamos tenido, la última dificultad con la escuela, y también de los momentos buenos con nuestros hijos. Siento que espero este momento con ganas porque sé que saben cómo me siento.

Hay algo en la naturaleza universal del caos compartido y la locura con lo que se crea profunda conexión e identificación entre los padres de los adolescentes. Ser padres en esta etapa es diferente a serlo en cualquier otra. Barbi y yo solíamos hablar con otros padres sobre los problemas de niños cuando nuestros hijos eran pequeños, aunque cuando entraron en la adolescencia nos hicimos más vulnerables. Nos abrimos no solamente a hablar sobre temas de la crianza sino también sobre nuestras dificultades personales.

**Guía.** Conéctese con personas maduras que ya han recorrido este camino. Deberá enfrentar muchas decisiones en torno a su adolescente donde no habrá una respuesta sencilla. Al compartir nuevas ideas, consejos y soluciones, podrá recibir guía y sabiduría sobre qué hacer.

Una de nuestras amigas me dijo hace poco: «Creo que necesitas aumentar la mesada de tu hijo».

«¿De veras? No me lo dijo», respondí.

«Bueno, es que lo veo pidiendo prestado todo el tiempo y no devuelve los préstamos».

Le agradecí y conversé con mi hijo, quien admitió que siempre estaba corto de dinero. No había dicho nada porque no quería que yo pensara que lo estaba malgastando. Por lo tanto me fijé y averigüé lo que los padres le estaban dando a sus adolescentes, e incrementé la mensualidad de mi hijo. Si esta amiga no hubiera estado en mi vida y en la de mi hijo yo quizá jamás me habría enterado de esto.

**Realidad.** Conectarnos con personas que nos mantengan con los pies en la tierra y el enfoque en la realidad hará que no nos sobreidentifiquemos con el mundo del adolescente y sintamos por dentro el mismo tumulto que sienten nuestros hijos. De nada serviría esto. Las personas con los pies en la tierra pueden ayudarnos a recuperar la estabilidad.

Una amiga mía me dijo hace poco que había descubierto que su hijo bebía. Enfrentó la situación, conversó con la gente involucrada, y puso en práctica las medidas adecuadas. Pero se sentía asustada y conmovida. Le dije: «Es un problema, no hay duda, pero pienso que tomaste una buena iniciativa al actuar así. Por lo que puedo ver, estás haciendo una muy buena tarea y tu hijo es sencillamente un chico bueno que está experimentando con la bebida. He visto que tú y tu esposo pasan muchas horas de tiempo positivo con él. He visto cómo se comporta en mi casa y cuando no sabe que alguien lo está viendo. Oigo lo que otros chicos y padres dicen de él. Estás tomando este problema de raíz y no veo que vayas a tener problemas importantes en el futuro». Pude darle a esta madre una perspectiva más amplia sobre el carácter de su hijo que la que ella veía en ese momento.

Encuentre personas que vivan en la realidad, personas que no sean extremistas, que no finjan tener una respuesta para todos los problemas. Las personas que viven en la realidad saben vivir con el conflicto, el fracaso, y el dolor. Y cuando usted se vea atrapado en una crisis y no pueda pensar más allá de los próximos diez minutos, ellos podrán ofrecerle una perspectiva más amplia.

## Regrese a Dios

Dios nos creó para que estemos conectados con él. El también es su soporte, para usted como padre y para su adolescente como hijo. Necesita usted la seguridad que solamente Dios puede darle para criar a su hijo. Ser padres de adolescentes se parece a todo lo que nos haga caer de rodillas, y esto sencillamente nos apunta al cielo donde está quien creó a su adolescente esperando para ayudar. Él entiende el pasaje por la adolescencia y conoce lo intrincados que son nuestros tiempos.

Cuando le pide usted a Dios su guía y apoyo está relacionándose con el padre real y permanente de su adolescente. Su adolescente dejará su hogar en algún momento, pero Dios siempre será el hogar verdadero de su hijo. Hay un versículo en los Salmos que dice: «Pero tú me sacaste del vientre materno; me hiciste reposar confiado en el regazo de mi madre».[11] Esto ilustra la profunda realidad que está en el centro de toda tarea de padre y madre. Nuestra conexión con el adolescente, a partir de su salida del vientre, es la de llevar a ese niño hacia una relación de amor y confianza con Dios.

## Valor en la comunidad

No puede guiar a su adolescente e imponer límites haciendo todo esto en soledad, por mucho que lo quiera. Sin embargo, si se rodea de las personas indicadas terminará no queriendo hacerlo solo. La comunidad llena nuestros espacios vacíos.

Las relaciones no son lujos ni una opción para los padres de adolescentes. Su adolescente necesita que usted le dé amor, gracia, verdad, y fuerzas. Y usted no puede fabricar estos elementos. Solamente puede recibirlos desde afuera. Si no está conectado con otros, propóngase hacerlo.

## DEJE YA LAS EXCUSAS

Estas son algunas de las excusas más comunes que oigo de parte de padres que no se conectan con otras personas, y también incluyo mi respuesta.

**No me gusta cargar a las personas.** Las personas adecuadas le amarán más.

**Tendría que poder hacer esto solo.** No es así como funciona el universo. Funciona sobre la base de las relaciones y el apoyo, no por la autosuficiencia.

**Me avergüenza la situación de mi adolescente.** La mayoría de los padres de adolescentes somos inconmovibles. La realidad nos ha dado tan de lleno en el rostro que no hay nada que nos avergüence.

**Me cuesta confiar.** Si le cuesta confiar haga de esto un tema relacional y pida a otros que le ayuden a aprender cómo hacerlo.

**Estoy demasiado ocupado.** Cuanto más fuera de control esté su adolescente a causa de su aislamiento, tanto más ocupado estará usted.

**No sé dónde encontrar el tipo de personas de las que habla usted.** Puede encontrar relaciones personales y de apoyo en muchos lugares. Por ejemplo, encuentre una iglesia donde haya un buen ministerio para jóvenes. Es posible que tengan un grupo de apoyo para padres de adolescentes. O pregunte sobre alguna buena clase para padres en la universidad de su área o en alguna escuela e inscríbase, o en un grupo de apoyo para padres de adolescentes.

# CAPÍTULO 4

## Enfrente la propia culpa y el propio temor

«**N**o estuve allí para apoyarlo, y entonces evité ponerle límites». Ray me hablaba de su hijo Brad, que había comenzado a beber y a andar en malas compañías. Sin embargo, al asumir que resolvería un problema, en realidad creó otro más y ahora su hijo estaba peor.

Afortunadamente Ray vio el problema en su forma de pensar. Autodiagnosticado como trabajólico, Ray había, según sus palabras, estado demasiado inmerso en su carrera como para conectarse adecuadamente con su hijo. Pero ahora que Brad estaba en problemas serios, Ray había repasado sus prioridades y compensaba el tiempo perdido.

Le pregunté: «¿Por qué pensaste que serviría no ponerle límites?»

«Sé que no tiene sentido. Pero creo que me sentía culpable por no estar allí presente cuando Brad me necesitaba. Entonces pensé que el tiempo que pasábamos juntos tenía que ser positivo».

La culpa había alimentado esta errónea idea de Ray, como sucede con muchos padres. La culpa y el temor son estados emocionales internos que a menudo impiden que los padres establezcan los límites adecuados que pueden ayudar a un adolescente a aprender a ser responsable. Así que es importante que usted entienda cómo estas emociones pueden afectar su tarea de padre o madre, y qué puede hacer para resolverlas.

## Culpa

La culpa es una forma de condenarnos a nosotros mismos por hacer algo que lastima a nuestro hijo. Cuando los padres son demasiado duros, cuando decepcionan a sus hijos o están ausentes, suelen ser duros y críticos consigo mismos. Esta sensación de autocrítica puede ser muy intensa y fuerte.

Pero la culpa no es una emoción útil. Hay padres que por error ven la culpa como señal de que les importan sus hijos. La culpa tiene que ver más con ellos que con sus adolescentes, porque se centra en el fracaso del padre o madre y no en el dolor y la dificultad del hijo. La culpa no hace nada por ayudar a la situación del adolescente, sino que crea un patrón de pensamiento obsesivo que es un círculo vicioso y que termina agotándonos. La culpa nos impide hacer algo que haga enojar a nuestro adolescente, o que lo frustre y desilusione porque queremos evitar sentimientos de culpa todavía mayores y más intensos.

Si su problema es la culpa y la falta de resolución aprenda en cambio a sentir *remordimiento, arrepentimiento*. El remordimiento es la alternativa sana a la culpa porque se centra en el otro. El remordimiento es la preocupación por el dolor que siente su adolescente. También nos orienta hacia una solución. Porque si uno siente remordimiento por algo que haya hecho y que lastimó a su adolescente, se enfocará en ayudarle a sanar sus heridas. El apóstol Pablo explicó el remordimiento en términos de la diferencia entre la *tristeza del mundo* y *la tristeza de Dios*:[12]

«Sin embargo, ahora me alegro, no porque se hayan entristecido sino porque su tristeza los llevó al arrepentimiento. Ustedes se entristecieron tal como Dios lo quiere, de modo que nosotros de ninguna manera los hemos perjudicado. La tristeza que proviene de Dios produce el arrepentimiento que lleva a la salvación, de la cual no hay que arrepentirse, mientras que la tristeza del mundo produce la muerte».

Cuando sentimos remordimiento hacia nuestro adolescente, nos liberamos para entristecernos por lo que hicimos y para reparar sus efectos. Cuando no nos agobia la culpa, somos libres para poner y sostener los límites para nuestro adolescente de manera que nuestro hijo pueda beneficiarse de la estructura, claridad y consecuencias.

Enfrente entonces sus sentimientos de culpa. Dígase: *a veces he decepcionado a mi adolescente. No siempre soy lo que necesita que sea.* Sepa que esto es inevitable, pero no se quede allí. Cuando haga algo que hiera a su adolescente, ponga su atención en cómo le afecta esto a él y permítase sentir remordimiento en lugar de culpa, de manera que pueda darle la estructura y los límites que necesita. Protegerá su propia vida y la de su hijo o hija.

Esto fue así para Ray y Brad. Ray se permitió sentir un saludable remordimiento sobre lo que había pasado con su hijo. Como resultado, su preocupación por su hijo le hizo pasar más tiempo con él y conectarse con su hijo de modo que ayudara al chico a sentirse amado y seguro. Ray también estableció límites y consecuencias más consistentes y efectivos, lo cual ayudó a su hijo a aumentar su autocontrol y la sensación de responsabilidad por sus acciones.

## Temor a perder su amor

Algunos padres temen que si ponen límites su adolescente se distanciará y alejará, retirándoles su amor. Este temor puede causar que los padres eviten los límites a toda costa y que se esfuercen por lograr mantenerse conectados con sus hijos. Pero cuando pasa esto, el adolescente aprende que puede salirse con la suya y evitar los límites cortándoles la provisión de amor a sus padres. Estos adolescentes encuentran difícil luego formar relaciones adultas saludables porque aprendieron a escatimar amor como forma de chantaje emocional para lograr que la otra persona ceda a sus deseos. Usted no quiere este futuro relacional para su adolescente.

Si es usted vulnerable al miedo quizá tenga cierto tipo de *dependencia de la voluntad de su hijo y sus sentimientos hacia usted.* Quizá intente lograr que su adolescente satisfaga su necesidad de amor y conexión. Si es así, usted está en peligro de no hacer lo correcto por su adolescente.

Para resolver su temor a esa negación del amor, conéctese con otros adultos que le apoyen, afirmen y alienten, como vimos en el capítulo anterior. Estos adultos podrán satisfacer sus necesidades relacionales. Use sus buenos sentimientos para llenar el vacío de modo que cuando su adolescente le escatime su amor a causa de los límites que le imponga, pueda usted tolerarlo.

Cuando su adolescente le escatime su amor, tome la iniciativa y vaya a intentar una reconexión. Los adolescentes a veces no saben cómo volver a una relación, por lo que necesitan de sus padres para obtener ayuda. Sin embargo, en tanto invita a su adolescente a volver a la conexión con usted, mantenga intactas sus expectativas y requerimientos. Su adolescente los necesita.

Recuerde que los adolescentes necesitan cierta cantidad de tiempo y espacio para poder despegarse de sus padres, no del todo sino lo suficiente como para formar sus propias opiniones, identidad y valores. Cuando experimente usted esto, sepa que forma parte del desarrollo normal de su adolescente. No lo tome como algo personal. En cambio, ayude a su adolescente a saber que es algo bueno para su formación y que usted estará allí cuando quiera reconectarse.

## Miedo al enojo

Los adolescentes se enojan muy seguido. Viven en modo de protesta, así que para ellos es natural enojarse por todo, en especial con sus padres. Pero hay padres que sufren de *fobia al conflicto* y que se sienten incómodos o asustados por ser el objeto de la ira de sus hijos, por lo que evitan imponerles los límites que necesitan. Sin embargo, esto les enseña a los adolescentes que con una escena de caprichos pueden zafarse de las reglas. Los adolescentes que aprendan esto también tendrán dificultades para formar relaciones adultas saludables. Para ayudar a su hijo a evitar este futuro relacional tendrá que enseñarle a aceptar las responsabilidades en las relaciones sin estallidos ni caprichos.

Muchos padres con temor a la ira de sus hijos tienen poca experiencia con el manejo del enojo o han tenido experiencias muy negativas. Sea cual fuere el caso, tienen pocas herramientas que sirven para interactuar con las personas enojadas, y por eso evitan la confrontación porque se sienten demasiado incómodos.

Si es este su problema, además de temer el enojo de su adolescente quizá tenga miedo también a la fuerza de su propia ira. Para resolver este miedo aprenda a experimentar y normalizar el enojo —propio y de los demás— como parte de la vida. Haga de este ítem un elemento que contribuya a su crecimiento.

Podrá habituarse a los sentimientos de ira enfrentándolos en las relaciones de apoyo que tenga. Cuénteles a los demás sobre su incomodidad con la ira y practique expresar su ira en relaciones seguras. También aprenda a escuchar a otros cuando están enojados. En lugar de entrar en pánico y temer lo peor, concéntrese en lo que tiene para decir la persona y luego conversen. En el libro que escribimos el Dr. Cloud y yo, *How to Have That Difficult Conversation You've Been Avoiding*[13] [Cómo lograr esa difícil conversación que ha estado evitando], encontrará datos útiles que podrán ayudarle a tener conversaciones saludables aunque de confrontación, de manera que pueda manejar su temor a la ira.

Si su adolescente jamás se enoja con usted ¡es posible que esté haciendo algo mal! Permita que su adolescente se enoje con usted y quédese con él o ella, siempre y cuando su hijo o hija muestren tener control de sí mismos. Recuerde que cuando los padres sostienen los límites establecidos, los adolescentes responden con enojo. Es normal. Si puede permanecer con su adolescente enojado, y aun así amarle mientras mantiene el límite, estará enseñándole a dejar la ira y ceder, lo cual es un importante paso hacia la madurez. La tarea consiste en seguir conectado con su adolescente aun cuando esté enojado o enojada, pero manteniendo el límite con firmeza. Con esta perspectiva, su hijo o hija podrá aceptar mejor los límites y dejar de protestar con ira ante las reglas.

La culpa y el miedo no tienen por qué paralizarle impidiendo que ponga límites a su adolescente. Cuando más trabaje con sus dificultades en torno a estas emociones que no ayudan, tanto mejor equipado estará para ayudar a su hijo o hija a aceptar su amor y sus límites.

# CAPÍTULO 5

## Sean padres unidos

**P**iense en este diálogo:

*Mamá:* «Estás permitiéndole que haga lo que se le da la gana».
*Papá:* «Eres demasiado estricta con él».
*Mamá:* «Necesita más disciplina y estructura».
*Papá:* «Necesita más amor y apoyo».
*Mamá:* «Se está volviendo irresponsable, fuera de control».
*Papá:* «Se está volviendo inseguro y temeroso».

¡Y usted pensaba que los adolescentes tenían conflictos! Esta conversación ilustra un problema primario que surge cuando los padres no están de acuerdo en cómo criar a sus hijos: son *los padres en desacuerdo*. En lugar de hacer lo que hace falta por el bien de su adolescente, edificándole, los padres en desacuerdo lo tironean de un lado y otro hasta que lo destruyen.

### El objetivo de los buenos padres

Los adolescentes tienen muchas divisiones internas (lo veremos en mayor detalle en el capítulo 9). Cuando los padres proveen consistentemente calor y estructura, los adolescentes son menos extremos, impulsivos y cambiantes en su ánimo. En otras palabras, comienzan a madurar por dentro para llegar a ser *integrados*. Cuando los padres ayudan a sus adolescentes a experimentar el amor y los límites de manera saludable, están ayudándoles a unificar lo que en su interior está dividido, y llegará el momento en que este adolescente se convierta en una persona plena e integrada.

Por supuesto, los padres no pueden coincidir absolutamente en todo. Sin embargo, en la mejor de las situaciones estarán de acuerdo en las cosas más importante, y en desacuerdo solamente en estilos, preferencias y asuntos menores. Esto es lo que Dios tiene por intención, pero muchas veces los padres se interponen en los designios de Dios.

Cuando los padres difieren en cuanto a sus valores y percepciones de los hijos, como en la conversación que abre este capítulo, el que pierde es el adolescente. Porque ya no tiene quién contenga e integre sus divisiones internas. Su ambiente unificador está dividido también, por lo que sus conflictos internos permanecen en conflicto y hasta pueden empeorar.

Es natural que los adolescentes intenten dividir a sus padres. Para lograr algo que quieran, pondrán a uno contra el otro. Uno de nuestros hijos lo hizo la otra noche. Barbi le había dicho que fuera a dormir, porque ya era tarde para una noche de día de semana. En cambio, entró en mi oficina y dijo: «¿Puedes escuchar esta canción que escribí?» Sabe que me gusta la música y esperaba que le ayudara a escapar de un límite establecido. Barbi y yo siempre tenemos que estar en guardia ante los intentos divisorios de nuestros hijos.

Si uno de los dos pone límites débiles, aunque sea pródigo en amor, y el otro impone límites firmes pero no es demasiado afectuoso, el adolescente posiblemente no llegue a desarrollar plenamente su capacidad de amar y poner límites. Le costará abrirse y ser vulnerable, tomar responsabilidades y permanecer apegado a quien ama en medio de un conflicto. Tendrá dificultades para resolver problemas. Es claro que hay demasiado en juego como para que los padres estén en desacuerdo.

## Guía para ayudar a su adolescente a integrarse y alcanzar la plenitud

Si usted y su cónyuge están en profundo desacuerdo con respecto a su adolescente, pueden comenzar a resolver sus conflictos —y dar un paso gigante en pos de ayudar a su hijo o hija a madurar— haciendo lo siguiente:

**Acuerden que el adolescente es lo primero**. Conversen sobre los puntos de vista en que hay divergencias y acuerden trabajar en esto haciendo lo que sea mejor para el adolescente. Su hijo o hija tienen que estar primero. Solamente ustedes, los padres, pueden darle las herramientas necesarias para sobrevivir. Protejan a su adolescente y encuentren el modo de estar de acuerdo en el amor y los límites.

**Que cada quien aproveche sus puntos fuertes**. La mayoría de los padres y madres tenemos un área en que somos más fuertes. Acuerden que por el bien de su adolescente, aprovecharán cada uno los puntos fuertes que tengan. Por ejemplo, si a usted le cuesta brindarle clara estructura a su hijo, quizá le convenga pedir ayuda a su cónyuge. O si no sabe escuchar o entender en el nivel emocional que necesita su hijo o hija, haga que su cónyuge participe de la conversación. Ayúdense no solo para ser mejores padres, sino para ser mejores personas en general. De eso se trata el matrimonio.

**No triangulen a su adolescente**. Hay padres que olvidan cuál es su rol y que involucran a su adolescente en los conflictos de la pareja. Esto se llama triangulación y puede ser devastador porque la triangulación impide que los niños crezcan o cambien de manera saludable.

La triangulación lleva a todo tipo de problemas, como que uno de los padres malcría al hijo con privilegios, libertades y regalos como medio para robarle al otro el amor del hijo. El otro entonces reaccionará siendo mucho más estricto e imponiendo disciplina con tal de mostrar que su cónyuge se equivoca.

Si usted y su cónyuge están triangulando, dejen ya de hacerlo. Acuerden trabajar en sus diferencias. Consulten con una tercera persona, como un amigo, pastor o consejero si la triangulación persiste.

**Si uno de los dos se resiste, mantengan el equilibrio**. Las diferencias entre los padres no siempre son 50-50, donde ambos se encuentran a mitad de camino. Muchas veces, la proporción es más 70-30, porque uno es más equilibrado que el otro. No es una situación sin solución. He visto a muchos matrimonios resolverlo porque han sido lo suficientemente humildes como para reconocerlo y cambiar.

Sin embargo, si su cónyuge pierde el equilibrio y no está dispuesto a ver cómo esto afecta a su adolescente, tome acción y enfrente este tema con su cónyuge. En amor, señale que el estilo de crianza de este tipo afecta de manera negativa al adolescente. Si su cónyuge sigue presentando resistencia y siendo extremo, cuídese de no sobre-compensar este desequilibrio. Es decir, que si su esposo es demasiado estricto, no ceda a la tentación de ser laxa (y viceversa).

Su adolescente no se beneficiará de sus locuras como padres. Al menos uno de los dos deberá ser integrado. Sea equilibrado e integrado. Dé amor y realidad, diversión y diligencia, calor y verdad. Si lo hace, su adolescente estará interiorizado salud cuando esté con usted. Está efectuando «depósitos» en el corazón y la vida de su hijo o hija, que son sanos y amorosos. En el futuro, podrá tomar de estos depósitos y utilizarlos para consuelo, aliento, sabiduría y esperanza.

## Por el bien de sus hijos

Dios diseñó a la maternidad y paternidad para ser llevada a cabo por una madre y un padre que se aman y aman a sus hijos y que se apoyan en la crianza de los hijos, que compensan las limitaciones que tiene cada uno y que corrigen los errores mutuos. Es un sistema muy bueno cuando funciona según fue planeado.

Así que trabajen juntos para ser padres unidos, y no divididos. Después de todo, son ustedes la guía más importante para que sus hijos vean cómo ha de vivirse la vida. A los hijos les va mejor cuando los padres están juntos y unidos. Brinde a sus hijos lo que necesitan.

# CAPÍTULO 6

## Sea un padre integral

«¿**C**ómo es tu padre?», le pregunté a Traci. La habían enviado a verme porque estaba mintiendo, faltando a clases y porque sacaba malas calificaciones.

Traci había estado callada y poco comunicativa en nuestras primeras sesiones, lo cual es típico en los adolescentes. Pero ahora se comunicaba más. Me dijo: «Mi papá es raro. A veces pienso que es el tipo más simpático del mundo. Me habla y hace bromas y vamos juntos a lugares y nos divertimos. Hasta viene con mis amigos y conmigo cuando vamos de compras».

«¿Entonces?», pregunté.

«Pero también puede llegar a ser el tonto más grande y fastidioso. Se tensa, me impone restricciones ridículas, llama a mis maestros para saber qué tengo de tarea. No me habla más que para gritarme».

«Esto debe ser difícil para ti».

«Sí, detesto que haga eso».

«¿Qué haces tú con los cambios de tu padre?»

«Bueno, cuando está malo lo evito, pero cuando está bueno estoy con él».

A diferencia de los padres divididos de los que hablamos en el capítulo anterior, en que ambos padres no están en la misma página, este padre estaba dividido por dentro. El papá de Traci estaba dividido y esto

49

presentaba un problema para su hija. Porque ella tenía que lidiar con dos perspectivas diferentes e incompatibles, en un mismo padre: uno amoroso y con pocos límites y el otro que no daba amor y era demasiado estricto.

¿Observó la respuesta de Traci? No intentaba obtener más estructura del papá que la gratificaba. Tampoco buscaba gratificación del padre estricto. Traci se desconectaba de la estructura y los límites y se conectaba con el amor y la gratificación. Su experiencia le enseñaba que lo estricto es malo y la gratificación total es buena. Como resultado, Traci iba camino a una vida de impulsividad, inmadurez e irresponsabilidad.

## Uno puede ser padre solamente hasta su nivel de madurez

Los padres les enseñan a sus hijos principalmente a través de experiencias, más que por enseñar y hablar. Pero no puede uno darles lo que no tiene. Así que por mucho que ame a su adolescente, tendrá una limitación propia, que es la siguiente: *solamente podrá ser padre o madre al punto de su nivel de madurez.*

Por ejemplo, el padre de Traci no podía establecer límites razonables porque no los tenía en su vida tampoco. Así que iba de los límites estrictos a la falta total de límites. Sin embargo, me envió a Traci porque ella no estaba siendo responsable y controlada. No hace falta ser científico para ver que él era parte del problema de Traci. Tenía una división interna, en especial en el área del amor y los límites.

Por doloroso que sea esto para los hijos, es lamentable que muchos padres tengan esta limitación. Quizá esté usted consciente de sus tendencias a acompañar la conducta de su adolescente, para no responder o confrontar porque es demasiado trabajo o porque quiere evitar el conflicto. Luego, de la nada, algo se rompe dentro de usted y se vuelve iracundo, gritón, amenazante, y hace lo que sea por expresar su frustración. Yo lo llamo «ignorar y explotar». Es el estilo de quien soporta conductas inadecuadas durante mucho tiempo y luego estalla.

Cuando pensamos en lo mucho que ponen a prueba a sus padres los adolescentes, es fácil entender la tentación a ignorar y explotar. Sin embargo, aunque muchos padres ignoran y estallan de vez en cuando —y me incluyo— esta no es la forma adecuada de criar a los hijos. Porque le enseña al adolescente que el amor y los límites no van juntos.

## Pasos para ayudarle y ayudar a su adolescente

Este problema no es el fin del mundo. Dios nos brindó otros recursos para que nuestros adolescentes puedan ir más lejos que nosotros. Porque su adolescente tiene otro padre o madre, amigos adultos, maestros, pastores de jóvenes, entrenadores, etc. Aunque los padres no estén internamente divididos, les hace falta rodearse de otras personas que les ayuden a criar mejor a sus hijos.

Al mismo tiempo, también necesitará ser lo más integrado que pueda ser, por su bien y por el de sus hijos. Así que si suele ignorar y explotar, aquí tiene algunas maneras de sobreponerse a eso y pasar a un método más saludable para criar a sus hijos.

**Busque ayuda para sí.** Recuerde, está ayudando a su adolescente a integrar el amor y los límites si le da la capacidad de experimentar amor y límites integrados en su relación con usted, el padre o madre. Si usted necesita ser más integrado, busque personas que le ayuden a aprender cómo lograrlo. Pida a un amigo, pastor o terapeuta que le ayude, o busque un grupo de apoyo. Muchas iglesias tienen grupos de Límites, donde la integración es uno de los objetivos. También hay iglesias que tienen grupos que tratan sobre el tema de los límites en las relaciones. Pueden ayudarle a integrar el amor y los límites en su vida. Al ocuparse de sus temores de conflicto —o de su ira o culpa— y conectarse con personas que sigan junto a usted durante este proceso, podrá ser más integrado por dentro.

**Dígale a su adolescente cuál parte del problema es suyo.** Su adolescente necesita saber que usted no es perfecto, para que no se culpe siempre por la inconsistencia o falta de conexión. Quítele un peso de encima diciendo algo como: «Lamento que me haya enojado tanto anoche cuando discutimos por tus calificaciones. Veo que a veces dejo pasar cosas cuando no debiera, y que me lo guardo todo y exploto de repente, casi de la nada. No es tu culpa. Tiene que ver conmigo. Así que, mientras sigo firme en cuanto a las consecuencias por tus bajas notas, trabajaré en mi problema. Quiero que me hagas saber si vuelvo a hacerlo».

**Haga que su adolescente se rodee de adultos que unan el amor con los límites.** Mientras trabaja en su propio crecimiento traiga la caballería al campo de acción. Exponga a su adolescente a adultos que puedan unir el amor con los límites. Necesita estar con gente madura que pueda soportar sus actitudes, seguir conectándose y sostener sus valores. Busque a estas personas entre sus familiares y amigos, en la escuela de sus hijos y en la iglesia.

**Anote las reglas y establezca rendición de cuentas.** Si le cuesta solucionar este problema de ignorar y explotar, anote las expectativas y reglas de la casa. Al escribirlas, estará dando a conocer las reglas, y buscará acuerdo, como recordatorio objetivo para usted y sus hijos. También, anotar las reglas ayudará a la rendición de cuentas, de modo que hay que cumplir aquello con lo que uno se compromete en lugar de decir: «Estoy cansado y esta semana se portó tan bien que no diré nada de las malas calificaciones».

También necesitará «recordatorios vivientes», como gente que pueda ayudarle a mantener la estructura. Pídale a un amigo que cada tanto le pregunte cómo va, para ver si está aplicando los límites que estableció.

**Brinde a su adolescente conexión y consistencia.** Esfuércese por brindar estas dos cosas a su adolescente. Son importantes. Necesita que usted se conecte todo lo posible, con cada uno de sus sentimientos y aspectos, que usted entienda y se conecte con sus necesidades, rebeldías, temores, faltas de respeto y enojos. Es igual de importante que sea usted consistente. Siga siendo siempre la misma persona con su adolescente, por mucho que cambie su estado de ánimo.

Es fácil sentirse apegado a su adolescente cuando este se siente inseguro y necesita aliento, consuelo y amor. Pero cuesta más cuando su hijo o hija le grita que lo detesta. Aunque deberá mantener sus límites y requerimientos, también deberá hacerle saber que está «a su favor», en pos de su crecimiento y para que sea cada vez mejor. Hable con su adolescente sobre sus conductas negativas sin condenarlo.

¿Por qué son tan importantes la conexión y la consistencia en los padres de adolescentes? Porque los adolescentes necesitan tener en sus vidas a alguien lo suficientemente fuerte como para contener todas sus partes, las negativas y las positivas por igual, y aun así seguir relacionándose con ellos. Esta experiencia les permite madurar y ser integrados. Cuando los adolescentes no viven la conexión y la consistencia, no logran desarrollar el sentido del dominio propio y la responsabilidad. Por eso, son menos capaces de amar y aceptar lo bueno y lo malo en los demás. Lo que no pueden aceptar en sí mismos, no lograrán aceptarlo en otros.

## Equilibre el amor y la responsabilidad

Los adultos maduros son responsables y amorosos al mismo tiempo. Cuando más pueda usted como padre o madre integrar el amor y los límites, mejor oportunidad tendrá su adolescente de interiorizarlos también.

# CAPÍTULO 7

## Para madres y padres solteros

**S**i es usted madre o padre soltero, necesita saber algo: *tiene el trabajo más difícil del mundo.* Tiene que satisfacer todas las necesidades de su adolescente, a lo largo de muchos años, sin ayuda de un cónyuge. Algunos de mis amigos más cercanos son padres solteros y me rompe el corazón cuando pasan por los años difíciles de la crianza de sus hijos. A veces, esta tarea puede ser abrumadora y brutal para ellos.

Al mismo tiempo, muchos también encontraron el equilibrio y los recursos que necesitan y son exitosos como padres o madres. Sus adolescentes van bien y maduran al ritmo adecuado. Así que también hay esperanzas para el caso de los padres y madres solteros.

### Cómo manejar los temas difíciles

Veamos las dificultades más importantes que enfrentará como padre soltero de un adolescente y exploremos qué puede hacer para manejarlas.

**No hay suficiente de usted.** Quienes crían a sus hijos sin un cónyuge hacen la tarea de dos personas, pero tienen recursos más limitados tanto en cantidad como en capacidad.

Esta limitación se vuelve un desafío mayor durante la adolescencia. Los adolescentes empujan las situaciones al límite, desafiando la autoridad y afirmando su libertad en millones de formas. Los padres que tienen cónyuge pueden delegar la tarea cuando están cansados. Mi esposa y yo lo hacemos todo el tiempo. Sin embargo, si uno cría solo a su hijo, no podrá hacerlo y no tiene oportunidad de descansar y recuperar energías. Esto puede ser agotador y a veces uno siente que ya no tiene fuerzas para oponer a la resistencia de los hijos.

¿Qué puede hacer entonces? La respuesta no está en intentarlo con mayor vigor, o en usar el poder de su fuerza de voluntad. En cambio, sepa qué es lo que no tiene. Sea realista. *Necesitará recibir desde afuera lo que no tiene desde adentro.* Tendrá que hacerlo por su hijo o hija y también por usted.

Quizá necesite tomar un descanso y decir: «Todo esto me está extenuando pero tengo que terminar mi trabajo. Ya me ocuparé». Llame a un amigo o amiga, y llene su tanque emocional. Luego vuelva a entrar en el cuadrilátero y resuelva la situación.

Muchos padres y madres solteros sienten la tentación a pensar: *estoy tan cansado. No puedo pasar tanto tiempo hablando con mi hijo. Además, ya es casi adulto así que quizá no me necesite tanto.* Si bien es cierto que su adolescente es casi un adulto, sigue necesitando tiempo de relación con usted para sentirse amado y seguro y para poder resolver las confusiones que tiene todo adolescente. Así que, tome fuerzas del exterior para poder seguir apegándose a su adolescente.

Recuerde que quizá necesite la intervención de otro adulto, como el pastor, un amigo maduro o un consejero. Su adolescente quizá escuche a otros con mayor disposición de lo que le escucha a usted. De todos modos, tiene que mantener la conexión.

Los padres y madres solteros no solamente tienen recursos emocionales limitados, sino que además, se ven limitados en su capacidad como padre y madre. No hay nadie que tenga todas las destrezas y capacidades necesarias para criar a un hijo. Nadie puede brindar todos los «nutrientes» que necesita un adolescente: gracia, empatía, validación, estructura, límites y disciplina.

Así que, rodee a su adolescente con gente que tenga lo que le falta a usted. Si es principiante en esto de las reglas y las consecuencias, asegúrese de que su hijo o hija pase tiempo con un adulto que ya haya recorrido este camino. Si le cuesta conectarse con su adolescente, expóngalo a personas que tienen el don de lograr que se abra.

**Rescatar a su adolescente del fracaso.** Hace poco le pregunté a una amiga mía, madre soltera: «¿Cuál es el mayor error que piensas que cometen los padres y madres solteros?»

Sin dudar un instante dijo: «No permitir que sus hijos fracasen».

Mi amiga hablaba del rescate, de impedir que los hijos sufran consecuencias. Los padres que rescatan a sus adolescentes muchas veces lo
hacen a causa de su *sentimiento de culpa*. Es que ya sienten culpa por la
situación de sus hijos y a menudo se sienten en parte responsables porque no haya padre y madre en el hogar.

Como resultado a veces malcrían y consienten a sus adolescentes, y
no hacen valer las consecuencias que provienen de las transgresiones en
cuanto a actitudes y conductas. Piensan: *Mi hija ya tiene algo en contra.
Se lo compensaré no siendo duro con ella*. Sin embargo, esta «solución» no
resuelve el problema. Creará un problema nuevo. No solo tiene que
luchar el adolescente con un hogar donde falta uno de los dos padres,
sino que además quizá nunca llegue a conocer lo que es el dominio propio. Los hijos de padres y madres solteros necesitan los mismos límites
que los hijos de padres y madres casados.

Así que, busque rompe-culpas: amigos que le apoyen cuando sus
emociones le digan que está siendo demasiado estricto o duro. Llore en
el hombro de estos amigos, permítales que le traigan de vuelta a la realidad y le apoyen para que ame a su hijo en tanto sostiene las riendas.

Una amiga que es madre soltera se sentía culpable cada vez que impo-
nía una penitencia o retiraba privilegios a sus hijos. Sin embargo, sus hijos
ahora son adultos y hace poco le dijeron: «Gracias, Mamá, por haber sido
estricta. Por eso, hoy logro equilibrar mi matrimonio y mi empleo».

**Hacer de su hijo el padre o madre que falta.** Es difícil criar a un adolescente en soledad. Uno puede recordar con calidez cómo era tener dos
padres. El vacío puede ser profundo porque lo que se tenía no se tiene más.

Hay padres y madres solteros que buscan llenar sus necesidades emocionales en los hijos. En este caso el hijo se convierte en uno de los padres.
El adolescente es el confidente, el paño de lágrimas, quien escucha y
resuelve problemas, alguien con quien hablar el viernes por la noche.
Como los adolescentes se ven y actúan como adultos, los padres fácilmente pueden llegar a depender de ellos. Y aunque les haga sentir bien y la
conexión sí es algo bueno, el adolescente necesita tener espacio en su mente para ocuparse de su propio desarrollo. Si la mente de su adolescente está
llena de cosas de adulto, se preocupará demasiado por apoyarle y no podrá
enfrentar y resolver sus propias dificultades y desafíos.

Con toda suavidad, quítele esta función a su adolescente y busque
adultos sólidos y maduros que le apoyen. Cuando los padres dicen: «Mi

hijo es mi mejor amigo», es señal de advertencia, más que motivo para celebrar.

**No exponga a su adolescente demasiado pronto a su nuevo amor.** A veces, los padres y madres solteros se apuran demasiado por conectar a su adolescente con la persona con quien están saliendo. La mayoría de las veces esto se debe a un deseo de unión y unidad. Los padres tienen un mundo que incluye a su novio o novia, y otro mundo que incluye a sus hijos, por lo que quieren unificar ambos ámbitos.

Y no hay nada malo en desear esto. Después de todo, Dios nos creó para que nos conectáramos con los demás. Sin embargo, será mejor que espere. Porque es posible que se forme un vínculo afectivo y que se apegue a esta persona como se apegó usted. Luego, comenzará a transferir sus necesidades a esta persona, lo cual es muy normal. Su adolescente también quiere un hogar unificado. Pero si luego usted rompe con esta persona, la vida de su adolescente sufrirá otra separación más. Si tiene varias relaciones y rompe cada vez con ellas, su adolescente sufrirá mucho.

Aunque no debe ocultar la realidad de que esté saliendo con alguien (como si pudiera hacerlo...), es mejor no involucrar a su adolescente con esta persona hasta tanto estén bastante seguros de que se casarán. Trate de ponerse en el lugar de su hijo o hija, y refrene el deseo de tener una familia unificada. Usted y su adolescente están creando una familia nueva y unificada, y esto está bien.

**La diferencias con su «ex» en cuanto a la crianza y educación.** Muchos padres divorciados difieren en sus valores de crianza y educación, pero como señalé antes, es mejor si pueden brindar deferencia mutua, según los puntos fuertes de cada uno.

A menudo uno de los dos observará que su hijo o hija tiene conductas o actitudes que no son las adecuadas, después de haber pasado algún tiempo con el otro. Uno podrá atribuirlo a que el adolescente está haciendo la transición entre los dos mundos y que necesita apoyo y paciencia. Pero también puede ser que su ex no esté brindando límites consistentes y estructura suficiente.

Si esta es la situación, haga todo lo posible por lograr que su ex esté de acuerdo en dar prioridad a los hijos y lleguen a un arreglo en cuanto a los valores y estilos en su educación. Si el bienestar de su adolescente está en juego, es posible que necesiten recurrir al ámbito legal por su protección.

Si observa efectos negativos después de que su adolescente pasa tiempo con su ex, pero no son tan graves como para iniciar acciones legales, *entonces haga lo mejor que pueda*. Mantenga un equilibrio y sea un adulto integrado, dando amor y límites. Si su «ex» es de los padres estilo Disneyland, no sea el duro que intenta compensar las cosas. Su adolescente necesita estar con alguien a quien le permita entrar en su corazón, alguien que tenga la imagen de la madurez, la gracia y la verdad. No intente vengarse de su ex. Sea saludable.

## Pida ayuda

Finalmente, no trate de dar la imagen de fortaleza y de que puede hacer todo por sus propios medios. Pida ayuda en la escuela, en la iglesia, con sus amigos. Los padres y madres solteros necesitan más ayuda, y tienen que conseguirla.

Dios tiene un lugar especial para usted y su adolescente. El rey David se refirió a lo mucho que Dios quiere dar a los hijos que no tienen a ambos padres: «Padre de los huérfanos y defensor de las viudas es Dios en su morada santa».[14] Pida ayuda a Dios, y él se la dará.

# CAPÍTULO 8

## Para padrastros y madrastras

Esta es la cura garantizada para los que quieren controlarlo todo: cásese con alguien que ya tenga hijos. No le llevará demasiado tiempo curarse de su mal.

Ser madrastra o padrastro es una experiencia maravillosa, y tengo muchos amigos que lo están haciendo con éxito. Pero aun en la mejor situación, la tarea requiere de gran esfuerzo.

### Responsabilidad sin autoridad

Los adolescentes suelen considerar que los padrastros y madrastras no tienen autoridad en sus vidas aunque vivan con ellos, lo cual implica que tienen responsabilidad, pero no autoridad. Verá problemas y oportunidades, pero no tiene la autoridad como para controlarlas. Como resultado, la situación se vuelve desesperante.

El nuevo padrastro o madrastra suele estar en desventaja con respecto a quien vivió con el adolescente durante varios años. Los chicos necesitan tiempo para formar vínculos, para confiar y respetar. Cuanto más tiempo pasen conectándose, tanto mejores serán sus posibilidades. Aun así, hay padrastros o madrastras que han vivido ya durante años con el problema de que no se los vea como autoridad.

Los padrastros y madrastras recién llegados muchas veces no están preparados para la resistencia que ofrecen los hijos de sus nuevos cónyuges.

Piensan que el amor lo sanará todo y que ayudarán a formar una familia nueva. Sin embargo, la realidad y la historia no se pueden borrar, y no hay por qué hacerlo. Los padrastros y madrastras suelen sorprenderse y sentir desaliento en tres de las áreas principales: el adolescente, su cónyuge y el o la ex.

Si está pasando por esta difícil situación en los tres ámbitos, no se desaliente. Veamos qué puede hacer en cada una de estas relaciones para solucionar los problemas en cuanto a los límites y su rol.

## Usted y el adolescente

Es duro oír: «¡No tengo por qué hacerte caso! ¡No eres mi padre / madre!» Uno se siente disminuido, y es verdad. Pero hay cosas que se pueden hacer para mejorar la situación.

**Sepa qué sucede en el interior del adolescente.** Mire su corazón e intente ver qué siente. Ha pasado por mucho en su corta vida. Aunque el divorcio haya sido amigable, su mundo se dividió en dos. El hogar en que nació, la familia con padre y madre, ya no existen. La sensación de pérdida, alienación, enojo, indefensión y vergüenza siempre acompaña a esta pérdida. Todo hijo o hija de padres divorciados lo dirá.

También existe el profundo deseo de la reconciliación de los padres. Este deseo no se basa en la lógica o la realidad, y sí en el corazón y el pasado. Está allí, fuerte e intenso. Muchos adolescentes idealizan la vida que tenían cuando sus padres estaban todavía casados, y no pueden conceptuar lo malo. Su presencia es un obstáculo a la concreción de este deseo. Así que se resiste a su presencia, siendo maleducado, desafiante y faltando el respeto.

Como todo adolescente, naturalmente se resiste a los límites y las consecuencias. No le gusta la estructura impuesta por sus padres biológicos, y menos aún si la impone usted. Piense en esto ¿quién en su sano juicio querría que una tercera persona viniera a decirle qué hacer?

**Tenga paciencia y persistencia para formar una conexión.** No importa qué tan fuerte sea la resistencia, tómese el tiempo y el esfuerzo necesarios como para poder establecer una conexión. Haga las cosas que el adolescente disfruta, y conozca su mundo. No preste atención al desprecio, al menos por ahora. Pase por alto todo esto, en pos de un objetivo mayor. Un sabio proverbio dice: «El buen juicio hace al hombre paciente; su gloria es pasar por alto la ofensa».[15]

**No intente reemplazar al ex.** La mente de su adolescente solamente tiene lugar para dos (padre y madre). Si intenta forzar su presencia en tal rol, perderá. A menos que el adolescente le diga que quiere que sea su padre o madre, considérese solamente cónyuge de la persona con quien se casó. Su rol es el de ayudarle a tener lugar para un adulto más en su vida.

Así que cuando oiga: «No eres mi padre madre», diga: «Tienes razón. No lo soy». Entienda que bajo esa protesta, subyace mucho enojo, tristeza y dolor. Déjelo pasar. El adolescente necesita tiempo para su duelo emocional antes de poder aceptar lo que hay. Otórguele tiempo, espacio y apoyo.

También recuerde que el tiempo tiene su papel. Si se ha casado poco después del divorcio, la herida estará más abierta que si han pasado años, y los adolescentes pueden albergar un profundo y frustrado deseo de que sus padres se reconcilien. Este viejo deseo se ve despertado por su presencia. En cualquiera de las dos situaciones, esté atento, escuche, preste empatía.

**Deje que el padre o madre biológicos se hagan cargo de la disciplina al principio.** Al menos en un principio, deje que se encargue de los límites el padre o la madre biológicos. Su tarea será la de conectarse con el adolescente. Cuando usted y su cónyuge acuerden que llegó el momento de hacerse cargo de la disciplina, haga que este se lo comunique al adolescente. De este modo, el chico sabrá que su madre o padre están detrás de esta decisión. Asegúrese de hacerlo con suavidad para que el adolescente pueda hacer la transición hacia la aceptación de su nuevo rol.

## Usted y su cónyuge

Es posible que su cónyuge sienta reticencia a brindarle apoyo en cuanto a los límites y consecuencias. Quizá sea demasiado pronto, como señalamos anteriormente. O, si el ex todavía tiene relación con el adolescente, quizá piense que ya hay suficientes límites y consecuencias y que hacerle entrar a usted en este territorio podría causar conflictos. Además, el ex quizá no se sienta cómodo con su capacidad de establecer y mantener límites.

**Sea sensible a las necesidades y preocupaciones de su cónyuge.** Aténgase a las necesidades y preocupaciones de su cónyuge. Piense en su posición. Ahora es responsable de su adolescente, y no tiene a su ex cónyuge al lado, por lo que además, tendrá que manejar la nueva relación con usted y el adolescente. Es una carga pesada, y no quiere que sus hijos sufran más. Deje que su cónyuge sepa que apoya su forma de crianza y que quiere jugar según sus reglas. Pregunte de qué modo puede ayudarle a brindar estructura y objetivos a su adolescente.

**Permita que su cónyuge viva la conexión que establece usted con el adolescente.** Su cónyuge necesita saber que usted ama a quienes él o ella aman. Hágale saber esto dedicándole tiempo a su adolescente. Sentirá tranquilidad al verle esforzarse por formar un vínculo con alguien que quizá no sienta interés alguno por usted. Esto demuestra carácter, humildad y amor.

**Converse sobre las habilidades de ser padre o madre.** Su cónyuge quizá se preocupe porque usted no tenga la capacidad de disciplinar, en especial si no ha tenido hijos propios. Dígale que querría que en algún momento se le confíe autoridad y pregúntele qué cosas le hacen sentir inseguridad al respecto. ¿Cree que usted es demasiado estricto o reactivo? ¿Inconsistente? ¿Inseguro? Si su preocupación es válida, hágale saber que trabajará en esto y pregúntele su parecer en cuanto a su progreso.

## Usted y el otro padre

Si el ex cónyuge tiene relación con el adolescente, quizá tanto esta persona como el chico o chica se resistan a sus esfuerzos por poner límites e imponer consecuencias. La resistencia podrá ir de algo leve, como quejarse con su cónyuge, a algo severo como la acción legal. Sí, es un desafío difícil, pero hay cosas que pueden hacerse para facilitar la situación.

Si el ex cónyuge le causa problemas, haga lo siguiente:

**Involucre a su cónyuge.** No trate de ser vigilante y ocuparse de esto por sus propios medios. Su cónyuge tiene que participar, ya que tiene mayores responsabilidades, conocimiento e historia con esta persona. Pídale ayuda y como equipo, decidan qué harán. Determinen qué estructura están brindándole al adolescente los padres biológicos y luego definan cuál será su posición o lugar. Si las cosas empeoran entre usted y el o la ex, apoye a su cónyuge pero permítale estar a cargo. El adolescente es hijo o hija de su cónyuge, por lo que no podrá usted tomar la decisión sobre qué hacer al respecto.

**Respete al «ex».** A pesar de la realidad negativa que conozca usted en cuanto al carácter de la otra persona, entienda que también ha sufrido una pérdida. Por alguna razón ya no tiene la familia que tenía antes, y esto es duro. Preste atención a esto y respete sus sentimientos.

Si es posible, hable con esta persona sobre lo que le preocupa en cuanto a la educación y crianza de su hijo o hija. Hágale saber que quiere apoyar y favorecer la relación del adolescente con sus padres biológicos y que sabe que los hijos necesitan a ambos padres en esta vida. No se refiera a los problemas matrimoniales en particular, ni a su relación con el adolescente. Pregúntele qué cosas le preocupan en cuanto a la disciplina. ¿Está en contra de que usted se ocupe? ¿O le preocupan más los problemas como las bajas calificaciones, las horas de llegada y el alcohol? Esté abierto a lo que le comunique y respete su rol como padre o madre, aunque no esté de acuerdo con sus ideas y valores.

## Su lugar en la familia

Al invertir tiempo y esfuerzo en estas tres relaciones, es posible que llegue el momento en que pueda gradualmente comenzar a funcionar como padre o madre del adolescente. Sin embargo, recuerde que debido a la edad del adolescente, quizá nunca lo logre. Si es así, acéptelo y forme la mejor conexión posible, ayudándole a madurar y prepararse para la adultez. Siempre tenga como prioridad los intereses y necesidades del adolescente.

Usted se casó con alguien a quien ama. Una de las mejores formas de amar a su cónyuge es ayudándole a amar a sus hijos apoyándolos de la mejor manera posible. Renuncie al control, sea humilde y gánese su lugar en la familia.

# SEGUNDA PARTE

## ENTENDAMOS EL MUNDO DE LOS ADOLESCENTES

La adolescencia... puede ser... el lugar más cruel de la tierra. Puede llegar a no tener corazón.

**—Tori Amos**

¿Así que quiere que su adolescente sea más responsable, que madure más y sienta más respeto? Todos queremos lo mismo. Pero antes de que entremos en los «cómos» de los límites, entre conmigo en el mundo de la adolescencia.

Casi nadie soñaría con tener una entrevista para un nuevo empleo sin antes hacer algún tipo de investigación: haciéndole preguntas a la gente, buscando los datos de la compañía en Internet, mirando los resultados financieros. Aunque uno se siente tentado a entrar de lleno en los problemas de la adolescencia, hace falta tener una imagen completa del mundo en que habita su adolescente. De otro modo, quizá no entienda a la persona a quien intenta ayudar. Para el adolescente, sentirse comprendido lo es todo.

# CAPÍTULO 9

## La adolescencia: Último paso previo a la adultez

**B**arbi y yo estábamos cenando con otra pareja, también padres de adolescentes. Estábamos hablando de los altibajos de tan grande tarea, y Carolyn dijo: «Cuando nuestros hijos eran pequeños pensaba en lo triste que estaría cuando dejaran la casa para ir a la universidad. Ahora ¡hay días en que no puedo esperar hasta que llegue el momento!»

Carolyn obviamente tiene sentimientos ambiguos con respecto a la adolescencia de sus hijos. No es la única. No conozco muchos padres que no hayan dicho: «La pubertad fue difícil, pero ¡Oh... la adolescencia es mucho peor!»

Algunos padres ven la adolescencia en sí misma como un problema a resolver, un período difícil al que hay que sobrevivir, y por lo general se atrincheran esperando que pase la guerra. Si bien los años de la adolescencia requieren de mucho esfuerzo de parte de los padres, le aseguro que para los hijos no son maravillosos, y por buenas razones. Es importante que sepa usted lo que es la adolescencia y qué cosas le suceden al adolescente, de modo que pueda brindarle el apoyo y la comprensión que necesita durante esta época turbulenta de su vida.

## ¿Qué es la adolescencia?

**Un período de transición y cambio.** La adolescencia tiene más que ver con *lo que no es,* que con *lo que sí es.* La adolescencia no es la etapa de maravilla y curiosidad de la infancia. Y tampoco la etapa de madurez y rumbo que se supone es la adultez. Este período en la vida de los hijos es una mezcla de ambos, y al mismo tiempo, no es ninguna de estas cosas.

Muchas personas ven la adolescencia como el período comprendido entre los doce y los veinte años, más o menos. En general, la definición es un buen punto de partida, pero recuerde que un joven adulto puede parecer por fuera de veinticinco años, pero con la madurez emocional de un chico de doce.

La adolescencia también en los últimos años se ha extendido. A medida que la cultura se hace más compleja y la universidad se hace más cara, y en vista de que el matrimonio y el trabajo implican mayores responsabilidades, hay muchas personas de más de veinte años que se parecen a los adolescentes de hace unas décadas. Por ejemplo, muchos siguen viviendo en la casa de sus padres y en cuanto a lo económico además de lo emocional, dependen de ellos. Así que sepa como padre o madre que quizá deba enfrentar esto. Hay buenas y malas razones para esto. Por un lado están las causas legítimas, financieras y educativas. Y por el otro lado está el deseo de evitar riesgos y responsabilidades.

A los fines de este libro, sin embargo, definiría la adolescencia como *la fase de la vida que es una transición entre la infancia y la adultez*. La adolescencia es diferente a la niñez y la adultez. Los años de la adolescencia tienen más que ver con los cambios y la transición que cualquiera de las otras dos etapas. Y como hay tantos cambios durante la adolescencia, son años más emocionales y volátiles.

Su adolescente pasa por increíbles cambios en diversas áreas de la vida: neurológicos, hormonales, emocionales, sociales y espirituales. *Y todos estos cambios suceden al mismo tiempo*, lo cual significa que tiene mucho que manejar.

Para poder entender mejor cómo se siente su adolescente, imagine que va al médico por un problema estomacal, y este le dice: «Tiene usted irritación gastrointestinal, infección en los senos paranasales, vida estresada y un problema emocional, y sus amigos lo están empeorando todo». Se sentiría abrumado, sin saber qué hacer.

Bueno, así se siente su adolescente todos los días. Por ejemplo, despierta triste y molesto, y no puede identificar el motivo. Luego no encuentra qué ropa ponerse para ir a la escuela, así que pierde el transporte y llegará tarde. En la escuela, se pregunta si el grupo de pares le aceptará y si gustará a los del otro sexo. En la cena los padres no entienden nada de lo que dice. ¡Qué mal día! Su adolescente se siente desorientado, y con buen motivo.

**Buena y necesaria**. La adolescencia no es un mal período que hay que pasar. En cambio, es algo bueno y necesario. *La adolescencia es útil para nuestros hijos, y es normal.* En la medida en que así lo veamos, mejor será nuestra experiencia con los límites.

**Preparación para la adultez**. Hay muchos padres que piensan: *«¿Por qué no se podrá pasar de la infancia a la adultez sin esta época de tanta locura?»* Es una pregunta válida. Y la respuesta es: su adolescente *necesita un proceso de tiempo en el que deja la dependencia de los padres y avanza hacia la independencia del adulto.* Y esto no se logra en un instante.

Su adolescente necesita filtrar y cuestionar lo que ustedes, sus padres, dicen y lo que son para poder identificarse con ciertas partes y descartar otras. Necesita sentirse seguro bajo su cuidado mientras desafía y prueba su identidad, su rol, su poder y capacidad.

La Biblia describe lo que le sucede a su adolescente de la siguiente manera:

«En otras palabras, mientras el heredero es menor de edad, en nada se diferencia de un esclavo, a pesar de ser dueño de todo. Al contrario, está bajo el cuidado de tutores y administradores hasta la fecha fijada por su padre. Así también nosotros, cuando éramos menores, estábamos esclavizados por los principios de este mundo».[16]

En otras palabras, los adolescentes están bajo el control de una autoridad hasta tanto estén listos para hacerse cargo de su propia vida. Y usted, como padre o madre, es esta autoridad terrenal. Una de las formas más importantes en que podrá ayudar a su adolescente a prepararse para la vida adulta es estableciendo buenos límites, consecuencias y estructuras.

Recuerde que los adolescentes son personas divididas. Es decir, que por dentro están en conflicto todo el tiempo. Sus sentimientos y pensamientos se vinculan y desvinculan en los siguientes aspectos:

**Dependencia versus independencia**. Los adolescentes necesitan a sus padres, pero quisieran ser totalmente independientes de ellos.

**Bondad versus maldad**. Vacilan entre ser perfectos y tener un lado oscuro.

**Razón versus emoción**. Pueden utilizar el pensamiento y el criterio pero enseguida pasar a manejarse según sus impulsos y sentimientos.

**Realidades internas versus realidades sociales**. Los adolescentes pueden ser muy introvertidos y de repente volverse extremadamente sociables.

**Familia versus amigos**. Se conectan con el hogar, y luego pasan a conectarse con sus pares.

Todas estas divisiones son titánicas y dolorosas. Su amor y estructura consistente, bajo la forma de límites, podrá ayudar a su adolescente a integrar sus partes en conflicto y encontrar un equilibrio saludable.

Dada la importancia de este período en la vida de su adolescente, es importante que sepa usted cómo se ve la adolescencia sana.

## ¿Cómo es un adolescente sano?

La siguiente lista se cumple en adolescentes que avanzan con normalidad a lo largo de su adolescencia. Los adolescentes sanos:

**Establecen conexiones**. Sienten apego emocional hacia sus padres y amigos. No se muestran retraídos ni desapegados. Buscan conectarse y relacionarse con los demás.

**Son responsables**. Realizan las tareas que se esperan de ellos, como la tarea escolar, las tareas de la casa, los deberes familiares, etc. Por lo general son confiables y no requieren la misma supervisión que hace falta en un púber.

**Aceptan la realidad**. Si bien son algo perfeccionistas, idealistas o están inmersos en sí mismos, los adolescentes saludables pueden poner los pies en la tierra y aceptar la realidad. Entienden que ellos y los demás cometemos errores, y que nadie es perfecto.

**Se meten en líos que no son graves**. Sí, suelen meterse en líos, pero no son accidentes ni cosas graves. Pueden cometer muchos errores, pero no son todas crisis.

**Están orientados hacia el afuera**. Se interesan más y más en sus amigos y el mundo externo que en su familia. Se conectan con ambos, pero por lo general el mundo externo gana en sus corazones.

**Hace amigos con otros chicos buenos**. Aunque es posible que usted no apruebe lo que hacen estos amigos en un 100%, no arrastran a su adolescente hacia problemas morales o conductuales.

**Desarrolla buenos valores**. Están estableciendo un sistema de moral, ética y creencias espirituales. Quizá usted no esté de acuerdo con todos los detalles, pero la base es buena.

**Desafían a sus padres**. Cuestionan su autoridad y sus opiniones y quieren pensar por sí mismos. Hablan más y le ponen más a prueba. Pero estas pruebas no destrozan a la familia.

Observe que el adolescente sano puede cometer errores y meterse en problemas. Recuérdelo, porque de lo contrario enloquecerá. Sobrepóngase a cualquiera de sus necesidades de tener un hijo ideal y perfecto y acepte la realidad de estos años. Porque esto le ayudará a disfrutar de esta época.

## ¡Siga presente!

Cuando los adolescentes pasan por este período sin saltar etapas y en un contexto familiar de amor, comprensión y estructura, se convierten en adultos que funcionan y están listos para tomar su papel en el mundo. La adolescencia puede en ocasiones enloquecer tanto a los padres como al adolescente, pero es necesario para el bienestar de los hijos. Cuando los padres les dan a los adolescentes lo que necesitan en este período, los años de la adolescencia hasta pueden ser para disfrutar. ¡Siga presente y agárrese con fuerza porque la montaña rusa puede ser muy movida!

# CAPÍTULO 10

## Un período de cambios tremendos

**D**ave reía mientras describía un reciente encuentro con su hijo Matt. «Desperté en medio de la noche y fui a buscar un vaso de agua. Al pasar frente al cuarto de Matt vi que estaba encendida la luz. Golpeé la puerta y me dijo que entrara. Vi que estaba ordenando sus CDs de música. Le dije: "Matt, ¿qué haces ordenando la música? ¡Tienes que ir a la escuela mañana!" Matt me miró y dijo: "No lo sé". Me di cuenta de que estaba diciendo la verdad. No tenía idea de por qué lo hacía. Nada más lo hacía y ya».

Aunque «No lo sé» puede ser un modo intencional de hacer callar o provocar al adulto, también puede ser la verdad. *Los adolescentes muchas veces no saben lo que sienten o piensan porque casi a diario se están convirtiendo en una persona diferente.*

Los valores, opiniones y percepciones del adolescente son fluidos e impredecibles. Su adolescente pasa por diversos cambios importantes en distintas áreas, todo al mismo tiempo. Está en una tormenta caótica que implica descubrir quién es, cómo se siente y a quién ama. Pero si usted toma conciencia de los modos específicos en que va cambiando su adolescente, podrá tomar en cuenta estas etapas al enfrentar conductas y actitudes problemáticas.

Los adolescentes pasan por cambios tremendos en cuatro áreas principales: física, mental, personal y social. Veamos cada una por separado.

## Cambios físicos

Casi de la noche a la mañana, su adolescente se ve más como un adulto que como un niño. Durante este período su peso corporal casi se duplica y su altura aumenta en un cuarto aproximadamente. La ropa le queda chica enseguida, pierde coordinación en los deportes porque crece demasiado rápido y come monstruosas cantidades de comida como combustible para un metabolismo que va a toda velocidad.

Recuerdo cuando mis hijos comenzaron a mudar la voz. Llegué a casa del trabajo y el auto de mi esposa era el único que estaba en la entrada, por lo que supe que solamente estaban en casa Barbi y los chicos. Pero cuando abrí la puerta oí voces extrañas, de hombre, y me pregunté: *¿Habrá invitado Barbi a alguien, o habrá venido algún vecino de visita?* Entonces me di cuenta de que esas voces eran de mis hijos. Nunca más sería yo la única voz profunda y gruesa en la casa.

Y más problemáticos todavía pueden ser los cambios sexuales. Durante la adolescencia surgen las características sexuales secundarias, disparadas por el estrógeno en las chicas y la testosterona en los varones. De repente, su hijo vive en un cuerpo que está listo para el sexo y los bebés. Su pequeña tiene busto y comenzó a menstruar. Su hijito tiene pelo en el cuerpo y una voz diferente. Es hora de que le explique a su hija cómo usar las toallitas femeninas y de hablar con su hijo sobre las poluciones nocturnas.

Aunque el cuerpo de su adolescente está maduro, no lo están sus emociones. Por dentro, todavía le hace falta alcanzar el nivel de lo externo. Si esto le resulta difícil como padre, ¡imagine cómo se siente su hijo o hija! ¡Es su cuerpo y su vida, después de todo!

Así que sobrepóngase a todas estas cosas que le hacen sentir raro, y tome su lugar. No evite una franca conversación sobre los cambios físicos que vienen con la adolescencia.

## Cambios mentales

Los adolescentes piensan y procesan la información en niveles más conceptuales que cuando eran niños. Los adolescentes pueden usar el razonamiento abstracto, crear hipótesis y utilizar la deducción. Estos cambios les preparan para funcionar con éxito en el mundo adulto, donde necesitarán sacar conclusiones a partir de la información, ejercer su criterio y tomar decisiones por las que tendrán que rendir cuentas. Estos cambios también aumentarán su capacidad para desafiarle y discutir con usted. Los adolescentes pueden ser lógicos, persuasivos y manipuladores. ¡Y hasta a veces pueden tener razón!

## Cambios personales

Los adolescentes pasan por cambios emocionales y personales complejos. Luchan con muchos conflictos a medida que van madurando emocionalmente. Por ejemplo:

**Son dependientes e independientes de los padres.** No quieren reglas, pero necesitan saber que los padres están de su lado.

**Cuestionan las creencias y valores de la familia y desafían la autoridad.** Están empezando a pensar más en el «por qué», que en el «qué» en cuanto a lo que creen. «Porque yo lo digo», ya no es una respuesta satisfactoria.

**Sienten más confianza en cuanto a lo que les gusta y lo que no.** La frase «eso apesta» les permite descartar eventos, ideas y personas sin tener que formar alianzas con algo que sí creen.

**Sienten emociones intensas y extremas.** Estas fuertes emociones, que son importantes para ellos, pueden afectar su criterio.

**Se interesan más en el «hoy» que en el «mañana».** Se sienten vivos cuando hacen lo que tiene sentido para ellos, lo cual hace que les cueste postergar la gratificación.

Ser buenos padres implica darle a su adolescente la estructura, consistencia y amor que necesita para que pueda navegar con éxito a través de todos estos cambios emocionales y personales.

## Cambios sociales

El centro de la vida del adolescente pasa de la familia a su grupo de pares. Sus amigos se convierten en el principal interés, el foco central de su vida. Pasa más tiempo con ellos, hablando por teléfono o chateando por Internet. Para los padres esto puede ser difícil. Quizá se sientan abandonados, poco apreciados o no queridos. Aun así, este cambio forma parte del plan de Dios. Porque prepara gradualmente al adolescente para ser capaz de conectarse con el mundo exterior y para formar parte de su propio grupo social o familiar. La Biblia habla del proceso de «dejar y unir»[17] en referencia al modo en que los adultos dejan la casa de sus padres, física y emocionalmente, para poder unirse y fundirse a su cónyuge en un hogar propio.

Los adolescentes que no hacen este pasaje de la familia a los amigos suelen tener dificultades con los empleos, las salidas y las amistades aun después de dejar el hogar paterno y materno. Porque siguen tan atados al ambiente familiar que no tienen las herramientas necesarias para funcionar fuera de este.

## La empatía hacia su adolescente

Como verá, su adolescente está pasando por titánicos cambios del desarrollo. Tómese algo de tiempo para pensar en cómo se sentirá para que pueda sentir lo que le está pasando.

Aquí le damos un ejercicio que puede ayudarle a lograr esto. Anote todos los problemas por los que ve que pasa su adolescente en una semana. No importa si el problema se debe a sus propias acciones o inacción. Incluya problemas de escuela, conflictos familiares, malos hábitos, conflictos con sus amigos y todo lo demás. Luego pregúntese cómo se sentiría usted con todos estos problemas y más todavía si careciera del entendimiento y habilidad que pudieran ayudarle a sobreponerse. Bienvenido a una semana en el turbulento mundo de los adolescentes.

Así que, esfuércese por ser un lugar seguro donde pueda refugiarse su adolescente cuando sienta inseguridad o sensación de fracaso y ofrézcale mucha paciencia, amor y guía para que gradualmente aprenda a decidir mejor mientras avanza en esta transición de la niñez a la vida adulta.

# CAPÍTULO 11

## Los adolescentes piensan distinto

Cuando yo era padre voluntario en un hogar de niños, había un adolescente, Jeffrey, más menudo que los otros chicos pero que provocaba a los grandotes insistentemente, siempre para perjuicio suyo. Le decía a un grandote: «¿Quieres pelear, cara fea?» El otro le pegaba y Jeffrey se retiraba a llorar en un rincón. Luego volvía a la carga, molestando a Feo con otro desafío. Una y otra vez, Jeffrey molestaba y enojaba a los más grandes, y siempre perdía. Yo le hablaba, explicándole que su conducta no funcionaba, lo separaba de los más grandes y conversaba con él un poco más. Pero a Jeffrey le llevó mucho tiempo librarse del deseo de ser el gigante matador.

Todos los padres y madres tenemos historias similares sobre las conductas y actitudes extremas y poco razonables de nuestros adolescentes. Quizá usted también las tenga. Los adolescentes son impulsivos, egocéntricos e irracionales. Tienen estallidos de ira y falta de respeto, y en pocos minutos, vuelven a ser amorosos y obedientes. Un amigo mío dijo una vez de un compañero de trabajo: «No piensa los pensamientos correctos». Lo mismo podría decirse de los adolescentes.

La mayor parte del tiempo los cambios del desarrollo que vimos en el último capítulo sirven para explicar este tipo de conductas. Sin embargo, las más recientes investigaciones en el campo de la psiquiatría y la neurología muestran que el cerebro del adolescente es distinto físicamente. Los adolescentes piensan diferente.

Hasta hace poco, se sostenía que el desarrollo del cerebro en su parte principal, o «el cableado primario» se completaba a los cinco años de edad más o menos. Durante los cinco primeros años de vida, el cerebro crece de manera explosiva, y los expertos pensaban que casi todas las células y conectores cerebrales se formaban y desarrollaban en esa etapa.

Sin embargo, con la tecnología de resonancia magnética se encontró que un área del cerebro del adolescente pasa por una segunda explosión de crecimiento, dándole al joven la «segunda oportunidad» en cuanto al desarrollo de capacidades tales como el criterio, el control de los impulsos, el manejo del bien y el mal y la lógica. Esto significa que el adolescente todavía está desarrollando su capacidad para controlar las emociones y utilizar procesos superiores de pensamiento.

Quizá adivine usted qué parte del cerebro adolescente está plenamente desarrollada: la que tiene que ver con las emociones, reacciones y decisiones «de corazonadas». Pero como todavía no han alcanzado la madurez en las partes más racionales del cerebro, los adolescentes se dejan llevar por sus impulsos y muchas veces actúan sin pensar. Es, en verdad, una montaña rusa con muchos altibajos.

Esta investigación valida la necesidad de que como padres nos involucremos y participemos a conciencia en la vida del adolescente a modo de guiarle y confrontarle según sea necesario. Se le confronta en cuanto al sexo, las drogas y el alcohol y las decisiones académicas, pero todavía no está listo para tomar decisiones propias por sus propios medios. Porque su cerebro no piensa los pensamientos correctos. No puede. Su adolescente necesita del cerebro de los padres para ayudarle en esto.

Como padre o madre, esta información quizá le sea de alivio. *Porque podrá pensar: así que mi hijo o hija piensa cosas raras porque su cerebro está en desarrollo. Ahora sí tiene sentido su conducta.* Esto le ayuda a no sentirse tan loco, culpable o confundido. Es bueno saber que con el tiempo, cuando el cerebro de su adolescente ya se haya desarrollado del todo, sus procesos de pensamiento maduro funcionarán y tomarán su rol. El resultado final le da esperanzas para soportar el presente.

Pero si esta información le causa desaliento y le hace pensar: *apretaré los dientes y voy a esperar porque nada puedo hacer para apurar este desarrollo cerebral,* escúcheme. No es cierto que no pueda hacer nada. Sí puede hacer algo para afectar el desarrollo del cerebro de su adolescente.

La investigación ha validado el principio de «úselo o piérdalo». Las áreas del cerebro si son estimuladas tienden a crecer y desarrollarse más.

Las que no, tenderán a no desarrollarse tanto. Así que, cuanto más exponga usted a su adolescente a situaciones, experiencias y personas saludables y útiles, tanto más se desarrollará su cerebro. También es cierto que cuanto más le permita ver televisión y estar sin hacer nada, evitando actividades más saludables, tanto menos se desarrollará.

La investigación también ha descubierto que el ambiente, que incluye el área tan importante de la interacción entre humanos, afecta al cerebro. Así que brinde a su adolescente todas las experiencias posibles que tengan que ver con el amor, la gracia, la seguridad, la estructura y la corrección. La mente y el cuerpo están profunda e intrincadamente conectados. El padre que participa y se involucra puede marcar una diferencia positiva.

# CAPÍTULO 12

## Separación de los padres

Ser padre o madre de un adolescente es una cura efectiva para el narcisismo. Al momento de nacer, era usted el centro de la vida del bebé. Era especial. Ahora que ha llegado la adolescencia, ya perdió el protagonismo. No importa qué haga, su adolescente seguirá invirtiendo más en el mundo exterior de lo que invierte en la casa.

Y así es como debe ser. Los adolescentes van apartándose de los padres, física, emocional y espiritualmente. Con el tiempo, dejan de centrarse en la familia para centrarse en los amigos. Sus intereses y actividades giran en torno a los amigos. Además, cuando entran en la adolescencia comienzan a cuestionar los valores, ideas y creencias de los padres y comienzan a formular los propios. Esto también debe ser así. *La naturaleza dependiente de la relación padres-hijos tiene que terminar en algún momento.* Cuando su adolescente llegue a ser adulto, técnicamente sigue siendo hijo o hija de ustedes, pero no se relacionará con los padres como lo hacía en la niñez. Para llegar a ser adultos saludables y que funcionen, los niños deben cortar lazos con sus padres, y a menudo transforman esta relación en amistad.

Jamás olvidaré cuando nuestra familia hablaba de las próximas vacaciones y nuestros hijos dijeron: «No quiero ir si no puedo llevar amigos». Lo primero que pensé fue: *¡Intrusos en nuestras vacaciones familiares!* Sin embargo, nuestros hijos estaban haciendo exactamente lo que se supone que hagan los adolescentes en este momento de sus vidas: separándose de sus padres.

*Los niños no pueden entrar en el mundo si no se han separado de sus padres.* No pueden estar en dos mundos a la vez. Tienen que enfocarse hacia el exterior para poder aprender, concentrarse, adaptarse e interactuar de manera exitosa en el mundo. No intente oponerse al deseo de separación de sus hijos, porque seguramente saldrá perdiendo, y así ha de ser. Se supone que su hijo o hija algún día dejará la casa y se separará de usted. Tendrá que aceptar que el mundo le interesa más de lo que le interesa usted.

Esto no significa que olviden a sus padres. Seguirán amándolos y buscándoles cuando necesiten guía y querrán tener una relación con los padres. Habrán interiorizado miles de experiencias de amor, sinceridad, moralidad, seguridad y sabiduría, brindadas por sus padres a lo largo de los años, y llevarán consigo todas estas experiencias en su interacción con el mundo. Las usarán para lograr objetivos, encontrar el amor y ocupar su lugar. Y así debe ser también.

Así que no se trata de si está bien o mal que se separen de los padres, sino cómo lo hacen, porque hay un modo correcto y uno incorrecto.

## ¿Cuál es el modo correcto de separación?

Como padres, ayudarán a su adolescente enormemente si conocen el modo correcto en que debe separarse, porque luego podrá ayudarle a dejar la casa de la manera más saludable posible. Exploremos las principales diferencias entre la forma correcta y la incorrecta.

**La relación con el adentro versus la relación con el afuera.** Su adolescente enfrenta una tarea difícil. *Necesita separarse de sus padres, pero manteniendo la conexión con ellos.* Necesita saber que puede hablarles sobre la gente, las ideas y sucesos que no tienen nada que ver con ellos porque necesita apoyo y base. Su presencia tendrá un enorme papel al ayudarle a tener las herramientas y el coraje necesarios para entrar a la vida adulta con seguridad.

A veces, sin embargo, los padres se resisten a este proceso en detrimento del bienestar del adolescente. Hay padres que inhiben la separación reforzando únicamente las ideas y actividades que tengan que ver con la cercanía de la familia, y se retraen emocionalmente cuando su adolescente quiere explorar otras cosas. Esto presenta un dilema al adolescente: dejar la casa y perder a sus padres, o conservar a sus padres pero sin dejar la casa. Ninguna de estas dos opciones es la mejor.

Otros padres se retraen cuando su adolescente tiene un punto de vista o emoción diferente, negativo o lleno de enojo. Esto pone al adolescente en una situación donde jamás saldrá ganando. Tiene que guardarse a sí mismo y perder a sus padres, o perderse a sí mismo conservando a sus padres.

¿Qué puede hacerse entonces para ayudar al adolescente a separarse de la forma correcta?

Apoye el mundo externo de su adolescente, siempre y cuando ese mundo sea razonablemente seguro y respalde sus creencias y valores.

Hable con su adolescente, formule preguntas, hágale sentir que está bien que tenga intereses fuera de la casa.

Siga conectado aun cuando haya diferencias. No permita que los conflictos y diferencias los aíslen. Su adolescente necesita de ustedes en este mundo, aunque diga que no es así. Por ejemplo, en lugar de decir: «No quiero oír que tus amigos toman alcohol», diga: «Cuéntame quién sabes que bebe alcohol. Quizá yo no esté de acuerdo, pero quiero enterarme de lo que puedas contarme».

Haga todo esto y estará ayudando a su adolescente a permanecer dentro de la relación y a separarse de la manera correcta.

**Acercarse versus alejarse.** En última instancia, su adolescente debiera separarse de ustedes porque siente interés y entusiasmo por la gente y las actividades del mundo exterior. Está acercándose hacia un mundo bueno del que quiere formar parte. Tiene cosas que le interesan: creencias, intereses, preferencias y objetivos. Hay algo que paulatinamente va reemplazando a los padres.

Sin embargo, hay adolescentes que se separan de sus padres sencillamente porque quieren alejarse. Quizá quieran escapar de un hogar lleno de conflictos. O posiblemente se sientan dolidos, enojados o sufran continuamente por algo que sucede en la casa.

Este tipo de separación será devastador para el desarrollo. Cuando los adolescentes se interesan más por alejarse que por encontrar la felicidad y su lugar en el mundo, se arriesgan a apegarse a cosas equivocadas, solo porque buscan escapar. Por ejemplo, algunos adolescentes se casan a temprana edad porque su hogar es tan malo que lo único que quieren es salirse de allí. El matrimonio les da ese escape, pero como no viven en un hogar seguro y lleno de amor, les cuesta crear lo que no recibieron.

Dejar su hogar no transformará a una persona triste en alguien feliz. En cambio, sí crea a una persona triste que queda a solas.

¿Qué puede entonces hacer usted para ayudar a su adolescente a separarse correctamente en esta área?

Entienda que su deseo por alejarse es normal. Acepte que está cansándose de su control, de sus reglas y restricciones.

Bríndele experiencias positivas y felices en el hogar.

Trabaje con su adolescente para crear un ambiente razonablemente feliz y funcional. Negocie y ceda cuando pueda, ame siempre y sea estricto cuando haga falta. Por ejemplo, puede decir: «Tammy, no quiero que pienses que toda tu vida con nosotros tiene que ver con las reglas y las consecuencias. Me gustaría también hacer cosas positivas contigo y para ti. ¿Por qué no invitas a algunos amigos el viernes por la noche, y yo puedo hacer unas hamburguesas a la parrilla para ustedes mientras ven una película alquilada?»

Acepte que su adolescente se siente *atraído hacia* algo, y no que quiere *alejarse* de usted, ayúdele a estar lo más contento posible en casa para que quiera irse por las razones correctas y no solamente para escapar.

**Preparado versus improvisado.** Si alguna vez ha realizado un presupuesto a largo plazo, es probable que haya revisado su cuenta de ahorros, los gráficos de cuentas de retiro y cosas así. Estos gráficos tienen dos líneas. Una representa los ingresos, y la otra, el ahorro. El propósito de estas líneas de tiempo es el de ayudarle a ahorrar dinero suficiente como para que cuando se retire viva con lo que ahorró e invirtió. Así que las dos líneas del gráfico forman una intersección. En ese punto, su ingreso caerá, pero a partir de allí, serán los ahorros los que se hagan cargo de mantenerlo. ¡Al menos ese es el plan!

También necesitará un gráfico mental para cuando su adolescente deje el hogar. Una de las líneas representa su participación, apoyo y recursos. Lo que le brinda usted con amor, cuidado, seguridad, sabiduría y estructura que el adolescente no puede crear por sí mismo. La segunda línea representa cómo va madurando, preparándose e independizándose su adolescente. Con el tiempo, la línea de los padres irá en curva descendiente en tanto la línea del adolescente debiera ir en curva ascendente. A medida que el hijo va haciéndose más competente, responsable y confiado, podrá asumir más responsabilidades y funciones y los padres entonces van retrocediendo en su participación activa en este sentido. Darán menos consejos y esperarán a que venga a pedir su opinión. O podrá advertir acerca de un problema una sola vez, y luego dejar el tema.

En una situación ideal, las dos líneas debieran cruzarse al final de la adolescencia, o poco después de los veinte años de edad del hijo. En ese punto, ya estará listo para funcionar independientemente, más o menos, y podrá satisfacer casi todas sus necesidades y manejar sus propios problemas. Su hijo está listo y preparado para la vida. Vea el gráfico que está debajo:

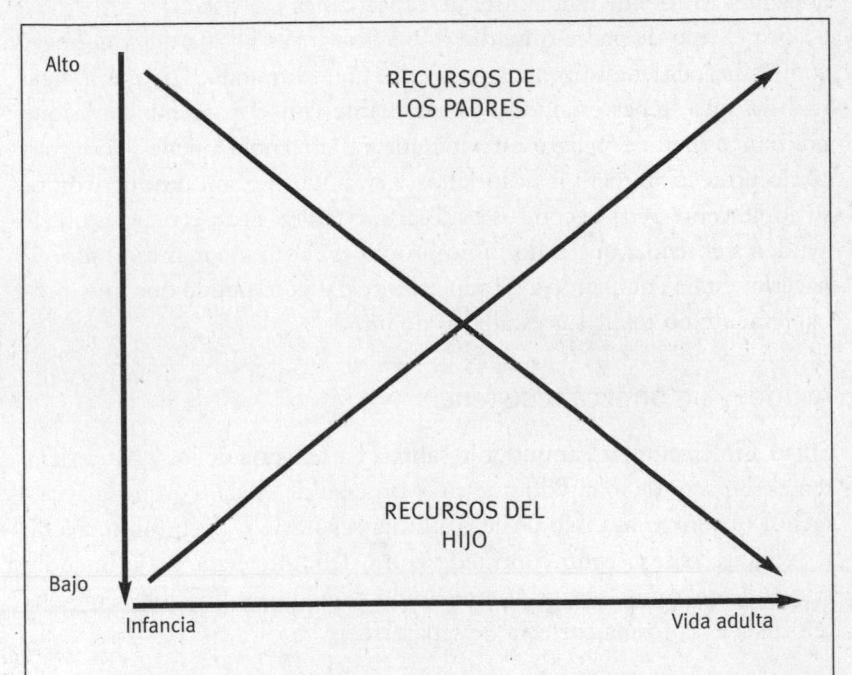

Algunos adolescentes se separan de manera inadecuada en esta área porque aunque quizás tengan la edad «adecuada» para dejar el hogar, quizás no estén todavía lo suficientemente maduros como para hacerlo exitosamente. Por ejemplo, quizás no sepan cómo encontrar y mantener relaciones saludables. O quizás no sepan controlar su conducta y establecer y alcanzar buenos objetivos. Cuando este tipo de adolescentes dejan el hogar de los padres, lo que tendrán es la receta para el desastre.

¿Cómo puede entonces ayudar a su hijo o hija adolescente para dejar el hogar?

Ayúdele a crecer en carácter y no solamente en edad. Concéntrese en su interior y su madurez, ayudándole a crecer. Henry Cloud y yo escribimos un libro para padres que se llama *Raising Great Kids* [Criando chicos grandiosos], en el que definimos el carácter como «la suma de nuestras capacidades para enfrentar la vida como Dios lo tiene designado».[18] El objetivo de los padres es equipar a los hijos con una caja de herramientas que contengan las capacidades y destrezas necesarias que le permitan enfrentar con éxito las exigencias de la vida. (Vea el cuadro en la página 91, donde está la lista de capacidades y destrezas).

Sea el tipo de padre o madre que ayuda a sus hijos a dejar el hogar con las herramientas óptimas para enfrentar al mundo. Por ejemplo, si su hijo suele tener estallidos de ira, hable con él para mostrarle que podrían poner en peligro su vida futura. El enojo puede ayudarnos como protección, pero los caprichos y estallidos no son productivos. Si su adolescente persiste con sus estallidos, establezca consecuencias que le ayuden a entender que el dominio propio es el camino más indicado. Al hacerlo, estará equipando a su adolescente para un mundo que muy probablemente no tolere sus estallidos de ira.

## Ayude, y no ofrezca resistencia

Sí, su adolescente va camino a la salida. La mayoría de los padres sienten el impacto de lo rápido que va el proceso de salida. Porque la aceleración es vertiginosa. No pelee contra la separación. En cambio, ayude a su adolescente a seguir conectado con usted, interesado en lo bueno y saludable del mundo exterior, preparado para los desafíos que se presenten. Esta es la forma correcta de separarse.

## CUALIDADES PARA PONER EN LA CAJA DE HERRAMIENTAS DE LOS HIJOS

Los adultos que manejan con éxito las exigencias de la vida tienen las siguientes cualidades:

**Son relacionales, no aislados:** Pueden conectarse emocionalmente con los demás y tienen un sistema de soporte conformado por gente sana. Saben cuándo pedir ayuda. Pueden ser abiertos y vulnerables. Pueden devolver amor, profunda y generosamente, de manera incondicional.

**Son responsables, no inmaduros:** Se hacen cargo de sus vidas, conductas y actitudes y hacen algo bueno con ello. Ponen el hombro donde hay que poner el hombro. Son consistentes hasta el final. Son confiables.

**Tienen dominio propio, no son impulsivos:** Los adultos responsables toman decisiones basadas en criterios definidos y no en sus impulsos. Se apartan de las conductas riesgosas. Aunque pueden ser divertidos y espontáneos, hacen que sus decisiones pesen.

**Se basan en valores y no en la opinión de los pares.** Tiene un conjunto de parámetros, ética y creencias que son verdaderos y trascendentes. Han elaborado sus valores y se mantienen leales a ellos. Ni la cultura ni los pares pueden apoderarse de ellos. Son personas con identidad propia.

**Autónomos, no dependientes.** Pueden vivir con libertad, y por su cuenta. No necesitan que nadie los mantenga emocional ni económicamente. Les gusta tomar decisiones propias, resolver sus problemas y establecer sus propios objetivos.

**Con enfoque, sin confusión.** Han encontrado y desarrollado sus talentos, pasiones y dones. Saben lo que quieren hacer, y qué quieren contribuir con sus vidas. Están activamente comprometidos en ese proceso.

**Espirituales, no se han apartado de Dios.** Han encontrado trascendencia aprendiendo a amar, seguir y obedecer al Señor. Humildemente confían en su cuidado y acuden a él como fuente de todo lo bueno en la vida.

# CAPÍTULO 13

## De padres terrenales al Padre Eterno

Cuando nuestros hijos eran pequeños yo era líder de un pequeño grupo en el ministerio para niños de nuestra iglesia. Luego, cuando nuestros hijos avanzaron a la liga de menores, yo también pasé. Recuerdo que Chris, el pastor de jóvenes, nos hablaba a los líderes sobre la diferencia entre la fe de un niño y la de un púber. Nos dijo: «Antes, la fe de su hijo era la fe de su familia. Ahora, elaborará su fe como individuo».

Chris tenía razón. Los niños, incluyendo lo míos, formulaban preguntas que no habían hecho en el ministerio para niños. Algunos dudaban de la existencia de Dios. Otros pensaban que la fe de sus padres era extraña. Algunos más pensaban que el cristianismo era demasiado prejuicioso. Y otros aún no veían la importancia de la fe. Preguntaban de todo, formulando preguntas adecuadas en el momento justo. Una cosa yo sabía con seguridad, sin embargo: en el pasado habían quedado esos años de «absorberlo todo como esponja». Estos niños estaban elaborando su propia fe. ¡Hola, adolescencia!

### Tiempo de dificultades espirituales

Si su adolescente protesta porque tiene que ir a la iglesia o asistir al grupo de jóvenes, o incluso si declara que no cree en nada, quizá quede usted con la impresión de que los adolescentes están espiritualmente «detenidos» y que mejor sería no tener expectativas espirituales hasta que su adolescente llegue a ser un adulto joven. En realidad, nada podría estar más lejos de la verdad. Los años de la adolescencia son un momento espiritual importante en la vida de su hijo, *lo reconozca él o no*.

¿Por qué es tan importante este período? Porque su adolescente *está transitando el proceso de cambiar de padres*. Esta transfiriendo su dependencia y obediencia a usted como padre terrenal a Dios, su Padre Eterno. No hemos sido creados para ser jueces o autoridades de nosotros mismos, con el gobierno absoluto de nuestras vidas. Como adultos, hemos de forjar nuestro destino bajo la mano auxiliadora y rectora de Dios. El apóstol Pablo nos recuerda: «Para nosotros no hay más que un solo Dios, el Padre, de quien todo procede y para el cual vivimos».[19] Los años que su adolescente pase con ustedes formarán la base de su relación final y verdadera con su Padre.

La adolescencia es el momento de los desafíos y cuestionamientos en todas las áreas, y esto incluye al mundo espiritual. Su adolescente está descubriendo la naturaleza y significado de su fe. Y aunque a veces nos pareciera que está retrocediendo hacia el caos y la locura, esto no es así. Esta transitando un pasaje espiritual válido. Tiene que atravesar este pasaje porque si no jamás encontrará su propia fe. Necesita desafiar, cuestionar y dudar para que cuando crea de veras tenga una fe sólida y con sustancia.

¿Cómo sucede esto? De la misma manera en que el adolescente hace todo lo demás. Toma cierta información. Pone a prueba lo aprendido y luego decide si verdaderamente lo cree basándose en dicha experiencia de prueba. Todos formamos nuestras propias conclusiones en la vida de esta manera.

Por ejemplo, los niños no cuestionan las historias de milagros en la Biblia. Pero cuando se convierten en adolescentes comienzan a cuestionar si hubo o no un arca, o si Jesús resucitó de entre los muertos. Dudan, discuten, dicen que es algo tonto. Luego leen sobre esto en la Biblia (he descubierto que a los adolescentes les interesan mucho los asuntos espirituales y leer la Biblia), conversan con personas que saben hablar con los adolescentes sobre sus preguntas y deciden si la fe cristiana es algo en lo que creen porque lo creen y no porque sus padres les dijeron que así es.

Este es el centro de la cuestión: su adolescente necesita pasar por estas dificultades y luchar con Dios, lo mismo que el joven Jacob, y lo mismo que todos nosotros. Sin embargo, esta lucha tiene que ser entre su adolescente y Dios, y no entre su adolescente y usted. Es fácil para su adolescente alejarse de Dios porque él identifica a Dios con usted. Pero entonces estaría perdiendo el pan y la torta, todo junto. Así que deberá darle espacio para poder elaborar su fe, y rodearlo de personas sanas que hagan lo mismo.

## Avivando la chispa de la fe hasta que se haga llama

Un amigo mío me dijo que solía leerle a su hijo las *Crónicas de Narnia*, de C. S. Lewis, una y otra vez. Cuando le pregunté por qué, me dijo: «Porque quiero que vea que Dios y yo somos diferentes. Que podrá dejarme a mí sin que le sea necesario dejar a Dios». Para mí tenía mucho sentido.

Así que si su adolescente está cuestionando y dudando sobre asuntos espirituales, acompáñelo. Pregúntele qué es lo que piensa de la lección cristiana de ese día en la iglesia. Si le cuenta lo que dijo el maestro entonces diga: «Muy bien, ¿pero qué pensaste tú? ¿Estuviste de acuerdo? ¿O en desacuerdo? ¿Te aburriste? ¿De qué manera se relacionó esta lección con tu vida y tus amigos?» Trate de despertar una respuesta y pensamientos en su adolescente pero evite asumir el rol del padre escandalizado o desilusionado si dice algo negativo sobre las cuestiones espirituales. Sea real, mantenga los pies en la tierra, y comprométase.

Si el adolescente está cuestionando su fe, está poniendo interés y energía en ello y esto implica inversión. Es algo bueno. Por el contrario, el chico apático y complaciente que hace todo lo que se le pide sin pensar siquiera en su fe corre el riesgo de abandonarla durante sus años adultos o mientras esté en la universidad. Muchos hijos pasan por la adolescencia espiritual más adelante en la vida cuando los padres ya no están allí para brindarles apoyo, amor, sabiduría y libertad.

Se preguntará usted entonces, *¿qué pasa si mi adolescente no se interesa por Dios, por la iglesia o por los asuntos espirituales?* Recuerde que Dios creó a su hijo para tener una relación con él, y puso en su corazón el anhelo por acercarse a Dios. Esta chispa simplemente necesita que se la avive hasta que se haga llama.

Tome la iniciativa. Utilice el interés de su adolescente por sus pares para ayudarle a conectarse con quien se interesa en asuntos espirituales. Investigue un poco para encontrar qué iglesia de su área tiene un buen ministerio para chicos de escuela secundaria, y lleve a su adolescente allí. Háblele de asuntos espirituales. Sondee sus sentimientos y preguntas. Pídale que asista a la iglesia con usted, hágale saber que esto es algo que su familia hace y que necesita participar. (El capítulo 34, «Dios y la espiritualidad» ofrece más ideas sobre lo que puede hacer si su adolescente tiene dificultades con esto).

Ser buenos padres significa permitir que su adolescente se aparte de usted espiritualmente pero manteniéndolo dirigido hacia una conexión con su Padre Supremo. Será mejor que su hijo haga preguntas mientras todavía vive con ustedes de manera que pueda tener una relación mientras está elaborando sus creencias.

# CAPÍTULO 14

## Entendiendo las diferencias entre chicas y chicos

La adolescencia hace surgir las diferencias entre los sexos de manera inconfundible. Biológicamente aparecen las características sexuales secundarias además de un marcado interés por las personas del sexo opuesto. Los adolescentes pasan de estar con sus «amigos y compinches» al mundo del coqueteo, el romance y las citas.

Recuerdo mi primera experiencia en este aspecto cuando nuestros hijos comenzaron a asistir al ministerio para jóvenes. Era un ministerio grande con más de doscientos chicos y yo era el líder de grupos pequeños. Cuando mis hijos y sus amigos se bajaron de la camioneta, fui a estacionarla y luego caminé hasta el edificio. Como todavía no era el horario de entrada, todos estaban todavía afuera en el jardín.

Era un caos: había chicos corriendo, riendo, gritando, revolcándose, yendo y viniendo entre los pequeños grupos. Pensé que lo que tenía ante mis ojos era una gigante camada de cachorros. Parecían más niños de jardín de infantes que preadolescentes, y definitivamente no actuaban como estudiantes de escuela secundaria.

Pero más allá de todo eso observé un patrón. Los varones y las chicas participaban de actividades muy diferentes. Las chicas se reunían en grupitos, riendo y hablando mientras se tapaban la boca con la mano. No estaban correteando, sino que se quedaban paradas, o caminaban lentamente. Y además estaban observando a los varones.

Los varones, por otra parte, hablaban menos pero en voz alta. Gritaban y hacían un montón de proezas físicas para llamar la atención de las chicas. Para ellos estaba comenzando la eterna danza de los sexos.

Y aunque es fácil ver que difiere la conducta de los varones y las chicas, las diferencias son mucho más profundas.

## Diferencias características entre los varones y las mujeres

Los tipos de diferencias que hay a continuación no son tan definidas y hay muchas excepciones. Sin embargo, en general los chicos y las chicas difieren en:

**Rendimiento cognitivo e intelectual.** Durante la adolescencia las chicas por lo general son más avanzadas verbalmente que los chicos. Pueden razonar, conceptuar, informar mejor que ellos. Los varones, sin embargo, suelen ser más competentes en las matemáticas y los deportes.

**Expresión emocional.** Las chicas tienen un espectro emocional más complejo e intuitivo que los varones y se pueden conectar con sus sentimientos más exitosamente. Están más atentas y pueden hablar de las emociones a diferentes niveles, como la leve ansiedad, el resentimiento o la tristeza, mientras los varones saben si están asustados, enojados o tristes. Esta diferencia entre chicas y varones por lo general persiste en la vida adulta.

**Impulsividad y agresividad.** Los chicos son un poco más agresivos. Corren más riesgos, tienen más iniciativa que las mujeres y son más impulsivos. Es más probable que se metan en problemas por ser desafiantes e impulsivos: rompen reglas, pelean, y tienen más problemas con sustancias.

Por otra parte las chicas no confrontan tan directamente y son más manipuladoras. Sus problemas tienen más que ver con los aspectos sociales, como la traición y la lealtad y los problemas internos tales como la depresión.

Y aunque estas diferencias tienen que ver con el género, hay diferencias que también tienen que ver con el modo en que los chicos y las chicas se relacionan con su madre o padre, como veremos enseguida.

## Cómo se relacionan los chicos y las chicas con mamá y papá

El varón nace y después de un tiempo comienza a avanzar más allá de la unión con su madre hacia el mundo exterior. La primera parada relacional en este nuevo mundo es el padre. Como es varón, Papá se parece más al niño. Así que es más fácil para el niño ser agresivo y lanzarse hacia afuera. Está moviéndose para conectarse con alguien que se parece mucho a él, dejando atrás a alguien que no se le parece.

Sin embargo, la niña tendrá una situación y tarea diferentes. Tendrá que dejar atrás lo que se parece a ella para conectarse con lo que no se le parece, lo cual requerirá de mayor esfuerzo para lograr una conexión. Por eso a veces a las chicas les cuesta un poco más afirmarse aunque por lo general logran vencer este obstáculo en su desarrollo.

Esta dinámica se repite luego en los años de la adolescencia. Los varones adolescentes sienten que les es más fácil avanzar hacia su padre de lo que les parece a las chicas. Esta es una de las razones por las que el padre necesita estar presente para su hija adolescente. Ella necesita de su ayuda para poder separarse de su madre. Las salidas, eventos y conversaciones entre el padre y su hija son especialmente importantes durante la adolescencia.

Estos temas son reales, así que aquí incluimos algunos consejos para recordar:

*Si está criando a una hija:*

- Ayúdela a identificarse con su madre pero al mismo tiempo a poder estar respetuosamente en desacuerdo con ella.
- Ayúdela a aprender cómo acercarse a su padre, pero no para seducirlo o manipularlo de manera de conseguir lo que quiera.
- Aliéntela a ser femenina pero que tenga bien en claro lo que necesita y quiere.
- Enséñele que le convendrá evitar a las chicas chismosas y que será mejor que se junte con las que la quieren tal como es.

*Si está criando un chico:*

- Ayúdele a aceptar la disciplina de parte de la madre y a no ver al padre como la única fuente de poder y autoridad.
- Ayúdele a aprender a relacionarse a nivel emocional, a ser afectuoso y a expresar verbalmente sus sentimientos.
- Ofrézcale estructuras saludables para su agresividad, incluyendo el deporte, las excursiones, los grupos de Scouts.

- Muéstrele que hay riesgos que son inteligentes y otros que no lo son. (Por ejemplo una vez salté desde un techo por una apuesta y estuve con muletas durante un mes).

Estas dos listas tienen cosas en común porque los varones y las chicas son similares. Así que mire estas sugerencias como punto de énfasis y recuerde que *no es tan importante el sexo como el carácter.*

## Mantenga en perspectiva los temas pertinentes al sexo

No hay distancia tan grande entre ambos sexos. Lo que marca la diferencia será la identidad del adolescente, cómo es por dentro. Estas son las cosas que importan:

1. ¿Qué tan conectado o aislado es su adolescente?
2. ¿Qué tan responsable o irresponsable?
3. ¿Es egocéntrico o solidario?

No atribuya las diferencias a uno u otro sexo. Este es un error común que lleva a la suposición de que las cosas jamás cambiarán. Por ejemplo, oí que un padre decía: «Los chicos son más agresivos y las chicas son más pasivas, y así tiene que ser». Sin embargo, el «así tiene que ser», puede llegar a producir un hombre iracundo y una mujer dependiente.

Tiene que entender que los atributos de carácter pueden cambiar. La agresividad del varón puede estructurarse y limitarse de manera que se haga un adulto amoroso y responsable. Se le puede ayudar a ser afectuoso, relacional, a conectarse. La agresividad de una chica puede desarrollarse para que sea decidida, directa, y tenga control de su vida. Se la puede ayudar a conectarse a niveles más profundos de manera que sienta seguridad.

Así que *vive la différence* entre los adolescentes varones y las adolescentes mujeres. Sin embargo, no permita que estas diferencias le impidan ayudar a su adolescente a llegar a ser una persona plena y completa, preparada para enfrentar la vida con el conjunto de capacidades que le harán falta.

# CAPÍTULO 15

## La influencia de la cultura

¿**Q**ué es lo primero que le viene a la mente cuando oye la palabra *cultura*? ¿Museos de arte? ¿Conciertos sinfónicos? ¿Ballet? ¿Teatro? ¿Literatura? Todo esto representa experiencias maravillosas que enriquecen la vida. Ahora ¿qué es lo que le viene a la mente cuando oye «adolescentes y cultura»? Probablemente nada de lo que está en la primera lista, ¿verdad? Para muchos padres, esto representa drogas y alcohol, violencia, embarazos no planeados y abortos, además de una cantidad de pesadillas más. Gastan mucha energía preocupándose por cómo proteger a sus hijos de las influencias de la cultura de hoy. Algunos padres sienten que nada pueden hacer.

Sepa lo siguiente: *su adolescente interactuará con su cultura, tarde o temprano*. Es mucho mejor para él o ella que le ayude y le dé herramientas para enfrentar las influencias culturales estando a salvo, mientras todavía vive en casa de los padres y no más tarde cuando se haya independizado. Puede usted ayudar a su adolescente a convertirse en el tipo de persona que algún día tenga un efecto positivo en la cultura. Aunque para hacerlo, tendrá que saber qué les dice hoy la cultura a sus hijos.

La cultura, en dos palabras, es un conjunto de conductas y actitudes que exhibe una sociedad. Los medios, el espectáculo y la publicidad no solamente reflejan la cultura sino que además influyen en ella con los potentes y a menudo negativos mensajes que envían. La televisión, la radio, los videojuegos e Internet dan a los adolescentes fácil acceso a los mensajes sobre el sexo informal, el abuso de sustancias, la conducta agresiva, la deshonestidad y muchas cosas peores todavía.

Como el poder adquisitivo de los adolescentes ha aumentado, las empresas comenzaron a gastar mucho dinero y esfuerzo investigativo para crear mensajes que influyan en los adolescentes de modo que deseen un producto en particular. Los modelos, actores, programas y conductores adolescentes son ahora casi siempre la norma. De hecho, algunos investigadores afirman que los adolescentes son quienes *definen la cultura*.

En el pasado, cuando la mayoría de los adolescentes no tenía mucho dinero, la cultura reflejaba los valores, gustos e intereses de los adultos. El mensaje a los adolescentes era —más o menos— «Crece y madura, y entonces el mundo será tuyo». El mensaje de la cultura parece estar cambiando hacia: «El mundo es tuyo hoy, y los adultos están fuera».

Otro mensaje que la cultura les envía a los adolescentes es que no hay absolutos. Lo bueno y lo malo son cuestión de preferencias, y la verdad es lo que sea que cada uno piense que es verdad. Esto enloda las aguas para los que intentan encontrar a Dios, el sentido y los valores en lo que sea consistente con la realidad.

Sin duda la cultura puede ser peligrosa para los adolescentes. Son bombardeados con información, imágenes y mensajes hechos a medida para su grupo etario, nivel de madurez y mentalidad. Nuestros adolescentes necesitan que les ayudemos a navegar, atravesando el mar de mensajes que se les cruzan por delante.

No entre en pánico. Porque hay muchos chicos y chicas que ahora mismo están pasando por estas aguas culturales de la mejor manera y se convierten en los adultos que Dios quiere que sean. Es el momento en que como padres debemos tomar acción, con sabiduría y decisión, de modo de ayudar a nuestros hijos a poner las influencias culturales en la perspectiva correcta como para utilizarlas como recurso de creatividad y crecimiento.

Aquí van algunos consejos sobre cómo lograr esto.

## Manténgase informado

Involúcrese y sepa qué mensajes está recibiendo su adolescente. Preste atención a artículos periodísticos respetables sobre tendencias culturales actuales. Pregunte a su pastor de jóvenes qué está sucediendo en su área. Reúnase con las autoridades de la escuela para obtener perspectivas. Una vez fui a una reunión de la escuela en donde la policía local mostró fotografías de fiestas de adolescentes recientes donde se usaban drogas. Los rostros estaban tapados en estas fotos. A los padres les dijeron: «Estos chicos son de su escuela. Podrían reconocer a su hijo o hija aquí». Fue una llamada de despertador cultural para muchos.

No viva ajeno a la realidad. Sepa qué mensajes le envían a su hijo la televisión y la música. Monitoree las películas y programas que mira, y los sitios de Internet que visita. Cuanto más sepa de los medios con los que interactúan sus hijos, tanto más proactivo y útil será usted. Los padres que no quieren ver estas cosas están abandonando a sus adolescentes para que las enfrenten sin una guía.

## Escuche a su adolescente

Los adolescentes saben mucho sobre la cultura. No pueden dejar de hablar de ello. Así que pregúntele lo que está pasando en la escuela, en las películas y en el centro de compras. Recuerde que este mundo se está volviendo más importante para él que su mundo familiar. Quiere participar en todo lo que hagan sus amigos. Escuche para enterarse de qué son estas cosas. Asegúrese de escuchar sin moralizar. No utilice demasiados comentarios como: «Eso está mal». Obtendrá mucha más información si solamente escucha.

Louis, una amiga que tiene hijos un poco mayores que los nuestros, nos dio un gran consejo hace poco. Le dijo a Barbi que usara el tiempo del viaje en auto de ida y vuelta a la escuela, los eventos deportivos o sociales, para enterarse de qué sucede. «Si no hablas mientras conduces —dijo Louis- en pocos minutos olvidan que estás allí ¡y podrás enterarte de muchísimas cosas que realmente necesitas saber!» Obtuvimos mucha información útil a partir de la sugerencia de Louis, enterándonos de cuáles eran los chicos cuyos padres se ausentaban a menudo como situación favorable para las reuniones con alcohol, y qué chicos hacían trampas en las pruebas y exámenes, y cómo lo hacían.

## Esté conectado

Hable con su adolescente sobre los mensajes a los que está expuesto en la cultura y a través de sus pares. Ponga sobre la mesa todos los temas:

drogas, sexo, violencia y ética. Es posible que se resista, pero recuerde que está confundido e intentando entender todo esto. Su adolescente necesita que usted sea explícito, directo y claro en cuanto a su perspectiva sobre estos temas.

No hace falta que conozca el lenguaje para hablar de esto. Sencillamente utilice palabras directas: «Hillary, quiero hablar contigo de sexo, qué significa y lo que yo pienso que son los límites para ti».

## Sea protector

Usted es el adulto. Es su hogar, y su adolescente está a su cargo. No tema dar los pasos requeridos para manejar el flujo de información. Líbrese de determinados canales en la televisión por cable, o bloquéeles el acceso. Instale programas en su computadora que restrinjan el acceso a contenido sexual, violento y negativo. Revea las letras de las canciones que compra su adolescente y establezca parámetros con respecto al contenido. No permita que se junte con chicos que le hagan sentir que pueden causarle perjuicio. Recuerde que los adolescentes no tienen el criterio y la sabiduría que tienen sus padres, por lo que necesitará que usted lo proteja.

## Conozca a su adolescente

Algunos chicos y chicas son más vulnerables que otros a las presiones culturales. ¿Es vulnerable su adolescente? Aunque los parámetros generales sean buenos, hace falta personalizarlos para que se ajusten a los puntos débiles de su hijo o hija en particular.

Por ejemplo, digamos que su hija es susceptible a los valores de su grupo de pares y usted observa que muchas de sus amigas suelen vestir con ropa que no es apropiada. Si sabe que su hija es vulnerable en esta área, podrá trabajar con ella de modo que no baje sus parámetros como para poder encajar en el grupo.

Si sabe que su hijo es vulnerable a experimentar con las drogas, podrá darle más tiempo y atención y brindarle estructura y protección. Él necesita de su fuerza para poder afianzar sus áreas débiles hasta tanto se desarrollen más.

¿Cómo puede conocer a su adolescente? Observando día a día cómo responde a lo que la vida le echa delante. Quizá quiera anotar sus observaciones sobre cómo le va con los estudios, el estrés, las correcciones, amistades, responsabilidades, fracasos y éxitos. Estudie a su hijo o hija.

## No reaccione

Al mismo tiempo, no salte con la reacción de «toda esta cultura está mal» porque no es así. Hay muchas cosas que pasan en la música, la ciencia, las artes, la educación y tecnología que sí son buenas para su adolescente. Recuerde que Martín Lutero escribió sus himnos usando las melodías de las canciones populares en los bares de su tiempo y hoy muchas iglesias usan música moderna, entretenimiento y deportes para llevar un mensaje espiritual a los adolescentes.

Entonces, no eche por la borda lo malo junto con lo bueno. Por ejemplo, aunque es verdad que en Internet hay muchos sitios dañinos, también puede ser de provecho cuando se trata de investigar. Ayude a su adolescente a entender cómo usar Internet de manera útil y sana. Necesita desarrollar, en relación con usted, las herramientas y capacidades que necesitará para mantenerse a salvo de la Red Inalámbrica Global, y poder usarla para encontrar su camino como adulto.

## Aprecie lo bueno, resístase a lo malo

Entonces, no tome la posición anticultura ante su adolescente. Será mejor enseñarle a tener una perspectiva equilibrada de la cultura, que aprecie lo bueno y resista lo destructivo. Al conversar con su adolescente sobre su propia reacción positiva o negativa ante aspectos de la cultura, y al escuchar su posición, estará guiándole hacia ese equilibrio.

# TERCERA PARTE

## ESTABLEZCA LÍMITES PARA SU ADOLESCENTE

Estar preparado lo es todo.

**—William Shakespeare, Hamlet**

Los adolescentes necesitan amor, autocontrol, valores, restricción y sentido de responsabilidad en sus vidas. Pero no lo logran sin el esfuerzo duro de sus padres.

Esta sección del libro le brindará las herramientas que necesita para crear, establecer y mantener los límites que pueden significar gran progreso hacia la madurez para su adolescente. No importa cuál sea el problema o cuestión, desde la escuela a las malas actitudes, ni la gravedad, de menor a crítica, estas claves pueden ayudarle a pensar efectivamente en límites saludables, para luego aplicarlos.

# CAPÍTULO 16

## Vaya más allá del problema de su adolescente

«**N**o está funcionando», dijo Brett. «Las calificaciones de Trent siguen siendo malas aun después de quitarle el auto y prohibirle las salidas. Ha pasado un mes y sigue perdiendo el tiempo».

Brett y su esposa Teri se veían frustrados y derrotados. Su hijo, un brillante alumno de la escuela secundaria, no estaba sacando buenas calificaciones. Habían pensado que con las restricciones lograrían darlo vuelta, pero no fue así y querían saber qué pensaba yo. Les dije que tampoco sabía qué estaba sucediendo.

Las consecuencias me parecían razonables, y había pasado suficiente tiempo como para que comenzaran a tener efecto, así que dije: «¿Puedo hablar yo con él?» Hasta ese punto, había estado brindándoles consejería matrimonial. Aunque había mejorado su matrimonio, Brett y Teri ahora querían hablar de la crianza de su hijo.

Estuvieron de acuerdo, por lo que me reuní con Trent esa misma semana. Cuando entró en mi oficina me impactó lo triste y callado que parecía. No era el chico rebelde y desafiante del que me habían hablado.

Al entrevistar a Trent, entendí por qué no habían funcionado las consecuencias. Estaba desconectado de sus padres, pero no de manera sana y normal. Se había desconectado porque pensaba que a ellos no le importaba ni sabían lo que sentía.

«No puedo hablar con ellos», dijo. «Estoy teniendo problemas con mi novia. Creo que no soy lo suficientemente inteligente para las clases

avanzadas, y por eso me rindo. Pero mis padres quieren que me esfuerce más. Pueden quitarme el auto y las salidas. Pueden quitarme todo. No
me importa si a ellos no les importa tampoco».

Cuando más tarde me reuní con Brett y Teri les dije: «Tenemos que
dejar de pensar que se trata nada más que de bajo rendimiento, que
podría resolverse con consecuencias adecuadas. Trent está realmente aislado de ustedes y jamás logrará volver hasta que encontremos cómo es
que puede reconectarse con sus padres».

Afortunadamente, Brett y Teri pudieron efectuar los cambios necesarios. Se sentaron con Trent y le preguntaron cómo le iba. Aprendieron
a escucharlo sin darle sermones. Lograron sentir empatía por sus problemas. Le brindaron apoyo y amor. Y Trent respondió porque empezó a
entender que estaban en su equipo y entonces su rendimiento académico mejoró. Trent había recuperado lo que necesitaba: a sus padres.

## Haga el trabajo pesado

Brett y Teri no son atípicos. Los padres muchas veces nos apuramos a
poner límites y ya. A veces estamos tan cansados y nos sentimos tan confundidos ante alguna actitud o conducta que cuando vemos que una
estrategia podría funcionar, la implementamos inmediatamente. La idea
es: *al menos estoy haciendo algo en lugar de no hacer nada.* De hecho,
muchos padres saltarán esta sección del libro para pasar a la siguiente,
que presenta problemas específicos. Así que si está leyendo esta parte
¡muy bien! Porque podrá ayudarle a prevenir muchos problemas.

Nadie puede culpar a un padre o madre por querer conseguir algún
alivio y resolver un problema con su adolescente. Y si hay una crisis o
emergencia, como las drogas o problemas de violencia, no hay tiempo
para hacer otras cosas por el momento.

Sin embargo, como padres hay que darse cuenta de que *los problemas
de los adolescentes tiene un contexto.* La mayoría de las veces, no vienen de
la nada. Su adolescente saca bajas notas, falta el respeto o se porta mal
por una razón. Necesitará que usted cave el suelo para ir más profundo,
más allá de la superficie de manera de asegurarse de que lo que se haga
le ayude a resolver el problema y a madurar para llegar a ser la persona
que Dios quiere que sea. Sea del tipo de padres que dicen: «Listos, apun-
ten, fuego», en lugar de «fuego, fuego, fuego».

Con esto en mente, veamos algunos de los problemas que podrían
subyacer a lo que se ve como evidente.

## Desapego, dolor o desaliento

Los problemas causados por la irresponsabilidad, inmadurez, desafío, egocentrismo e impulsividad a menudo pueden resolverse de manera efectiva con la imposición de consecuencias. Sin embargo, como lo ilustra la situación de Trent, el problema puede estar causado por otros motivos, tales como desapego, dolor o desaliento emocional. No habrá número de límites que funcione con alguien cuyo corazón está triste y desalentado. Cuando uno azota a un caballo exhausto para que corra más rápido lo único que aumentan los azotes es el desaliento del caballo. Lo mismo sucede cuando se les imponen límites a los adolescentes desalentados.

Un adolescente desapegado, dolido o desalentado necesita que se le dé gracia y se lo edifique. Necesita salir de sí mismo, ser escuchado, ser aceptado: «Fortalezcan las manos débiles, afirmen las rodillas temblorosas».[20] Todo lo que necesita hacer para resolver el problema es conectarse con el corazón de su adolescente. Lo que le hace falta es que usted diga algo como: «No he estado escuchándote de veras porque estuve muy concentrado en tus bajas calificaciones. Lo siento. Pareciera que quizá no estás feliz o con dificultades en algún otro aspecto y quisiera saberlo. ¿Podemos hablar?»

Esta no es una consideración a todo o nada, sin embargo. Un problema puede tener más de una sola causa. Supongamos que un adolescente tiene problemas de ira, por ejemplo, y estalla por cosas menores. Podría darse el caso de que fuera egocéntrico o impaciente, además de sentir desaliento ante la vida. Si ese es el problema, necesitará amor y apoyo para su desaliento y estructura y consecuencias para su egocentrismo e impaciencia.

Los adolescentes, al igual que todos nosotros, son seres complejos. Conozca a su adolescente y sepa quién es para poder ver qué es lo que está causando el problema.

## Condiciones de salud o emocionales

También revise las condiciones o problemas físicos que pudieran estar afectando la conducta de su adolescente. Los problemas de tiroides, la fiebre, la epilepsia y el trastorno por déficit de atención (TDA), o trastorno por déficit de atención con hiperactividad (TAD-H), la depresión y la ansiedad pueden ser factores que alteren la conducta o causen problemas de actitud.

Conocí a una familia cuya hija se negaba a ir a la escuela. No quería decir por qué. Sencillamente dejó de ir. Al principio sus padres creyeron que era una actitud desafiante, y comenzaron a imponer consecuencias. Pero cuando la llevaron a ver a un terapeuta para adolescentes se enteraron de que su problema era un desorden de ansiedad que la paralizaba ante las presiones sociales y académicas de la escuela. Con la consejería adecuada y el apoyo de sus padres, esta adolescente pronto volvió a la escuela y le fue bien.

Aquí incluimos algunos lineamientos que podrían ayudarle a determinar cuándo necesita buscar más ayuda:

1. Asegúrese de que su adolescente haya sido revisado físicamente por un médico en el último año. Aunque se vea saludable, no descarte la posibilidad de una causa física hasta tanto lo haya visto un doctor.

2. Si el problema no mejora con el tiempo y con lo que estén haciendo por ayudar, busquen a un profesional.

3. Si el problema es severo o impedimento para la vida, la salud, la escuela o la familia, busquen a un profesional.

4. Si conoce y respeta a padres que hayan encontrado ayuda profesional de beneficio en situación similar, considere la posibilidad de hacer lo mismo.

## Falta de estructura interna

A veces las conductas específicas de un adolescente tienen más que ver con dónde está como persona. Su conducta puede indicar falta de estructura interna. Por «estructura interna», quiero decir la capacidad de organizarse, concentrarse, tener autocontrol y ser responsable.

Por ejemplo, si su adolescente es esclavo de sus impulsos o si jamás ha sido disciplinado es posible que tenga varias conductas simultáneas y perturbadoras: problemas académicos, sociales, de actitud y de tareas. No solamente tendrá que ocuparse de estos temas específicos, sino que además tendrá que hacer algo respecto a su falta de estructura.

Quizá necesita de su ayuda para aprender lo que es la gratificación postergada, la paciencia, el autocontrol, el respeto por la autoridad o las formas de poner freno a sus impulsos. Hable con él sobre los beneficios de volverse paciente y tener autocontrol. Al mismo tiempo muéstrele de qué modo parte de sus problemas se deben a su falta de estructura. Dígale: «Quiero ayudarte a que tengas mayor autocontrol y responsabilidad, y lo haremos juntos». Básicamente, de esto se trata la mayor parte de este libro.

Mientras trabaja tanto con la conducta como con los problemas estructurales subyacentes, está ayudando a su adolescente a desarrollar los recursos internos que necesita para poder cambiar su conducta. Permítame mostrarle cómo funciona esto. Supongamos que tiene un adolescente con estallidos de ira. Podría decir: «Está bien el enojo respetuoso, pero los gritos y la falta de respeto no están bien. Te ayudaré a saber cuándo has pasado la línea, y cuando lo hagas, el fin de semana no podrás salir. Quiero que sepas de qué modo afecta tu conducta a los demás y quiero que puedas tener la capacidad de controlarte cuando estés frustrado». No solamente le está diciendo a su adolescente qué tipo de enojo no es aceptable, sino que también le está dando la oportunidad de experimentar control propio y dominio para que con el tiempo pueda desarrollar la estructura interna necesaria como para poder hacerlo por sus propios medios, sin su motivación externa.

## Problemas en el entorno del hogar

Los problemas familiares continuos afectan a los adolescentes de manera profunda. Su desarrollo a menudo depende del estar en un ambiente que promueva el amor, la seguridad y la estructura.

Las peleas o problemas mayores en un hogar, como los problemas maritales o el divorcio, afectan al adolescente. Quizá actúe como para enviar un mensaje de lo que siente, pero no sepa poner sus sentimientos en palabras. Los problemas estructurales en la familia también pueden causar problemas adolescentes. El tejido del hogar se ve dañado. Por ejemplo, un hogar puede tener una atmósfera emocionalmente fría y de desapego, reglas y límites demasiado duros o faltos de amor y caos y falta de organización.

A veces el adolescente reaccionará ante estos problemas ambientales con actitudes negativas o malas conductas. Esto entonces hace surgir la pregunta: ¿de quién es este problema, de la familia o del adolescente? La respuesta está, por supuesto, en ambos. La familia tendrá que ocuparse de su contribución a los problemas que luego podrán ayudar a que el adolescente se haga responsable de sus propias respuestas.

Recuerde, la conducta problemática de su adolescente no ocurrió en el vacío. Tiene que ser causada por un tema subyacente que no se resolverá con límites. Pueden requerir otras soluciones, como la empatía, el apoyo, o más información.

# CAPÍTULO 17

## Utilice las cuatro anclas para establecer límites

«**N**o sé si este asunto de los límites realmente funcione conmigo», me dijo Jill. Estaba teniendo problemas con su hija de catorce años. Holly faltaba a clases y la habían encontrado bebiendo. Las cosas iban definitivamente en mala dirección y la madre quería actuar antes de que fuera demasiado tarde.

Por consejo de una amiga, Jill había leído *Límites*, el libro que escribí con el Dr. Henry Cloud, y pronto había visto que no tenía muchos límites en su vida, su matrimonio y su rol como madre. Pero cuando intentó implementar algunos límites en su vida, las cosas no habían ido bien.

«¿Qué pasó?», pregunté.

«Bueno, me senté con Holly hace unos días y le dije: "Las cosas tendrán que cambiar aquí. Voy a poner algunos límites contigo. Es por tu bien. Necesitas dejar de faltar a clases y dejar de beber"».

«¿Qué pasó entonces?»

«Se puso furiosa conmigo. Me gritó y luego salió de la habitación. El fin de semana siguiente estaba bebiendo de nuevo. Supongo que el próximo paso será enviarla a alguna parte, a un centro de rehabilitación para adolescentes...»

«Vayamos lento, Jill. Quizá eso esté sobre la mesa, pero te adelantas demasiado. No creo que le hayas dado a Holly, ni te hayas dado a ti misma una oportunidad real para establecer límites. Las cosas con ella van mal y necesitas hacer algo. Sin embargo, los límites no tienen que ver con darle a alguien órdenes y luego esperar que hagan el saludo militar. En especial con los adolescentes».

«¿Y qué dices entonces que haga?»

«Digo que quisiera que hagas algunas cosas esta semana, cosas que hay que incluir cada vez que ponemos límites. Prueba con esto y volveremos a hablar la semana que viene».

Jill había pensado que sencillamente con ser directa y sincera ya estaba hecho lo necesario como para poner límites. Pero no es así. Hay otros elementos que hacen falta. Le expliqué a Jill la siguiente información.

Toda conversación o situación de establecimiento de límites ha de usar cuatro principios de anclaje. Así como las anclas estabilizan a los barcos, estos cuatro principios pueden brindar estabilidad, enfoque y claridad a los padres que quieren establecer límites sanos y adecuados para su adolescente. Cuando se aplican a la puesta de límites, estos principios ayudan a los padres a optimizar las oportunidades de éxito con el adolescente.

Cuando lea estos principios, recuerde que se aplican no solo a lo que usted *diga*, sino también a lo que *haga*.

## Ancla Número 1

### *Amor: estoy de tu lado*

Comience *siempre por el amor*. Como mejor pueda hacerlo, transmítale a su adolescente que le importa su bienestar y que quiere lo mejor para su vida.

Los límites separan a las personas, al menos al principio. Y a causa de ello, la puesta de límites muchas veces causa conflicto. Los adolescentes se enojan y se sienten perseguidos. Se resisten a los límites porque les parecen estrictos, duros y fríos.

El amor le ayudará a su adolescente a entender lo que le está diciendo, a aceptar los límites y tolerar las consecuencias. Lo mismo vale para nosotros. Cuando oímos una dura verdad de alguien que nos quiere bien, necesitamos saber que la persona está de nuestro lado. Porque si no, es posible que nos sintamos odiados, malos, indignos, no amados, ofendidos o victimizados. Todos estos sentimientos no llevan a un final feliz.

Para demostrarle amor a su adolescente, diga algo como: «Estoy de tu lado. No estoy haciendo esto porque esté enojado o quiera castigarte, o no me importes. Lo hago porque quiero lo mejor para ti». Puede no sentirse especialmente cerca de su adolescente cuando ponga un límite, pero el amor es más grande que los sentimientos momentáneos. El amor es una posición, una actitud a tomar: está usted a favor de su adolescente, obrando por su bien.

El amor también ayuda al adolescente para que empiece a ver que *su conducta es el problema, no un padre o madre enojados o fuera de control.* Cuando usted no incluye el amor, su adolescente quizá piense que lo más urgente que debe hacer es alejarse de usted, el adulto molesto o enojado. El amor ayuda al adolescente a señalarse a sí mismo como origen del problema.

Cuando Jill, a quien conoció usted al comienzo de este capítulo, vio que lo único que su hija veía era a una madre enojada, pasó algún tiempo reflexionando y conversando con otras personas sobre lo que más le gustaba en su hija y lo mucho que amaba a Holly, deseando su bienestar. Cuando volvieron a hablar Jill le dijo a Holly: «Quiero que repasemos las cosas que me preocupan y que resolvamos algunos problemas. Pero antes de que vayamos más lejos quiero que sepas que realmente te amo y que no quiero nada malo para ti. Quiero para ti una vida buena y por eso es que quiero ayudarte con estos problemas».

Holly estaba un poco en duda a causa de sus anteriores interacciones con su mamá, pero escuchó sin enojarse ni retraerse, hasta que Jill terminó de hablar.

## Ancla Número 2

### Verdad: tengo algunas reglas y requisitos

El amor abre la puerta al cambio, pero no es suficiente. La verdad brinda guía, sabiduría, información y corrección. La verdad existe en forma de reglas, requisitos y expectativas hacia su adolescente. Son los «sí» y los «no» que definen lo que su adolescente necesita hacer y lo que debe evitar.

¿Por qué es importante esto? *Porque su adolescente necesita saber dónde está la línea para que pueda elegir si la cruza o no.* Si no hay línea, no podrá usted culpar a su adolescente por haberla cruzado. A veces un límite no funciona porque el padre no lo definió con claridad.

De paso, si se siente raro o malo por tener reglas y expectativas para sus adolescentes, ¡debe ver que ese sentimiento es un problema! No es cruel ni falto de amor que los padres tengan requisitos para la conducta y actitudes de sus hijos. Los adolescentes que tienen expectativas razonables respecto de su conducta suelen andar mejor por la vida porque los límites forman parte de la vida misma. Los adultos no podemos llegar tarde al trabajo, ni debiéramos gritarle a nuestro cónyuge porque tuvimos un mal día. Siempre que las reglas sean adecuadas a la situación, *cuando las trae a la relación está ayudando a su hijo a ver que la estructura y la responsabilidad son normales y que son algo esperable en la vida.*

Haga que sus reglas y requisitos sean específicos y fáciles de entender. Su adolescente necesita saber con claridad qué cosa es aceptable y qué cosa no lo es. Como regla principal, cuando más inmaduro sea su adolescente, tanto más específico tendrá que ser usted. Por ejemplo, es fácil molestarse ante un adolescente que no levanta su plato y cubiertos después de comer, que no los enjuaga ni los pone en la lavadora. Pero muchas veces los padres se enojan en lugar de sentarse y explicar lo que esperan que haga su adolescente, además de lo que pasará si no lo hacen.

No se enoje. Sea claro. Haga que su adolescente sepa lo que se espera de su conducta y actitud. Anote sus reglas y requisitos y ponga el papel en la puerta del refrigerador. Si no lo hace, cuando su hijo o hija sientan que está siendo injusto en cuanto a la disciplina, quizá tengan razón. Como dijo Pablo: «Pero donde no hay ley, tampoco hay trasgresión».[21]

Por ejemplo, Jill le dijo a Holly: «Necesito ser clara con respecto a esto porque creo que no lo fui antes, o que no lo hice con amor. Lo que quiero sí es claro, sin embargo, no voy a tolerar que faltes a la escuela o bebas. Definitivamente eso no está bien en nuestro hogar. Si estás de acuerdo, o si no lo estás, esa es la regla en esta casa».

A Holly no le gustó pero sí le ayudó a entender el mensaje: ahora había nuevas líneas para respetar... o para cruzar.

## Ancla Número 3

### Libertad: puedes elegir respetar o rechazar las reglas

La mayoría de los padres no tienen problema con el amor y la verdad. Le encuentran sentido a nivel intuitivo. Sin embargo, este principio los atraganta. *¿Estás bromeando? ¿Darle libertad a mi hijo o hija? Ya tengo suficiente caos en mi hogar. ¿Por qué no agregamos un poco de keroseno a las llamas?*

Nadie le culparía por preguntar esto. Su adolescente probablemente haya usado la libertad para tomar malas decisiones, y usted no ha visto que nada bueno resulte de ello. Sin embargo, la libertad es absolutamente necesaria, por un par de razones:

**No se puede obligar a su adolescente a que elija lo correcto.** Es una idea que puede dar miedo, pero tendrá que saberlo. Hay mucho que no podrá controlar en su adolescente. No está presente todo el tiempo en su vida, así que no puede controlar lo que haga en la escuela o cuando está con amigos. Ni puede controlar todo lo que hace en la casa, si se pone a pensarlo.

Hace poco caí en una lucha de poder con uno de mis hijos. La conversación fue algo así:

«Bien. Hora de ordenar y limpiar tu cuarto».

«¿Y qué pasa si no lo hago?»

«Bueno, tienes que hacerlo».

«Pero ¿qué pasa si no lo hago?»

«Es que tienes que hacerlo».

«Pero no puedes obligarme».

«Bueno... hmmm».

En este punto, recuperé la cordura y tomé un camino mejor.

«Sí, tienes razón. No puedo obligarte. Pero no vas a salir a andar en patineta con tus amigos si vienen hasta que tu cuarto esté limpio».

A regañadientes, limpió y ordenó su cuarto.

Cada vez que se encuentre en la trampa de «tienes que hacerlo», y «te obligaré», salga de ella. Recuerde que no hay demasiadas cosas que literalmente podamos obligar a hacer a nuestros adolescentes.

**La libertad para elegir mal es necesaria para aprender a elegir bien.** Aun si pudiera «obligar» a su adolescente a hacer lo correcto, no le ayudaría a desarrollarse para llegar a ser una persona madura, amorosa y responsable. Esta no es la forma en que Dios diseñó el proceso de crecimiento. Es que él ha diseñado todo como para que podamos ser libres de elegir bien o mal, de elegirlo a él o rechazarlo. Es la única forma en que podemos aprender de nuestros errores, y la única manera en que realmente podemos amarnos desde el corazón.

No quiere usted ser un robot, obligado a hacer solamente lo que está bien. Y tampoco lo querría para su adolescente, aunque a veces suene tentadora la idea. Así que valide y afirme la libertad que su hijo o hija ya tienen.

Por supuesto, la libertad tiene un límite. Si el problema pone en riesgo su vida, o es peligroso, por cierto deberá intervenir. La intervención en forma de hospitalizaciones involuntarias, arrestos o programas de tratamiento residencial a veces es necesaria en casos extremos. Porque usted quiere que su hijo viva para que pueda crecer. Pero en lo posible, afirme y proteja la libertad de su adolescente.

Jill le dijo a Holly: «No puedo impedir que faltes a clase. No quiero controlarte. Prefiero que elijas hacer lo correcto. Así que a menos que las cosas se pongan peligrosas, eres libre de seguir estas reglas o no. Pero (como veremos en la siguiente sección) recuerda, Holly, que quizá estés eligiendo algo que me haga restringir gravemente muchos de tus privilegios. No está bien que faltes a la escuela. No puedo perseguirte de clase a clase, pero tus libertades aquí serán muy, muy limitadas si sigues con esto».

A Holly le gustó esto, claro. Porque sabía que podía elegir. Había estado ejerciendo su libertad con frecuencia. Pero Jill sabiamente no confundía el tema con una lucha de poder que por cierto, perdería.

## Ancla Número 4

### Realidad: esto es lo que va a pasar

Si las únicas anclas son el amor, la verdad y la libertad, no sería suficiente. Los hijos criados con solamente estos tres principios pueden fácilmente salirse de control. El equilibro que falta, viene con un ancla más: *la realidad.*

¿Qué es la realidad? Dicho de manera simple, la realidad define lo que es o lo que existe. Para nuestros propósitos, sin embargo, estoy usando la palabra para describir lo que existe para el adolescente bajo la forma de *consecuencias.* Es decir, que si elige usar su libertad para rechazar las reglas y cruzar la línea, deberá enfrentar las consecuencias.

Los adolescentes necesitan consecuencias, porque así es como experimentan una de las leyes fundamentales de la vida: la buena conducta trae buenos resultados y la mala conducta trae resultados incómodos. En *Límites,* el doctor Henry Cloud y yo lo llamamos la ley de la siembra y la cosecha, y se basa en un versículo bíblico: «No se engañen: de Dios nadie se burla. Cada uno cosecha lo que siembra».[22] Sembrar esfuerzo en la escuela debiera dar una cosecha de buenas calificaciones y privilegios.

Pero sembrar haraganería debiera dar una cosecha de malas calificaciones y pérdida de libertades.

Dependiendo de la situación su adolescente quizá necesite experimentar algo menor, como por ejemplo tener que hacer tareas extra en la casa. O la consecuencia quizá necesite ser algo importante, como el no poder salir durante mucho tiempo teniendo pocos privilegios. Sin embargo, la idea es la misma: las consecuencias nos enseñan a ser responsables.

En el capítulo 19, «Consecuencias 101», veremos cómo establecer consecuencias adecuadas, pero por ahora baste decir que *las consecuencias han de anunciarse y cumplirse.* Su adolescente necesita saber lo que va a suceder del otro lado de la línea.

También necesita *experimentar* lo que hay del otro lado de la línea.

Jill le presentó la realidad a Holly de este modo: «Sí, eres libre para desobedecer las reglas de nuestra casa. Pero a partir de ahora la próxima vez que faltes a clase voy a cooperar en todo con la escuela sea cual fuere la sanción que impongan. Y además de eso, no podrás salir con tus amigos durante una semana por cada clase que pierdas. Y en cuanto a la bebida, la próxima vez que encuentre que has estado bebiendo te quitaré el teléfono, la computadora, y el uso de la televisión durante un mes. Y si vuelve a suceder, la consecuencia será peor».

No empiece intentando decidir si es demasiado severa o demasiado laxa su medida. Luego nos ocuparemos de eso. Por ahora, recuerde que las consecuencias tienen que existir y que usted debe cumplirlas. Si establece consecuencias y no las hace cumplir estará entrenando a su adolescente a ignorar, porque usted es un perro que ladra pero que no muerde.

Hacer cumplir las consecuencias fue duro para Jill. Se sentía mala y no le gustaba que su hija estuviese enojada. Holly cruzó la línea en ambas categorías, pero su madre se mantuvo firme. Cuando Holly cruzó la línea varias veces más, su madre sostuvo las consecuencias en todas las ocasiones según lo había anunciado. Al final, Jill pudo hacer que su hija permaneciera en la casa y ambas se están llevando muy bien.

La próxima vez que decida que necesita tener una conversación sobre la puesta de límites, asegúrese de decirle a su adolescente:

1. «Te amo y estoy de tu lado».
2. «Tengo algunas reglas y requisitos para tu conducta».
3. «Puedes elegir respetar o rechazar estas reglas».
4. «Esto es lo que sucederá si rechazas estas reglas».

Cuando utiliza usted estas cuatro anclas está brindando la estabilidad, claridad y motivación que su adolescente necesita para comenzar a aprender lo que es el autocontrol y la responsabilidad.

# CAPÍTULO 18

## No se desvíe

Hace poco tuve oportunidad de ver a una maestra en el arte de la disuasión. Había visto cómo Natalie, una adolescente de 15 años, vencía a su padre en una impresionante batalla verbal.

Estaba cenando con Glenn en su casa. Su hija apareció en el comedor para decirle a su padre que saldría durante un momento con una amiga que venía a buscarla.

Su padre dijo: «Espera un minuto. Hemos restringido las salidas. No puedes ir a ninguna parte».

La adolescente buscó diversos caminos para salir de esta situación: su padre había hecho excepciones anteriormente, su amiga estaba deprimida y la necesitaba, ya había estudiado su lección, y las restricciones eran injustas de todos modos. Utilizó todo su encanto y personalidad de hija para envolver a su padre.

Mi amigo, claramente sin saber qué hacer dijo: «Bueno, supongo. Pero no vuelvas después de las diez de la noche». Y así Natalie esquivó el límite.

Minutos más tarde mi amigo me dijo: «Bueno, me ganó ¿verdad?»

«Así parece», respondí.

Si es usted como la mayoría de los padres esta situación le sonará demasiado conocida. La buena noticia es que no tiene por qué ser así. Aquí le damos algunas claves para mantenerlo enfocado mientras comienza a establecer límites para su adolescente.

## Acepte la resistencia como algo normal

La mayoría de los adolescentes reaccionará con manipulación, discusiones, enojo, desafío, cuando los padres les ponen límites. Así que lo primero que puede hacer es aceptar que su adolescente resistirá a todos sus esfuerzos. Su adolescente quiere libertad total y usted es un impedimento en ese deseo.

Lo más posible es que utilice diversas estrategias para desviar sus esfuerzos por construir carácter y responsabilidad a través de la estructura y las consecuencias. A veces se resistirá a una de sus reglas o requisitos. Otras veces protestará en contra de las consecuencias: «No es justo que tenga que volver a las once de la noche», o «No es justo que no me permitas salir durante una semana ya que solamente llegué más tarde por unos pocos minutos». Sea como sea esté preparado para manejar los intentos de su adolescente por desviarle de su objetivo.

Es que no son estrategias deliberadas. No creo que los adolescentes pudieran explicar por qué utilizan estas estrategias. Creo que lo más preciso es decir que por instinto manipulan a sus padres para poder restablecer todas las libertades y decisiones que quieren tener.

Si la puesta de límites y el establecimiento de consecuencias son algo nuevo para usted, quizá encuentre una resistencia un poco más intensa. Su adolescente no está acostumbrado a esto: las restricciones, las reglas y las estructuras son obstáculos en su camino hacia lo que desea tener. Así que al principio muévase gradualmente. Sienta compasión por su adolescente. Los cambios nunca son fáciles y requerir de repente que viva de manera diferente y nueva es demasiado pedir.

Tenga en mente que su resistencia es una combinación de cosas buenas y malas. La manipulación no es buena pero la necesidad de desafiar y cuestionar cosas sí lo es. Porque prepara a su adolescente para pensar por sí mismo y a formar sus propios valores, sentimientos, y opiniones. La vida lo pondrá a prueba en estos aspectos. Mejor será que su adolescente aprenda quién es y en qué cree mientras todavía vive con usted.

Así que ame a su hijo, siga conectado con él, y respáldelo guiándolo durante este proceso.

## Haga su tarea

Segundo, asegúrese de que su regla y su consecuencia sean razonables y adecuadas. Por ejemplo, antes de establecer un horario de llegada por la noche, piénselo. Hable con personas confiables y sólidas de su comunidad en quienes pueda confiar y que conozcan a los chicos. Establezca un horario adecuado para la edad de sus hijos los fines de semana. Y haga lo mismo con las consecuencias. Luego vea qué sería apropiado como penalidad para la violación de este horario, utilizando el buen sentido y consultándolo con personas buenas. Ocúpese y no sea arbitrario ni reactivo. ¡Su adolescente es quien ya tiene estas habilidades! Sea usted el adulto.

## Involucre a su adolescente en las reglas y consecuencias

Cuando esté creando las reglas de su casa, incluya a su adolescente en el proceso.

Pídale su opinión y contribución a las reglas y consecuencias. Después de todo, es su vida. Permítale participar.

Su participación también mitigará la reacción negativa, de culparle por imponer reglas y consecuencias injustas que no tomen en cuenta sus sentimientos. Quizá no esté de acuerdo con todas las reglas y consecuencias, pero sabrá que usted no lo ha tomado por sorpresa, y que le permitió participar.

Esté dispuesto a negociar en cuestiones de preferencia y estilo y manténgase firme en materia de principios. Por ejemplo, supongamos que su hija quiere llevar determinado vestido a su baile de promoción. Aunque no debe ceder en cuestión de decoro, por ejemplo, sí puede hacerlo en cuanto al estilo que difiera de lo que usted prefiere y que le permita desarrollar una identidad separada de las de sus padres. Darles a los adolescentes espacio para que tomen decisiones y establezcan diferencias sanas resuelve en mucho el problema de la resistencia.

Aunque la negociación es buena porque implica participación de parte del adolescente, no negocie con sus hijos en cuanto a las formas de postergar las consecuencias. Porque es seguro que su adolescente lo intentará. Recuerdo una ocasión en particular cuando uno de mis hijos no cumplió con sus tareas del hogar y la escuela, antes de un paseo en bote con la familia de un amigo. Le había dicho que si no terminaba a tiempo no podría ir. Como no cumplió, le dije: «Lo siento. No irás».

Horas después me preguntó: «¿No puede haber una consecuencia diferente?» Respondí: «A veces negocio. Pero el hecho de que me hayas dicho esto me demuestra que esta consecuencia es bastante buena». Así que dije que no. En las semanas siguientes, mantuvo una mejor ética de trabajo.

## Contenga la reacción de su adolescente, no permita la escalada

Los adolescentes suelen explotar de ira cuando se les presentan requisitos y consecuencias. Lo más usual es un berrinche: «¡Te odio! ¡Eres el peor padre (o la peor madre) del mundo! ¡Es injusto que no me dejes salir solo porque llegué un poco más tarde!»

Tal reacción hace pensar a muchos padres que su hijo o hija tienen tres años una vez más. La resistencia a la confrontación y la verdad puede ser extrema.

Aunque su reacción visceral pueda llegar a escalar al mismo nivel que la de su adolescente, o quizá sienta que debe resignarse, ninguno de estos caminos es el mejor. Porque el primero causará una pelea de poderes entre ambos, y el segundo transmite que la ira le inhibirá para poner límites en el futuro. Lo mejor es *contener* el enojo y los sentimientos de su hijo o hija.

¿Qué significa esta palabra? Se refiere a su capacidad de oír y entender las emociones fuertes del joven desde su perspectiva de adulto. Cuando contiene usted los sentimientos de su hijo o hija, está «digiriendo emocionalmente», la emoción cruda y potente de manera que se module, se vuelva menos intensa y más entendible.

Para ayudarle a entender este concepto, veamos cómo una madre contiene las emociones de sus pequeños. Esta es una de las tareas más importantes de las madres. Los niños tienen emociones extremadamente fuertes y negativas, como la soledad, el miedo y la ira, y no saben qué hacer con ellas. Son tan intensas que en la mente del pequeño se hacen más y más fuertes, haciéndole sentir fuera de control. Por eso es que los niños suelen explotar y volverse irracionales, con berrinches y caprichos. Viven sus sentimientos como algo confuso y que asusta, algo que escapa a su control. No tienen capacidad para calmarse, aliviar sus emociones o entrar en razones.

Así que lo que el pequeño no logra, lo hace por él su madre hasta que pueda aprender esta capacidad. La madre no deja a sus hijos solos con estas emociones negativas, ni tampoco lo obliga a callar. En cambio, se mantiene presente junto a su infelicidad, a menudo abrazándolo y calmándolo hasta que se sienta mejor. Esto le permite vivir sus emociones negativas en un entorno de seguridad, porque en cierto sentido su madre «las digirió».

¿Puede ver aquí el paralelo con su adolescente? Su mundo está lleno de cambios abruptos en el desarrollo, de hormonas y sentimientos que no entiende. Estas emociones pueden fácilmente salirse de control. Pero si usted como adulto puede ayudarle a contenerse, estará ayudando a su adolescente a sentir sus emociones y no a reaccionar a sus temores.

La contención es algo que uno hace por dentro, acompañando al adolescente. No es lo que uno dice, sino lo presente que uno esté. Está permitiéndose sentir la ira, furia y desilusión de su hijo o hija, dentro de usted. No es tarea menuda. Requiere de esfuerzo. La contención implica mantener el contacto visual, ser cálidos, no dejarse abrumar, ni estar a la defensiva o derrotado por la emoción de los hijos. «Tu enojo y frustración son reales, pero nuestra relación es más grande y fuerte que estos sentimientos. No me asustan y tampoco tienen por qué asustarte». Esto ayuda al adolescente a sentirse más estable por dentro, más receptivo a lo que usted contribuya después.

Esto no significa, sin embargo, que deba permitir que le insulte o lastime. Si las cosas se van de control, quizá tenga que apartarse un poco por un momento hasta que la situación ya no sea tan volátil y luego podrá volver a intentarlo.

## Escuche con empatía

Aunque la contención tiene más que ver con su presencia, y con las emociones negativas del adolescente, la empatía y el oído que escucha tendrán que ver con sus sentimientos y palabras. Escuchar con empatía significa oír y entender lo que dice su hijo o hija desde su perspectiva y emociones, no desde las del adulto. La empatía le permite conectarse, unirse a su experiencia, haciéndole saber que usted sabe cómo se siente en cuanto sea posible.

Todos necesitamos de la empatía. Es uno de los más grandes regalos que podemos darnos los unos a los otros. Porque cierra brechas entre las personas y nos ayuda a saber que no estamos solos. Por ejemplo, Jesús sentía profunda empatía por el sufrimiento ajeno: «Al ver a las multitudes, tuvo compasión de ellas, porque estaban agobiadas y desamparadas, como ovejas sin pastor».[23]

Escuchar con empatía requiere:

1. Poner su propia experiencia en último lugar. Es decir, que suspenda sus opiniones y sentimientos y haga lugar para la comprensión de lo que está viviendo su adolescente.
2. Que comience con gracia. Antes de llegar a una conclusión sobre lo correcto y lo incorrecto, tenga compasión y comprensión.
3. Que se pregunte: «¿Cómo me sentiría en su situación?» A menudo ayuda el hecho de mirar el problema como lo mira el adolescente.
4. Escuche los sentimientos que subyacen al hecho en sí. Es decir, vea si hay tristeza, dolor, rechazo, frustración y otros sentimientos negativos coexistentes.

Aunque su adolescente quizá lo niegue, está perdido como oveja sin pastor. Necesita de su cuidado y empatía. No es difícil sentir empatía por alguien que sufre. Tampoco es difícil sentir empatía por alguien molesto con un tercero. Pero el verdadero esfuerzo de la empatía es el de sentir compasión por su adolescente cuando no está herido sino furioso, y *cuando usted es objeto de esta furia*. Esto requiere de fortaleza y trabajo. ¿Cómo podría sentirse mal por alguien que lo detesta?

Aquí está la respuesta: *permita que su adolescente se enoje y sienta dolor, y no lo personalice*. En este momento, ponga su experiencia en último lugar, y permítase sentir empatía que provenga del mundo de su adolescente y no del suyo. Si practica esta técnica verá que a menudo su hijo o hija se ablandarán y responderán mejor a sus límites y consecuencias.

Podrá, por ejemplo, decir algo como: «Sí, entiendo que estás muy enojado/a conmigo en este momento por no permitirte salir, y que piensas que estoy siendo injusto/a. Sé que esto te molesta y que sientes que no es un trato justo. El hecho de no poder salir te costará mucho y tus amigos son muy importantes para ti. Sé que no te será fácil. Lo entiendo».

Si escucha con empatía está ayudando a su adolescente a *sentir que lo comprende y que en algún punto, verá que el problema real no es un padre o madre malos, sino su propia conducta.* Cuanto mayor sea su empatía y conexión, tanto menor será la percepción de dureza y falta de amor de su adolescente. Porque le está ayudando a abrir los ojos a la realidad de que fue él o ella quien causó la consecuencia, y que puede hacer algo al respecto en el futuro.

## A prueba de encantos

El padre de Natalie era un tipo humilde y admitió que su hija podía hacer con él lo que quisiera. Dijo: «Con una sonrisita, hace que me derrita».

Vi la sonrisita, y aunque no había convivido con Natalie la misma cantidad de años que él, entendí cuál era su efecto sobre el padre. Sentía amor, calor, conexión y protección con respecto a su hija, y no hay nada malo con eso.

Sin embargo, pasaba algo más. Tanto el padre como la hija estaban sin saberlo, envueltos en una danza: la danza del encanto. No es una cuestión de género entre los padres y las hijas, o las madres y los hijos. Es también común entre los padres y los hijos y las madres y las hijas. Durante un período de tiempo, lo único que el padre o madre ven es lo vulnerable, lo bueno e inocente en su hijo o hija, y todo conocimiento y experiencia de lo negativo queda en suspenso, con lo cual los límites quedan en el olvido.

¿Qué es lo que pasa? La mayor parte del tiempo los padres que permiten que sus hijos los hagan caer bajo su encanto suelen tener una necesidad y están permitiendo que su adolescente la satisfaga. Quizá se sientan solos y necesiten al lado a alguien cálido y afectuoso. O quizá hayan perdido su noción de infancia, y ven en el adolescente lo cándido e inocente. También puede ser que estén tristes y necesiten de alguien a quien hacer feliz, para poder sentirse felices. Como resultado, las necesidades de los padres les impiden sostener los límites porque temen que el adolescente distante y enojado les escatime lo que necesitan.

Esta danza puede ser devastadora. He visto adolescentes adictos a quienes se les dan más oportunidades, apoyo y dinero, acompañados de una sonrisa y una mirada. He visto hijos irrespetuosos que les gritaban cosas horribles a sus padres, pero que con un poco de encanto se salen con la suya sin consecuencia alguna. Se ve inocente, pero no solamente desvía al padre sino que además, está desviando el futuro de los hijos.

Si usted y su adolescente están bailando la danza del encanto, ocúpese de resolver su propia situación primero. Busque formas saludables para satisfacer sus necesidades, en lugar de hacer que las cubra su adolescente. Libere a su hijo o hija de la carga de tener que ocuparse de usted emocionalmente. Así, estará ayudándole a hacerse responsable de sus decisiones y también hará que evite manipular a la gente con su encanto.

Llegará un momento en que el encanto ya no funcionará más, y esto le pondrá en contacto con los elementos equivocados. El amor, la sinceridad y responsabilidad le darán beneficios mucho mayores. Como dice la Biblia: «Engañoso es el encanto y pasajera la belleza; la mujer que teme al Señor es digna de alabanza».[24] Ame a su adolescente lo suficiente como para ser invulnerable al encanto, aunque altamente sensible al carácter. Esto será de bendición para sus hijos.

## Mantenga el límite

Quizá parezca contraintuitivo ser blando, amoroso y gentil mientras se sostiene una línea estricta. Sin embargo, es lo mejor que puede hacer por su adolescente. Nada reemplaza a la experiencia y su adolescente necesita pasar por las consecuencias de no salir, de tener tareas extra o de perder privilegios.

¿Por qué? Porque el aprendizaje, el crecimiento y la maduración implican no solamente información que entra en nuestra mente, sino experiencia de vida. Esto es así en todas las fases de la vida. Un estudiante de medicina tiene que hacer su residencia. El aspirante a comerciante tendrá que ser aprendiz. Y el adolescente que necesita aprender que las acciones tienen consecuencias necesita vivir dichas consecuencias.

Aquí va un pequeño ejemplo de lo que puede suceder cuando los padres comienzan a sostener los límites. Cuando salgo con nuestros hijos a alguna parte, el que va sentado del lado del pasajero por lo general quiere poner la música. Mi regla es que primero tienen que preguntarme. Quiero que mis hijos aprendan a ser educados y que respeten las pertenencias ajenas. Si no piden permiso no podrán tocar el estéreo durante sesenta segundos y luego pueden preguntar otra vez. El minuto es la consecuencia.

Cuando comencé a aplicar esta regla, mis hijos impulsivamente solían apropiarse del equipo y buscar música, sin decir nada. Yo decía: «Bien, el minuto comienza ahora». Y decían cosas como: «Lo siento, lo siento ¿está bien? ¡Estaba pensando en otra cosa! Este es un CD bueno y quiero que mis amigos que van en el asiento de atrás lo oigan». (En realidad, a los amigos no les importaría mucho). Y así seguían insistiendo.

Al principio, yo decía: «Bueno, pero solamente esta vez». Luego noté que esto se estaba convirtiendo en un problema, y que yo tenía que estar advirtiéndoles todo el tiempo. Finalmente, decidí decir nada más: «Lo siento, pero conoces el trato. No quiero que tengamos que hablar de esto durante dos minutos». Entónces, tenían que tolerar la eternidad de los sesenta segundos. Hoy, la trasgresión con respecto a esta regla es una excepción, y no la norma.

Así que si su adolescente intenta evitar una consecuencia cuando rompe determinada regla, diga sencillamente: «Aunque sé que estás molesto conmigo, esta semana no saldrás. Cancela los planes que hayas hecho y creo que lo que más te conviene es planificar qué harás con el tiempo que pases en casa». Sostenga el límite.

## Cuídese del adolescente cumplidor

A veces un padre o una madre me dicen: «Uno de mis hijos es un desafío total. Pero el otro es bueno y me hace la vida fácil». Por lo general respondo: «Entiendo que el desafiante requiera de esfuerzo extra. Pero le recomiendo que descubra si su adolescente está eligiendo ser responsable por los motivos correctos».

No digo que esté mal la obediencia ni el cumplimiento. El adolescente con buena estructura, autocontrol y sentido de la responsabilidad va camino a una vida exitosa. Pero si el «bueno» nunca desafía límites, nunca cuestiona y *se preocupa más por agradarle que por saber qué piensa y siente, quizá necesite de ayuda para poder sacar fuera su propio ser.* Cuando está de acuerdo con lo que usted dice, pregunte: «¿Estás seguro/a de que piensas que todo lo que digo está bien? Quiero saber cómo te sientes de veras, y no lo que piensas que quiero que digas. ¿Te dificulto a veces la opción a una opinión diferente?»

Esta forma gentil de alentar a su adolescente le ayudará a sentirse a salvo para expresar lo que siente y piensa de veras.

## Advertencia viviente

Mi amiga Susan me invitó a almorzar con su esposo Jeremy. Dijo que había estado teniendo problemas en el trabajo y que le vendrían bien unos consejos. Nos reunimos y le pregunté por sus problemas laborales. Jeremy me dio una larga lista de las distintas posiciones que había tenido en diversas industrias. Le dije: «Son muchos tipos de trabajo diferentes. ¿Por qué ninguno funcionó bien para ti?»

«Demasiadas reglas. No me gustan las reglas».

«Lo sé. Las reglas son pesadas. Pero no conozco ningún buen empleo que no las tenga».

«Creo que encontraré algo que vaya bien conmigo».

Luego Susan me dio más detalles. Había conocido a Jeremy cuando eran muy jóvenes, y dijo que lo había visto evadir consecuencias continuamente con sus padres, usando sus encantos y habilidades. Sus padres le habían permitido que los desviara y ahora Susan cosechaba lo que ellos habían sembrado.

Recuerde a Jeremy cuando su adolescente intente desviarlo de su intención de sostener los límites. Siga siendo amoroso, justo, pero concéntrese en su objetivo. No querrá que su hijo salte de trabajo en trabajo, de relación en relación, porque no puede tolerar la frustración, las reglas, la realidad y los problemas. Su adolescente necesita desesperadamente la seguridad de una estructura de amor. Déle el regalo de tener padres que no se desvían.

# CAPÍTULO 19

## Consecuencias 101

No hace mucho llevé a mis hijos y a algunos de sus amigos a un juego de béisbol de las ligas mayores. Era un paseo. Mientras veíamos el juego, había un niño que estaba sentado detrás de nosotros, que molestaba todo el tiempo. Era maleducado, gritón y estaba descontrolado.

Sus padres intentaban manejarlo pero sus esfuerzos no eran efectivos. Lo hacían callar, lo felicitaban si estaba quieto y callado, lo sobornaban con comida y lo amenazaban con sacarlo de la tribuna. Nada funcionaba.

Finalmente, uno de los amigos de mi hijo me miró y dijo: «A ese chico le faltan algunas consecuencias graves». Hice una nota mental de llamar a sus padres cuando llegara a casa para felicitarlos. Uno no oye eso con frecuencia de parte de un adolescente.

Si es usted como muchos de los padres con los que hablo, tiene dificultad para identificar y ser consistente con las consecuencias adecuadas para su adolescente. Sin embargo, esto no es tan difícil en realidad. Veamos algunos simples principios que pueden guiarlo para determinar el tipo de consecuencias adecuadas para un problema con su adolescente (Vea las páginas 139 a 141 donde hay una lista de ejemplos de consecuencias para problemas específicos).

## Quite lo deseable, agregue lo indeseable

Básicamente, una consecuencia *implica quitar lo deseable o añadir lo indeseable* a la vida de su adolescente, como resultado de la violación de una regla. Por ejemplo, quitar los privilegios de televisión, o agregar tareas extra.

En mi experiencia, quitar algo que el adolescente quiere por lo general es más efectivo que agregar algo que no quiere. Y es así por varias razones. Primero, porque muchos chicos hoy tienen más exigencias escolares y extracurriculares (deportes, música, teatro, iglesia, etc.) de lo que tenían sus padres, así que tienen menos tiempo libre para hacer lo que se haya añadido a su agenda ya bastante ocupada.

Segundo, porque supervisar y monitorear actividades añadidas requiere de los padres más tiempo y esfuerzo de lo que representa quitar algo. Aunque monitorear a su adolescente todo el sábado por la tarde mientras limpia el garaje a su satisfacción puede ser una buena consecuencia, además de una forma de pasar tiempo juntos, también representa un costo para usted. Así que antes de imponer una consecuencia que implique agregar algo que su adolescente no quiera, asegúrese de que valga la pena el esfuerzo.

## No interfiera con una consecuencia natural

Toda vez que sea posible permita que su adolescente enfrente una consecuencia natural a causa de una conducta o actitud indeseables. No intervenga. Por ejemplo, permita que:

- Pierda una relación por ser egocéntrico.
- Lo echen del equipo de deportes por no lograr los parámetros requeridos en el rendimiento promedio.
- Pase la noche en la estación de policía si fue arrestado por hacer líos durante la noche.
- Pierda la salida al cine como resultado de haber gastado toda su mesada.

Tales consecuencias son potentes y efectivas. Y lo mejor de todo ¡es que usted no tiene que intervenir! Claro, hay muchas situaciones que no tienen consecuencias naturales y entonces tendrá que aplicar algo que usted haya creado.

Además, siempre es buena idea hacer que la consecuencia sea lo más natural posible. Por ejemplo, si su adolescente se porta mal con sus amigos, la restricción podrá ser que no salga con esos mismos amigos. Si ensucia la casa, agréguele tareas y responsabilidades en la limpieza del hogar.

## Haga que la consecuencia le importe

*La consecuencia tiene que importarle al adolescente.* Tiene que implicar compromiso emocional. Necesita querer y desear lo que está perdiendo; necesita sentir disgusto por aquello que tiene que agregar. De otro modo la experiencia no servirá para mucho. Si tiene un chico solitario a quien le encanta la música, quizá no le moleste que lo hagan pasar tiempo encerrado en su cuarto con su estéreo. Por eso, necesita conocer los intereses y deseos de sus hijos.

Esto quizá le lleve a preguntar: *¿Qué pasa si nada le importa?* Hay padres que lo han intentado todo, y nada parece importarles a sus hijos. Las conductas y actitudes no cambian y no ven evidencia de mayor autocontrol o conciencia de cómo afectan sus decisiones el futuro de su vida. Si esta es su situación ¿cuál podría ser la causa?

Su adolescente quizá esté desapegado o hasta deprimido. Su corazón puede estar tan desconectado que no le importan las consecuencias, como en el caso de Trent, del capítulo 16. Si es así, deberá usted entrar al corazón de su hijo o hija antes que nada, y ayudarle a reconectarse con sus padres.

También es posible que a su adolescente no le importen mucho las personas y actividades. Esto sucede con los adolescentes que viven la vida intelectual. Como no son sociales, muchas de las consecuencias típicas que sí son efectivas con otros adolescentes, podrán no hacerle mella. Pero seguramente hay algo que sí les importe: la TV, la lectura, quizá la computadora. Use estas cosas como consecuencias entonces.

Sin embargo, en el caso de chicos más introvertidos, quizá haga falta su ayuda para que puedan involucrarse más con la vida, las personas y las actividades. Vea esto como un problema, y no como preferencia. Recuerde que todos fuimos diseñados para que nos apeguemos a las personas y los hechos. Así que haga que participe. Entonces la vida comenzará a importarle, y tendrá cosas que perder.

Recuerde también que quizá su adolescente esté buscando una lucha de poder con usted, resistiendo hasta ver cuán lejos llegará. Si es así, las consecuencias sí le importan pero no quiere que usted lo sepa, o porque siente tanto enojo que quiere que se sienta perdido, o porque está esperando a que se canse. En estas situaciones quizá deba hablar con su adolescente sobre su enojo, intentando conectar y aliviar las cosas, aun mientras sostenga el límite. Con el tiempo, su adolescente quizá vea que solamente se perjudica a sí mismo y entonces comenzará a responder.

Cuando vea una respuesta positiva, asegúrese de ser alentador y cálido. Cuando los adolescentes se someten a una consecuencia, se sienten humillados, débiles, sin poder, solos y esto los pone en una posición muy vulnerable. Necesitan de la gracia y el consuelo de sus padres. Así que evite dar sermones, bromear, mostrarle que usted tenía razón, etc. Porque así estaría lastimándole aun más en este período de fragilidad. Trate a su adolescente como querría que le traten a usted si estuviera en la misma situación.

## Tenga más de un tipo de consecuencias

No hay una cantidad perfecta de tipos de consecuencias. Pero sí es cierto que necesitará más de un tipo. Si su adolescente sabe que cada vez que rompe las reglas se le quitará el teléfono, es posible que analice los costos para calcular si puede arreglárselas sin él durante un largo período de tiempo. ¡Sería genial para él mostrar que la consecuencia no tiene importancia! Así que busque diferentes tipos de consecuencias para romper con lo predecible. No necesita demasiadas, sino *las adecuadas*.

## Preserve lo bueno

Aquí va otra regla de oro: *las mejores consecuencias son las que más importan, pero preserve lo bueno que necesita su adolescente.* Imponga consecuencias que le importen mucho, pero no le quite actividades que sean buenas para su bienestar, como los deportes, la música o las lecciones de arte, o las actividades para jóvenes en la iglesia, los Boy Scouts o Girl Scouts. Estas actividades les enseñan disciplina a los adolescentes, además de cooperación, trabajo individual y en equipo y entrenamiento, contribuyendo a su desarrollo. Mucho mejor será quitarle las películas y los videojuegos, que tienen capacidad limitada para contribuir al desarrollo y maduración.

Claro que hay algunas conductas o situaciones que pueden requerir cirugía mayor, pero el problema más grande pesa más que el valor de la actividad. Un chico que usa drogas, por ejemplo, quizá tenga que dejar el deporte para asistir a reuniones de rehabilitación, como el programa de los Doce Pasos. Utilice el criterio y busque consejo en amigos sabios si está pensando en dar este paso.

## Distinga entre contravenciones y delitos

¿Qué tan grave es lo grave? ¿Qué tan inocente es lo inocente? Querrá asegurarse de que las consecuencias se adecuen a la violación. El tiempo debiera ajustarse al crimen. Cuando las consecuencias son demasiado estrictas, pueden llevar a la alienación, el desaliento o a mayor rebeldía. Cuando son demasiado laxas, pueden llevar a mayor falta de respeto y no lograrán el cambio deseado.

Así que, *de las consecuencias que funcionan, use la más leve*. Mantenga la vista en el objetivo, el cual es lograr que haya mayor sentido de responsabilidad, rendición de cuentas, y conciencia en su adolescente. Si la consecuencia leve modifica su conducta y el cambio perdura, entonces está yendo por buen camino. Pero si no funciona y está dándole la cantidad adecuada de amor, verdad y libertad, quizá tenga que aumentar el nivel de la consecuencia con el tiempo hasta tanto vea un cambio.

Por cierto, una ofensa grave amerita una consecuencia grave. Y si su adolescente hace algo gravemente dañino, como robar o ser violento, deberá pagar el precio en términos de restitución o lo que la ley o escuela requieran. Esto es más que una cuestión de justicia que de cambiar conductas y actitudes. Ambas cosas son importantes. Así que quizá sea mejor que se mantenga dentro de los parámetros de la justicia, buscando lo más leve pero que mejor funcione.

Esto hace que uno evite ser indebidamente estricto. Como indicamos antes, también le da espacio para elevar el nivel. Si se apresura a usar el nivel más alto, ya no tendrá dónde ir y su adolescente pronto le tomará el tiempo, con lo que las cosas podrán volverse en contra de usted.

Una amiga mía lo descubrió con pena cuando le dijo a su hijo: «No saldrás durante un año», porque le había faltado el respeto. Claro que la falta de respeto es algo malo, pero me pareció que un año era exagerar las cosas. El hijo pronto descubrió que no tenía ya mucho que perder, así que su conducta empeoró cada vez más. Su madre había utilizado el máximo nivel de consecuencia, demasiado pronto. Tuvo que resolver la situación admitiendo ante su hijo que se había equivocado, y quitó la consecuencia. Como resultado su hijo sintió que ella lo estaba escuchando un poco más y las cosas luego mejoraron entre ambos.

## Utilice las recompensas de manera estratégica

Muchos padres se preguntan si sirve tener planes de consecuencias y recompensas. Quieren incluir lo positivo y lo negativo para lograr el equilibrio.

Las recompensas son buenas, *pero no hay que recompensar a los adolescentes por hacer lo que se requiere normalmente en la vida.* Después de todo, los adultos no recibimos un ascenso por ser puntuales en el trabajo, o por no haber ido nunca a la cárcel.

Recompensar a los adolescentes por hacer lo que deben hacer puede dar como resultado adultos no preparados en el futuro. También puede contribuir a que se sientan con derecho a todo, o a que se vean superiores a los demás.

En lugar de recompensar a los adolescentes por hacer lo que deben, puede elogiarlos. A todos nos hace bien una palmadita en la espalda. Sin embargo, reserve las recompensas para cosas especiales, como *resultados o esfuerzos extra.* Cuando su adolescente obtenga buenas calificaciones inesperadamente, o logre el éxito en un emprendimiento, o se esfuerce por demás en alguna tarea, déle una recompensa como forma de reconocer el valor de lo logrado.

## Sin responsabilidad = sin privilegios

Cuando intenta determinar las mejores consecuencias para cuando su hijo rompe una regla de conducta o actitud, recuerde que lo que más quiere su adolescente es participar de la vida y tener amigos. Los adolescentes se apegan mucho a las cosas y las relaciones. Utilice este intenso interés para ayudar a su adolescente a entender que *los privilegios requieren de responsabilidad, y que se le quitarán si es irresponsable.* Si hace esto, lo ayudará a tener éxito en la vida adulta.

# LISTA DE CONSECUENCIAS

A continuación encontrará tres categorías de tipos de consecuencias casi universales para los adolescentes. Utilice los ejemplos para encontrar su propio conjunto de consecuencias para sus hijos.

**Acceso social.** Los adolescentes se sienten más reales y vivos con sus amigos y no quieren perderse nada de lo que sucede. Esto puede ayudarle a usted como padre.

Aquí hay algunas formas específicas en que puede limitar el acceso social de su adolescente:

*Sin salidas.* No permita que salga de la casa para eventos sociales. En algunas situaciones sí puede permitirle invitar amigos, y en otras no será así. La vida de su adolescente es la escuela, la casa y todo lo demás que sea sano (deportes, clases de música o arte, actividades de la iglesia, etc.).

Sin embargo, recuerde que al no permitirle salir, tampoco usted podrá hacerlo. Alguien tiene que estar en casa para ver que se cumpla la restricción. Así que si va a usar esta consecuencia, asegúrese de ocuparse de las logísticas en cuanto a la presencia de un adulto.

*Restrinja los privilegios de uso del teléfono.* Quizá deba quitarle los privilegios del uso del teléfono durante ciertas horas, o días, o durante un período determinado. Claro, también tendrá que quitarle el teléfono celular, pero esto hará que le sea más difícil encontrar a su hijo o hija cuando le sea necesario. Asegúrese de estar dispuesto a pagar este precio antes de imponer esta consecuencia.

*Desinstale el programa de mensajes instantáneos.* Los adolescentes se mantienen en contacto a través de los programas de mensajes instantáneos en la computadora, y muchas veces tienen varias conversaciones a la vez. Les encanta estar en contacto de esta manera. Si necesita restringir el uso de los mensajes instantáneos como consecuencia, hay programas que restringen o eliminan su uso. Descubrí que esto es mejor que desinstalarlo, porque en general son fáciles de reinstalar. Hable con un experto en computación acerca de esto.

*Restrinja los privilegios del uso del auto.* Si su adolescente conduce, ¡tiene aquí una consecuencia excelente! Utilice el acceso al auto como consecuencia. Tiene sentido, porque para conducir se requiere cierto nivel de madurez. El adolescente que muestra menos madurez tiene mayor riesgo de conducir irresponsablemente y lastimarse a sí mismo o a otros.

Hace varios años, unos amigos míos tenían una brillante hija adolescente que perdió interés en la escuela casi al terminar sus estudios. Estaban muy preocupados porque tenía potencial para ir a la universidad. La familia tenía un auto extra que la hija había estado usando, así que cuando sus calificaciones empezaron a bajar, le quitaron el privilegio, por lo cual estaba obligada a pedir a amigos que la llevaran, a usar el auto de sus padres si estaba libre, o a usar la bicicleta.

A la hija esto no le gustó nada, pero la consecuencia funcionó. Ella sabía que sus padres harían cumplir la consecuencia, y le encantaba conducir. Pronto sus calificaciones volvieron a ser tan buenas como antes.

**Medios.** Después de los amigos, los adolescentes de hoy dan mayor importancia a los medios, y esta es otra categoría de consecuencias. Como señalamos antes, aunque los medios pueden exponer a los adolescentes a elementos peligrosos, también sirven para brindarles buena información. Así que monitoree el contenido de los medios en lugar de prohibirlos del todo.

*Restrinja el acceso al televisor.* El acceso a la televisión debiera tener límites de todos modos, en términos de tiempo y programas. Pero puede restringirse más todavía o quitarse por completo. Quizá tenga que quitar la televisión del dormitorio de su adolescente si no puede impedir el acceso de otro modo, o podrá decirle que no puede estar en la sala, mirando de lejos lo que ven los demás.

*Restrinja el acceso a la computadora para conectarse, buscar y escuchar música.* Es decir que podrá utilizarla solamente para la tarea de la escuela. Hoy más que nunca, la computadora está tomando un lugar central en la vida. Los adolescentes enseguida se vuelven expertos en el manejo y puede ser una poderosa consecuencia la restricción o remoción del acceso a la computadora.

**Quite el acceso a la música.** Quítele a su adolescente el estéreo, el walkman, el iPod o la computadora. Esta consecuencia puede ser difícil de aplicar porque hay tantas formas en que los adolescentes tienen acceso a la música. Pero como la música es tan importante en la vida de un adolescente, les importará esta consecuencia.

**Quite el acceso a los videojuegos.** Los videojuegos no tienen demasiado valor más allá del entretenimiento, y muchos pueden ser destructivos. No es difícil imponer esta consecuencia, ya que puede guardar bajo llave los videojuegos.

La tercera categoría de consecuencias tiene que ver con las tareas.

**Tareas.** Agregar una actividad puede ser otra consecuencia efectiva, siempre y cuando su adolescente no quiera la actividad y esta sea algo positivo. Por ejemplo:

**Asignar tareas adicionales.** Déle a su adolescente responsabilidades extra en la casa, como cargar y descargar el lavavajillas, lavar la ropa, cortar el césped, cocinar para la familia o sacar la basura.

**Asignar tarea escolar extra.** Si sabe que le vendrían bien más tareas en una materia en particular, contacte al maestro y pídalas. Puede ser una consecuencia efectiva para problemas de negligencia en cuanto a los estudios.

**Asignar servicio comunitario:** Contacte al consejo municipal y pregunte por proyectos en los que pueda participar su adolescente, como limpiar una plaza o visitar a los ancianos de algún hogar. Puede sonar negativo utilizar tales actividades como consecuencias, y siempre es mejor que los adolescentes las hagan por buenos motivos. Sin embargo, los proyectos de servicios comunitarios pueden hacer que los adolescentes aprendan a ayudar a los demás y estas cosas pueden tener un papel importante en la disminución de las conductas indeseables que dieron lugar al proceso.

# CUARTA PARTE

## DIRIGIÉNDONOS A LOS PROBLEMAS COMUNES

Abuela: «¿Cómo te fue en la escuela?»
Napoleón Dinamita: «Fue el peor día de mi vida, ¿qué te parece?»

**—Napoleón Dinamita (2004)**

Esta última sección brinda una perspectiva general sobre cómo tratar temas específicos en los adolescentes, entre los cuales muchos pueden resultar de daños o lesiones en lugar de la violación a una regla.

Le recomiendo que lea primero el capítulo 32 «La falta de respeto» porque este problema suele dar lugar a otros más y tiende a aparecer primero. Por ejemplo, los adolescentes que no respetan los valores de sus padres en cuanto al alcohol, quizá presenten problemas de conducta con la bebida. Así que es importante que entienda usted este problema para poder manejarlo con su adolescente.

Al aplicar los lineamientos y la guía de esta sección no solamente estará contribuyendo a resolver problemas, sino equipando a su adolescente a enfrentar el mundo como persona madura y exitosa.

Infórmese y equípese.

# CAPÍTULO 20

## Problemas académicos

No se equivoque. Sus hijos tienen exigencias académicas más grandes de las que tenía usted. Para bien o para mal, la curva de aprendizaje hoy es más empinada y tienen que estudiar más de lo que estudiábamos nosotros. Los temas son más avanzados. Los proyectos, informes y trabajos prácticos requieren de más organización y trabajo a lo largo del tiempo.

Recuerdo lo confundido que me sentía cuando mis hijos comenzaron a traer sus tareas escolares, tanto en la escuela primaria como en la secundaria. Estábamos en un mundo completamente nuevo, y mucho más difícil.

Cuando vi cuánto tenían que preparar por adelantado, llamé a mi madre y le dije: «¿Qué recuerdas de mi época de secundaria? ¿Con cuánta anticipación preparaba yo los trabajos?»

«Lo hacías en el auto, de camino a la escuela», respondió.

Lo mismo recordaba yo. La mayoría de los chicos no puede hacer lo mismo hoy.

Irónicamente, este aumento de responsabilidad llega en un momento en que el mundo interior del adolescente está en caos. Junto con esta mayor responsabilidad, también viene mayor presión por un mejor rendimiento. La escuela es más importante que antes. Las calificaciones y educación de su hijo tendrán mayor impacto en su vida futura. Esto también es irónico. Porque justamente cuando a tantos adolescentes no les importa sacar buenas notas, sus logros académicos importan más que antes.

Estos aumentos de responsabilidad y presión a menudo contribuyen al problema del bajo rendimiento académico en los adolescentes.

## Definamos el problema

Los chicos con bajas calificaciones pero sin la capacidad de mejorarlas no están por debajo de su rendimiento. Técnicamente el bajo rendimiento significa que el estudiante no está dando lo mejor de sí. Esto puede determinarse con pruebas que dan resultados muy exactos. Los chicos con rendimiento menor a su potencial pueden mejorar en la escuela, pero como no están motivados o no tienen la estructura interna necesaria, no mejoran.

El bajo rendimiento académico también puede deberse a problemas de aprendizaje, a trastorno por déficit de atención (TDA), a trastorno por déficit de atención con hiperactividad (TDA-H) o a problemas emocionales, así que conviene hacerle a su adolescente estas pruebas para descartar causas probables. (La motivación o los problemas de estructura también pueden tener que ver con estos problemas).

## Cómo manejar el problema

Si ha descartado ya un problema físico o emocional como causa del bajo rendimiento académico, lo más probable es que deba aclarar cuáles son sus expectativas y establecer consecuencias si su hijo no las cumple.

Aquí hay algunos lineamientos sobre cómo podría ayudar a su hijo a alcanzar su potencial académico:

**Determine lo que motiva a su adolescente**. ¿Qué es lo que le importa lo suficiente como para influir en que estudie más? Algunos adolescentes sencillamente se interesan por el estudio, y se concentran más, siendo más diligentes. Quieren el éxito, porque así es su personalidad. Otros ven que estos años de escuela tienen importancia para su vida universitaria o laboral en el futuro. Pueden ligar el presente con el futuro. Estos adolescentes no necesitan mucho monitoreo. Lo que necesitan es que les brinde un hogar cálido, y que les brinde apoyo para el estudio.

Sin embargo, a algunos adolescentes no les importa todo esto, y necesitan más ayuda en términos de recompensas y consecuencias. Para otros, los boletines y calificaciones cuatrimestrales están demasiado lejos en el futuro como para que les importen de momento. Quizá necesiten estructuras diarias para ayudarles a concentrarse en la tarea, y tendrá que monitorear usted el tiempo que dedican al estudio, además de sus calificaciones.

Cuídese de exigir determinada calificación, dejándole luego librado a su suerte. Quizá no tenga la capacidad de organización como para poder estar durante cuatro o cinco semanas sin monitoreo ni ayuda, y lo que estará haciendo usted en ese caso es disponer su fracaso de antemano. Recuerde que cuanto menos capaz sea su adolescente mayor estructura y ayuda externa necesitará hasta haber interiorizado esa estructura.

Así que, establezca distintos tipos de estructura externa: ayúdele a enfocarse en el estudio monitoreando el tiempo que le dedica y siguiendo sus logros en cada materia. Haga que estudie en grupo, contrate un tutor. Haga lo que sea necesario usando todos los recursos disponibles para satisfacer la necesidad en cuestión.

Hable con sus maestros y pídales ayuda. La mayoría de las escuelas se alegran cuando los padres se involucran y solicitan ayuda de los maestros. Porque aprecian su alianza con ellos. Por ejemplo, si su adolescente sufre del mal crónico de «No sé qué tengo que estudiar o hacer como tarea», usted y los maestros pueden trabajar juntos para ayudarle a mejorar en esta área. Puede hacer que anote cada día qué tarea tiene que hacer en un cuaderno o agenda. Luego, al final de la clase, haga que acuda al maestro para que lo firme, de modo que sepa usted que ha anotado todo correctamente.

**Determine parámetros, recompensas y consecuencias.** Establezca con su adolescente cuáles son sus objetivos en cuanto a logros y calificaciones. Le ayudará si establece tres niveles:

1. Insatisfactorio: calificaciones por debajo de los parámetros, que acarrearán consecuencias.
2. Satisfactorio: calificaciones aceptables, que no darán como resultado ni recompensa ni consecuencia.
3. Excelente: que indican esfuerzo extra, y dan como resultado una recompensa.

Luego, determine recompensas y consecuencias específicas que pueden incluir recompensas monetarias y privilegios, o consecuencias como la pérdida de privilegios de salida, tiempo con amigos, uso de medios o el agregado de tareas en la casa. Anote lo que hayan acordado y ponga la lista a la vista, por ejemplo en la puerta del refrigerador. Es posible que tengan que consultar la lista a menudo. Además, si está a la vista, su adolescente no discutirá tanto con usted cuando llegue el momento de las recompensas y consecuencias.

Hágale saber también que las buenas calificaciones son importantes. Diga, por ejemplo: «Sé que no te gusta hacer la tarea. Es trabajo y a mí tampoco me gustaba. Pero forma parte de tus responsabilidades y espero que tus calificaciones sean, por lo menos, satisfactorias. Quiero que tengas éxito y te brindaré todo el apoyo necesario, pero el trabajo te toca hacerlo a ti».

La mayoría de las escuelas comunican a los padres sobre el progreso de sus hijos a mitad de cada cuatrimestre o trimestre. Estos informes le brindan información objetiva y el tiempo suficiente como para que ayude a su adolescente si tiene problemas con alguna de las materias.

Si las calificaciones son un problema, es posible que su adolescente tenga una visión poco realista de lo que es el éxito y de lo que se requiere para lograrlo. Así que no crea en su percepción de que ha hecho o estudiado lo suficiente. Verifíquelo, verifíquelo, verifíquelo.

**Establezca una estructura diaria.** Si ve que su adolescente no empieza a estudiar hasta muy tarde, o directamente no estudia, organícele el día después de la escuela de modo que comience a estudiar temprano. Por ejemplo, permítale unos treinta minutos para descansar cuando regresa de la escuela. Luego dígale que es hora de estudiar. No puede ver televisión, usar el teléfono, escuchar música o jugar con los videojuegos hasta que haya terminado con su tarea, y esto incluye las tareas del hogar. Quiere usted que su hijo aprenda a postergar la diversión hasta *después* de haber ganado el derecho a divertirse. Si anda por allí, no haciendo nada y no empieza a estudiar hasta la hora de ir a dormir, tendrá que ir directo a la cama cuando haya terminado. Usted será el guardián de sus horarios y rutina de sueño.

Los fines de semana también deben incluir tiempo de estudio. Los adolescentes necesitan los fines de semana para relajarse y estar con amigos, pero las escuelas dan tarea para los fines de semana. Recuerde que hay dos noches de fin de semana, y no tres. El domingo es técnicamente una noche de día de escuela, así que no podrá ir a dormir tarde.

## ¡Usted puede hacerlo!

Si su adolescente necesita mucha estructura, quizá tenga que invertir usted más tiempo en monitorear sus estudios. Esto puede ser difícil si ambos padres trabajan fuera de casa, o si son madre o padre solteros, o si tienen varios hijos. Aun así, las necesidades del adolescente no cambian. Sigue necesitando la ayuda, el soporte y la estructura que puedan brindarle. Verifique con otros recursos, como la escuela, la iglesia o un servicio de tutores para ver si pueden ayudar a su hijo con esta estructura de seguimiento. Si bien lo ideal es que se ocupen los padres, cualquier persona competente y afectuosa podrá hacerlo.

Finalmente, la falta de motivación o la actitud desafiante de su adolescente quizá esté fuera de su alcance. Si es así, busque cambiar de escuela para ponerlo en una más adecuada para chicos con necesidades de estructura extra. Tengo amigos con hijos brillantes pero sin motivación, que han hecho esto y funcionó bien. Cuando las calificaciones mejoraron, los chicos pudieron volver a su escuela anterior. La estructura ayudó y también el deseo de volver a estar con sus compañeros y amigos. Las escuelas militares también pueden marcar una diferencia con los chicos que de otro modo no responden.

No permita que su adolescente ponga su futuro en riesgo porque le falta motivación o estructura. Ayúdele a cambiar, brindándole lo que necesita, aunque esto implique ir un poco más lejos de lo esperado.

# CAPÍTULO 21

## Conducta agresiva

¿**Q**ué puede ser más molesto para los padres que el hecho de que su propio hijo, que ahora vive dentro de un cuerpo de adulto, sea agresivo físicamente hacia uno de ellos, o hacia otras personas? La conducta de este tipo asusta y es surrealista al mismo tiempo. Se supone que los hijos son más pequeños y débiles que sus padres, para que estos puedan protegerlos. ¿Quién pateó el tablero? ¿Cómo es que ahora los padres deben protegerse de los hijos?

### Definamos el problema

Desafortunadamente la agresión en los adolescentes se ha convertido en un problema grande. La violencia bajo la forma de peleas o abusos a través de intimidaciones (entre otras cosas) en las escuelas, barrios, estadios, etc. se da en todas partes. La conducta agresiva en los adolescentes abarca desde lo menos grave, como los gritos o las acciones de arrojar objetos, a lo extremadamente severo y peligroso, como la tragedia de Columbine. En tanto son los varones quienes participan mayormente, las chicas también se están volviendo más agresivas. No son excusas, claro, porque no todos los adolescentes son agresivos con exageración. En cambio, son realidades que hay que tomar en cuenta.

El problema es comprensible cuando uno ve los factores que hay por detrás: un cuerpo casi tan fuerte como el de un adulto, emociones que son difíciles de canalizar, el deseo de transgredir límites que es típico de la edad, y la aceptación de la violencia por parte de los pares y la cultura en general. Es como acercar un fósforo a un charco de keroseno.

Gran parte de la agresión ocurre cuando los padres están ausentes y uno no puede monitorearlos si no está en el lugar. Así que, además de intervenir directamente cuando su adolescente es agresivo en su presencia, también necesitará tomar todas las medidas posibles de precaución para establecer consecuencias efectivas y métodos de ayuda en casos en que se entere de conductas agresivas.

Si se los deja actuar por su cuenta, los adolescentes agresivos no maduran para convertirse en adultos equilibrados. Se corre el riesgo de que lleguen a ser adultos movidos por la ira, y esto acarrea cantidad de problemas relacionales y profesionales. Lo más probable es que tenga que hacer cosas que a su adolescente no le gusten. Pero la buena noticia es que puede usted tener un impacto significativo, ayudando a su adolescente a resolver sus conductas dañinas para poder madurar.

## Cómo manejar el problema

¿Qué hacer ante la agresión? *Hay que actuar.* Aquí van algunos lineamientos generales.

**Trace una línea.** No puede dejar de definirse en cuanto a la agresión. El adolescente agresivo está empujando los límites y a menudo no se da cuenta, o no se preocupa, respecto de lo que está bien y lo que no lo está. Cuanto más agresivo y fuera de control esté el adolescente, tanto más estricto y claro tendrá que ser usted.

Sea claro con su adolescente en cuanto a que la conducta agresiva es inaceptable, y que no la tolerará. Por ejemplo, deberá prohibir:

- que le grite a un adulto
- que arroje cosas
- que pegue, o agreda físicamente
- que amenace con la violencia
- que adopte posiciones físicas intimidatorias (por ejemplo, enfrentar a alguien cara a cara con gestos de amenaza)
- que lleve armas

**Establezca consecuencias claras**. Casi siempre la conducta agresiva es impulsiva y no premeditada. Por esa razón, no se resuelve el problema explicando nada más por qué no quiere que su hijo o hija sean violentos. Lo más posible es que necesiten experimentar consecuencias negativas, que a su vez, edificarán en ellos una orientación futura de «lo que pasará la próxima vez que haga esto».

Hágale saber, entonces, que toda conducta agresiva dará como resultado límites estrictos. Sea muy franco en su conversación. En general, los adolescentes agresivos no conocen o no sienten preocupación por su problema, por lo que necesitan saber sin duda alguna qué es lo que les sucederá si se comportan con agresividad. Por ejemplo, podrá decir: «Sé que hasta ahora no me ocupé mucho de tus peleas, pero cambié. La próxima vez que suceda, te castigaré sin televisión, computadora ni música durante un mes. Y no habrá negociaciones. Esta es la única advertencia que tendrás. Esto tiene de parar».

**Enfrente las represalias o protestas**. Es posible que su adolescente pregunte: «¿Y qué pasa si alguien me pega primero? ¿No puedo defenderme?» Puede ser una pregunta tramposa. ¿De veras está preguntándole por la defensa propia, o está pidiendo permiso para devolver el golpe simplemente porque «el otro pegó primero»?

Asegúrese de decirle a su adolescente que no deberá permitir que le lastimen físicamente. Si está en peligro físico real y no puede escapar (como si le persiguen, si queda atrapado/a, si los otros chicos no le permiten irse, etc.), deberá protegerse haciendo lo necesario para alejar al otro pero no intentando lastimarlo. Este es el camino más seguro para enseñarle a su adolescente a distinguir entre la protección de sí mismo y la venganza.

Dicho esto, sin embargo, dígale que se aparte de las peleas. Es importante esto, por diversas razones. Enseña el autocontrol y le ayuda a adquirir experiencia en la toma de decisiones individuales que probablemente se opongan al deseo de sus pares de ver una pelea. Y además, ayuda a su adolescente a aprender que se pueden resolver los problemas sin necesidad de pelear.

**Normalizar el dolor y la pérdida**. Los adolescentes muchas veces se sienten más poderosos de lo que son en realidad. Me divierte ver películas donde los adolescentes representan personajes que luchan contra diversos tipos malos, en contra de toda posibilidad de ganar.

Invariablemente, uno de ellos dirá : «Sí, no hay problema. Puedo contra todos». Los chicos y los adultos rara vez dirán algo así. Sin embargo, los adolescentes se creen omnipotentes y siempre están poniendo a prueba los límites de su poder.

Su tarea, en todo caso, consiste en ayudar a su adolescente a integrar su poder con la realidad. Quizá sí sea más fuerte que cuando era pequeño, pero no lo suficiente como para ganar todas las veces. Si piensa eso, no está listo para el mundo de los adultos, donde necesita saber cómo perder de buena manera, y cómo llorar de buen modo. Los adultos saben cómo dar lo mejor de sí pero cuando son maltratados o fracasan, también saben cómo llorar o sentir pena, cómo dejar atrás las cosas y seguir hacia delante. La tristeza, el miedo, el dolor y la pérdida son amigos, aunque el adolescente suele evitar estas emociones.

Puede usted ayudar a su adolescente a desarrollar esta capacidad al hacerle elaborar sus sentimientos de indefensión, miedo y tristeza. Diga: «Parece que te enojas o te vuelves agresivo cuando enfrentas un problema difícil o sientes desaliento, como el otro día cuando vi que Scott era hiriente contigo y explotaste. Me pregunto si debajo de la ira, sientes a veces miedo o la sensación de no poder hacer nada. Yo también me siento así a veces. ¿Te pasa eso?» Estas palabras hacen que para su adolescente sea normal y aceptable sentir estas emociones, esta sensación de indefensión o falta de poder.

También puede ofrecerle perspectiva. Por ejemplo, diga: «No hace falta que ganes todas las veces. En ocasiones hay que aceptar lo injusto, que las cosas malas suceden y, sin embargo, tenemos que seguir adelante. Mis sentimientos hacia ti no cambian cuando estás triste, deprimido o te sientes inferior o desigual. De hecho, me gusta enterarme cuando te sientes así». Los chicos que tienen un lugar seguro donde sentir estas emociones tienen mejores probabilidades de no tener problemas con el manejo de la ira más adelante en su vida.

**Aliente la buena agresividad.** No querrá eliminar la agresividad por completo. Porque en su sentido más amplio, la agresividad es sencillamente iniciativa. Es dar pasos activos hacia determinado objetivo. Dios nos creó a todos para que aprendamos a tomar la iniciativa. Su adolescente deberá tomar acción para encontrar y mantener buenas relaciones, en lugar de esperar que vengan a él. Debiera aprender a resolver sus problemas en lugar de esperar a que alguien más lo haga, y descubrir sus propias pasiones, talentos y dones invirtiéndolos en el mundo en lugar de que alguien le diga quién debe ser. La agresividad puede ayudar a su adolescente a encontrar su camino en el mundo.

Sin embargo, no tiene por qué ser intimidatorio, ni herir o controlar a los demás. Tampoco deberá explotar de ira cuando se sienta decepcionado. Esto no le reportará ningún beneficio, ni ahora ni después.

Así que afirme y valide la buena agresividad. Apoye a su adolescente cuando esté lleno de energía, cuando intente hacer cosas aunque no le salgan del todo bien, o cuando diga cosas sin pensarlas y corra riesgos para resolver un problema. Siga ayudándole a desarrollar una buena agresividad, y siga poniendo límites a la mala.

**Deje entrar a la agresividad en su relación.** La conducta agresiva se da muchas veces cuando el adolescente se siente aislado, desconectado de los demás. Pero desafortunadamente, causa mayor aislamiento. La agresividad de su adolescente deberá salir de la oscuridad para entrar en las conexiones de las relaciones con los demás.

Muchos padres tratan de evitar esto porque se sienten incómodos, ¿cómo hablar de algo tan negativo y destructivo? ¿No será mejor solamente alentar la buena agresividad?

No. Su adolescente necesita de todas sus partes, las buenas y las malas también, para conectarse con usted y con los demás. Necesita conocerse del todo en relación con usted, porque esto le ayuda a integrarse y a madurar por dentro.

Dé el salto. Diga: «Quiero saber qué sentiste cuando te enojaste tanto que me amenazaste. No volveré a tolerar algo así, pero me gustaría escuchar tu versión. ¿Te sentías frustrado? ¿Pensaste que no te entendía? ¿Pensaste que no tenías más opción que esa?»

Traiga su propia experiencia a la relación también. Diga: «Me asusté cuando te enojaste tanto conmigo. Me sentí apartado de ti, como si no te conociera. No me gusta sentir eso, así que quisiera que trabajáramos juntos en esto». Su adolescente necesita saber que su agresividad tiene efecto importante en los demás.

**Ayude a su adolescente a articular sus sentimientos negativos.** Algunos adolescentes agresivos encuentran dificultades para poder expresar su frustración y enojo con palabras, y por eso actúan con violencia. Como sucede con los niños pequeños, no saben cómo simbolizar sus sentimientos, por lo que los expresan con acciones.

Quizá necesite ayudarle a desarrollar un vocabulario de los sentimientos. Háblele, diciendo: «Estoy enojado/triste/frustrado/avergonzado/asustado». Dígale cuándo usted siente estas cosas y sugiera estas palabras cuando vea que se siente molesto. Cuando los adolescentes ven que sus padres articulan adecuadamente una cantidad de emociones se sienten más seguros para controlar las propias y expresarlas verbalmente.

**Use recursos.** Si sus acciones no producen mayor autocontrol y mejores modos de relacionamiento, quizá necesite la ayuda de otros recursos. Aquí, los grupos y consejeros pueden ser de ayuda.

También, no rescate a su adolescente de las consecuencias de su ira. Su escuela probablemente tenga un reglamento o protocolo para situaciones de agresión, que incluirá observaciones, llamados de atención, suspensiones y hasta la expulsión. No suponga automáticamente que esto es malo para su hijo o hija. He visto cambios de conducta muy positivos en adolescentes cuyos padres apoyan este tipo de esfuerzos de parte de la escuela.

Si la agresión de su adolescente implica peligro para sí mismo o para otros, quizá necesite estar en un centro residencial de tratamiento, o una escuela pupila para chicos agresivos. No tema enviar a su hijo o hija allí. Un centro adecuado podría salvarle la vida.

## ¡Usted puede hacerlo!

Sea el antídoto sano contra la agresividad enfermiza. Tome la iniciativa de ayudar a su hijo o hija a convertirse en una persona equilibrada e integrada que logra controlar su conducta, formar relaciones y también resolver problemas.

# CAPÍTULO 22

## Alcohol, drogas y dependencias

Es la pesadilla de todos los padres y madres: que su adolescente use drogas. No es la vida como Dios la diseñó. El abuso de sustancias causa que se quiebre todo lo que es bueno. La esclavitud reemplaza a la libertad. El desapego reemplaza al amor. Hay caos en vez de orden, y desesperanza en lugar de esperanza.

Muchos adolescentes abusan del alcohol y las drogas y este problema no parece tener probabilidades de desaparecer en el corto plazo. No puedo dejar de insistir en el peligro del abuso de las sustancias. Porque puede, y de hecho muchas veces lo hace, llevar a la pobreza, las lesiones, enfermedades e incluso la muerte.

Sin embargo, a pesar de lo grave de este problema, los padres de los adolescentes con esta dificultad necesitan entender que *la mayor fuerza que por sí misma puede ayudar a un adolescente a resolver un problema de abuso de sustancias es la activa participación de los padres*. Este capítulo le ofrece lineamientos para guiarle en este proceso.

### Definamos el problema

Desafortunadamente, los años de la adolescencia son el momento perfecto, aunque errado y destructivo, para los problemas de abuso de sustancias. Por naturaleza los adolescentes desafían la autoridad y valores de los padres y son altamente susceptibles a la aprobación de sus pares. Les interesan las sensaciones y experiencias, a veces al punto de dejar de lado el buen criterio, y sin embargo, también pueden desconectarse enseguida y sentirse muy aislados. Los adolescentes se lastiman, desalientan y ofenden con facilidad y suelen buscar formas rápidas de medicar su dolor. No es de extrañar que este problema se haya extendido tanto, en particular ahora que las drogas son de fácil acceso.

Sí, son de fácil acceso. Es muy probable que su adolescente sepa cómo conseguir drogas si las quisiera. Conoce a alguien, o conoce a alguien que conoce a alguien. Sea sabio y prudente. No sea ingenuo, asuma que su adolescente tiene acceso a las drogas.

Si acepta esta realidad, podrá ayudar a su adolescente a mantenerse apartado del alcohol y las drogas, o a recuperarse de su adicción.

## Cómo manejar el problema

No puede usted controlar si su adolescente tiene acceso a las drogas y el alcohol, pero sí puede apoyarlo y ayudarle a desarrollar el freno interior y la fuerza que necesita para resistirse al abuso de sustancias. Aquí van algunas formas de lograr esto:

**Establezca una política de cero tolerancia.** Sea claro con su adolescente en cuanto a que las sustancias no son aceptables y que no las tolerará. Su adolescente quizá esté oyendo mensajes cruzados de muchas otras fuentes, incluyendo amigos y a algunos de sus padres. Este es un tema de blanco o negro, y no hay grises, así que sea directo en cuanto a su posición con respecto al alcohol y las drogas.

No solamente deberá ser directo en cuanto a su posición, sino en cuanto a las consecuencias. Hágale saber a su adolescente de antemano que si usa drogas o alcohol perderá muchos valiosos privilegios y libertades. Y no solo esto, sino que si su adolescente continúa usándolos, tendrá que vivir en otra parte porque usted sostiene el valor de que el abuso de sustancias no se tolerará en su hogar.

Conozco a padres que cambiaron de escuela a sus hijos para alejarlos de amigos que usaban drogas. Conozco a otros que enviaron a sus hijos a escuelas pupilas. También sé de padres que enviaron a sus hijos a centros residenciales de tratamiento y recuperación. Y otros más han hecho todo lo posible hasta que su adolescente llegó a ser mayor de edad, y luego le hicieron mudarse. Muchas veces, estas decisiones fueron correctas.

Son consecuencias que pueden sonar duras, pero solamente a quienes no tienen experiencia en la gravedad y poder de los problemas con drogas. Las sustancias son más fuertes de lo que muchos suponen y sus cadenas se hacen más fuertes a lo largo del tiempo.

**Sea duro con la primera ofensa.** Si es la primera ofensa de su adolescente, resístase al impulso de decir: «Oh, bueno, es su primera vez y no volverá a hacerlo». *Tendrá una sola primera ofensa de la cual ocuparse y esta es una oportunidad para hacerle saber a su adolescente que las drogas y el alcohol no son temas informales y casuales.* De lo contrario, su adolescente quizá sienta que usted acepta que cada tanto lo haga.

Aquí van sugerencias de consecuencias:

*Restricción de salidas.* La restricción de salidas es una consecuencia natural ya que su adolescente ha mostrado que no puede resistirse a la tentación si está con amigos, así que no puede tener contacto social con ellos durante un período de tiempo considerable.

*Contacto social supervisado.* Permita a su adolescente salir por ejemplo al cine o fiestas, pero solamente si está acompañado de un adulto a quien usted apruebe. Si no usa sustancias durante ese período, podrá tener mayor libertad social.

*Análisis de drogas.* Hoy hay tests de drogas para hacer en casa. Puede decirle a su adolescente que durante los próximos meses va a hacerle el test en momentos elegidos al azar. Un beneficio adicional de esto será que su adolescente tendrá una excusa para no usar sustancias cuando está con sus amigos. Porque tendrá que decir: «No puedo fumar marihuana. Mis padres me hacen tests al azar».

*Educación legal.* En algunos países se ofrece entrenamiento a las familias, llevando a los adolescentes como si fueran a la cárcel para que puedan vivir cómo sería el sistema si son arrestados y llevados a juicio por uso de drogas.

*Servicio.* Haga que su adolescente ayude en la misión local de rehabilitación, o en la iglesia, haciendo mandados, limpiando u ordenando los estantes. Aprender el valor del servicio muchas veces ayuda a los adolescentes a abrirse a las necesidades de los demás y esto puede ayudarles también a romper el egocentrismo que a veces lleva al uso de sustancias.

*Viva en la luz.* Nuestra inclinación natural como padres es la de darles a nuestros hijos información sobre los peligros de las drogas, esperando que sepan elegir bien. Esto no basta. Aunque su adolescente necesita la información, también necesita a *sus padres*. No crea que vendrá a preguntarle: «¿Me preguntarás si uso drogas o no?» Así que actúe como padre o madre, y pregunte. Los adolescentes muchas veces esperan que sus padres les pregunten en algún momento porque les asusta presentar el tema, y no se animan a hacerlo. Tome la iniciativa y saque el tema de las drogas a la luz en su relación con sus hijos.

Escuche lo que le dice su adolescente. Intente llegar al corazón de lo que entiende, vive, hace y siente. Si no se escandaliza, es posible que obtenga más información. Su adolescente necesita de su punto de vista, pero también necesita de sus oídos.

A veces los padres evitan hablar del alcohol y las drogas más allá del básico sermón del «no lo hagas». Piensan que estarían transmitiendo una sensación de aprobación si se mostraran interesados en lo que sucede con sus amigos y la escuela. Nada más lejos de la verdad. Su adolescente está viviendo en un mundo influenciado por las drogas, las use o no. No lo deje solo en ese mundo. Entre en él, sea curioso y entérese. Descubra qué chicos usan drogas, dónde, qué padres son laxos en cuanto a las drogas, y dónde son las fiestas. Su participación no significa que aprueba las drogas. Sencillamente singifica que ama a su hijo o hija lo suficiente como para entrar en su mundo.

Por supuesto, conectarse significa más que hablar de las drogas. Implica tener una relación continua con su adolescente en cuanto a todos los aspectos de su vida. Cuanto más se conecte en todos los niveles, más posibilidades hay de que su adolescente hable con usted sobre cualquier problema con sustancias.

**Conozca a su adolescente.** Cuanto más conozca a su adolescente, tanto mejor sabrá cómo responder ante los problemas con sustancias. Sepa qué puntos vulnerables tiene en particular su adolescente, posibles de explotación por parte del alcohol y las drogas, y consiga para su hijo o hija el apoyo, asistencia y estructura necesarios como para que no sea susceptible.

Aquí hay algunas de las vulnerabilidades más comunes y cómo puede manejar las situaciones respectivas:

*Desafía sus valores y crianza.* Encuentre formas en que pueda cuestionarlo sin que se incluya el tema de las sustancias. Déle espacio para que no se convierta en su clon.

***Deja el sentido común para guiarse por sensaciones y experiencias.*** Tómese el tiempo de conversar sobre esto con su adolescente. Valide la necesidad de vivir experiencias, pero al mismo tiempo ayúdele a desarrollar la capacidad de tomar decisiones sanas, de pensar en los efectos de sus actos y de posponer la gratificación en pos de un bien mayor.

*Se deja influir por sus pares buscando su aprobación.* Fortalezca su individualidad y carácter. Ayúdele a decir que no a los demás, incluyéndole a usted. Encuentre pares saludables que le ayuden en este esfuerzo.

*Es vulnerable a los demás.* Deje que haga de usted el malo hasta que sea más fuerte. Por ejemplo, quizá su adolescente no pueda decir: «No. Yo no uso drogas», pero sí puede decir: «Mis padres son muy estrictos y serían muy duros conmigo si hiciera algo así». No solamente es cierto, sino que le da una salida a su adolescente hasta tanto tenga mayor firmeza en cuanto a sus valores.

*Se desconecta y aísla enseguida.* Tome la iniciativa, y hágalo salir de sí mismo. Sea un puente entre su adolescente y lo que siente, entre su adolescente y el mundo. Ayúdele a reconectarse para que no necesite usar sustancias para sentirse vivo.

*Se siente herido con facilidad y es vulnerable a lo que intente cubrir su dolor.* Consuele y apoye a su adolescente para que pueda conectar su dolor con usted, y así hacer que sea menos intenso. Al mismo tiempo ayúdele a aprender cómo confrontar y ser honesto con los demás para que pueda ser más fuerte por dentro y menos vulnerable.

Recuerde ahora más que nunca que su adolescente necesita que usted sepa quién es su hijo o hija. Descubra qué necesita, qué cosas le hieren, qué cosas le importan. Quizá se resista, pero hay una parte en él que quiere que en cierto nivel sus padres puedan entrar para ya no sentirse tan solo.

**Recuerde a los «droguis».** Es muy posible que usted usara drogas en su adolescencia, o que al menos tuviera amigos «droguis». ¿Recuerda el potencial que tenían? Algunos eran inteligentes, divertidos, creativos y talentosos. Ahora piense dónde están muchas de estas personas. ¿Es eso lo que quiere usted para el futuro de su adolescente? Si el presente de su adolescente está influido por las sustancias, podrá fácilmente también caer bajo la misma influencia su futuro.

**Busque ayuda.** Si su adolescente está usando alcohol y drogas, busque ayuda. Este problema complejo requiere de mucho conocimiento profesional, habilidad y experiencia. Afortunadamente hay buenos consejeros y terapeutas para adolescentes con excelente calificación en el tema del abuso de sustancias. Un buen terapeuta para adolescentes podrá evaluar la severidad del problema y determinar qué estructuras ayudarán al joven, con opciones que abarcan desde la consejería a la desintoxicación agresiva y programas de rehabilitación.

Si el uso de drogas y alcohol de su adolescente ha pasado el nivel de la experimentación y es hoy una práctica regular en su vida, es que se ha vuelto *dependiente*. Utiliza las sustancias compulsivamente, a pesar de las consecuencias negativas en su vida. No puede dejar este hábito por sus propios medios y necesita apoyo y experiencia de terceros.

**Observe para ver si hay otros tipos de dependencia.** Las dependencias no se limitan al alcohol y las drogas. El adolescente puede volverse adicto al sexo, por ejemplo, lo cual incluye la dependencia a la pornografía en Internet, o la trampa de conductas compulsivas que le hacen volver una y otra vez a las imágenes sexuales. Estos adolescentes sienten intensa vergüenza, culpa e indefensión a causa de su adicción a la pornografía. Los pastores de jóvenes y los consejeros pueden hacer mucho por ayudar a los chicos con este tema.

Además, algunos adolescentes tienen también dependencias con respecto a su alimentación, como sucede con los desórdenes alimentarios como la anorexia, la bulimia y la obesidad. En estos casos, los hábitos y la ingesta de alimentos se convierten en el punto central de sus vidas, a veces al punto de presentar peligro de muerte. Los adolescentes con estas dependencias pueden progresar en la resolución de su problema cuando reciben ayuda competente.

## ¡Usted puede hacerlo!

Sea proactivo, esté informado y participe. Cuanto antes se ocupe del problema de su adolescente con el alcohol, las drogas, el sexo y la comida, tanto mayores son las posibilidades de que su hijo o hija vuelvan al camino saludable de la vida. Su participación y acción puede salvarle la vida.

# CAPÍTULO 23

## Discusiones

Suena redundante la frase «adolescente que discute». Porque los adolescentes suelen tener la capacidad verbal de un adulto y la energía para llevar un tema a límites infinitos.

A veces discuten por el solo hecho de provocar y lograr una reacción por parte de los padres. Y más a menudo, discuten como forma de resistencia a un límite que les hayan impuesto. Darán muchas, muchísimas razones por las que usted se ha equivocado al imponer un horario de llegada, o un límite a causa de conductas inapropiadas en la casa o la escuela. A veces, sus razones llegan a contradecirse entre sí, como veremos en este ejemplo:

*Adolescente:* «Ninguno de los demás padres hace que sus hijas se vistan así para el baile».

*Padre:* «Bueno, creo que es importante que te vistas adecuadamente. Lo lamento si sientes que eres la única que vestirá distinto».

*Adolescente:* «Eso siento».

*Padre:* «Hablé con otros padres y todos sienten como nosotros en cuanto a cómo se visten las chicas. Descubrí que muchos pensamos igual».

*Adolescente:* «Bueno, ¿y por qué tienen que ser ustedes iguales a los demás?»

Bienvenidos al mundo de las discusiones de adolescentes. Recuerde que para ellos el objetivo no es la verdad, sino la libertad.

Aun así, como padre o madre necesitará escuchar el punto de vista de su adolescente. A los hijos les hace falta que los padres los oigan y además, podría estar usted equivocado.

Hoy mismo cambié de idea a causa de lo que me dijo un adolescente. Uno de mis hijos quería ir al parque para juntarse con sus amigos durante una hora, y yo tenía tareas para que hiciera luego. Por alguna razón fui muy duro en cuanto al horario de regreso, y dije:

«Recuerda que si vuelves tarde habrá consecuencias.»

«Oye», dijo mi hijo. «¿Por qué te ofuscas? Ya lo sé y no tengo problema con eso».

Tenía razón. Casi nunca llega tarde.

«Lo siento», dije.

Así que, escuche y entienda. Pero al mismo tiempo, sea padre. Es usted quien tiene la última palabra.

## Definamos el problema

El hogar es donde el adolescente forja su capacidad para cuestionar, para pensar por sí mismo y hacerse responsable por su vida. La sana discusión es parte de ese proceso. Discutir puede ayudarles a desarrollar *mayor sentido de la responsabilidad sobre sus vidas.*

Si su adolescente es abierto y sincero al hablar de un tema y no le está desafiando solamente para salirse con la suya, no lo haga callar. Aliéntelo a hablar. Por ejemplo, si está cuestionando su prohibición con respecto a beber antes de la mayoría de edad, diga: «¿Estás dispuesto a ver mi punto de vista si yo veo el tuyo?» Ayúdele a ver que se trata más de la verdad, la salud, la madurez y la conducta moral, que de lo que quiere.

Sin embargo, si observa que las discusiones son una constante, que su adolescente discute por todo y que no cede jamás, quizá necesite ver el tema de las discusiones como un problema en sí mismo.

## Cómo manejar el problema

**Traiga el problema a la relación**. Abra la conversación, no sobre el tema en discusión sino sobre la discusión en sí misma. Ayude a su adolescente a ver que este problema es real y hágale saber cómo afecta a las personas, diciéndole algo como: «Parece que discutes conmigo sobre muchísimas cosas y nada cambia para mejor. Creo que veo tu punto de vista, pero si no es así, solo tienes que decírmelo. Lo que no veo es que tú puedas ver mi lado de las cosas. Eso no funciona para mí. Quisiera que tomes conciencia de esto y no que quieras ganar cada vez que estamos en desacuerdo. Quiero que tengas libertad, pero cuando estás tan poco dispuesto a llegar a un acuerdo, esto me dice que quizá todavía no estés listo».

Además de hablar sobre las discusiones, puede ayudar que los padres se aparten de la pelea en sí para observar el patrón de conducta de su adolescente. Por ejemplo, digamos que la batalla es sobre el auto. Su adolescente lo exige para poder salir, pero usted lo usa para trabajar. No se conforma con un «no» y se enoja cada vez más.

En ese punto, deje de usar la razón y la lógica. Espere hasta que deje de hablar para tomar aliento y diga: «De esto estaba hablando yo. ¿Lo ves?»

«No veo más que tu egoísmo».

«Lo sé, pero mira qué pasa. Esto es así todo el tiempo. Quiero que tomes conciencia de lo enojado y discutidor que eres, sea que discutamos por algo pequeño o grande».

«Bueno, si no fueras...»

«No estoy hablando de eso. Y espero que estés escuchando, porque voy a seguir mencionando esto para que puedas ver que para ti las discusiones son un patrón normal. Quiero que aprendas gradualmente a conversar sobre nuestras diferencias sin enojarte tanto, y en esto voy a insistir».

Tales observaciones le ayudarán a tomar mayor conciencia aunque al principio se niegue a ver que no sabe estar en desacuerdo sin pelear. La conciencia acerca de un problema es el primer paso hacia el cambio.

**Sea paciente pero imponga un límite.** Aunque hace falta escucharlos, cuando vea usted que el tema no va hacia ninguna parte, ni lo bueno o lo malo, lo justo o lo injusto, sino que únicamente quiere lograr que cambie usted de opinión, imponga un límite a la conversación. Los padres que no hacen esto entrenan a sus adolescentes a pensar que el mundo les dará todo el tiempo que quieran hasta que logren agotar a los demás. No es una buena preparación para llegar a ser un adulto exitoso.

Así que, sí, sea paciente y escuche a su adolescente. Pero establezca un límite a la discusión. En algún momento quizá necesite decir algo como: «Luci, creo que entiendo tu idea de cómo vestirte. Piensas que todo lo que te sugiero que es más modesto te avergonzará. Y piensas que el vestido que a mí no me gusta es el mejor, y que estoy exagerando. Se ve que la negociación no nos sirve hoy. Así que tendré que decirte que no».

Si Luci sigue, exponiendo otra razón, podrá decir: «Creo que ya oí todas tus razones. Así que voy a dar por terminada esta conversación. Quizá más tarde volvamos a hablar de esto, pero ahora quisiera hablar de otra cosa».

«¡Estás siendo tan injusta!»

«Lamento que lo veas así. Voy a preparar un sándwich. ¿Quieres uno?»

«¡Eres tan mala!»

«Ahora creo que ya estás faltándome el respeto. Voy a salir del cuarto y te daré un rato a solas. Si sigues esta conversación con el mismo tono, habrá consecuencias».

Recuerde, no es tarea suya lograr que su adolescente esté de acuerdo o feliz con usted. Su tarea consiste en amarlo y ayudarle a vivir dentro de los parámetros de realidades razonables. Todos, incluyendo a los adolescentes, tenemos que someternos a la autoridad en ocasiones, sea un jefe, un policía o al Servicio de Impuestos Internos. Así que, cuando uno fue paciente y comprensivo durante un tiempo y el adolescente sigue discutiendo, hay que afirmar la autoridad y decir: «Te amo. Pero por ahora esta conversación ha terminado».

Aun así, la carta de la autoridad no se puede usar todo el tiempo. Si encuentra que esto es necesario, lo que su adolescente tiene quizá sea un problema de falta de respeto. Y en ese caso necesitará mostrarle más amor y consistencia para que sus palabras tengan más efecto.

**Establezca y haga cumplir la consecuencia.** Supongamos que ha hecho todo lo que acabamos de ver y su adolescente sigue insistiendo en discutir, al punto que lo vuelve loco. Es hora de poner un límite.

Podrá decir: «Quiero saber cómo te sientes cuando crees que me equivoco con un límite y quiero escuchar lo que digas. Pero en este momento, sencillamente parece que lo que buscas es cansarme para que cambie de idea. Así que te escucharé hasta cierto punto y te daré mis razones para haber tomado mi decisión, hasta cierto punto. Pero si luego insistes en seguir discutiendo, el límite en discusión será duplicado. Así que si discutes por tener que volver a casa una hora más temprano de lo que quieres, tendrás que volver dos horas más temprano. Realmente quiero que te hagas cargo de tu conducta».

Como siempre, asegúrese de cumplir con esto. Los adolescentes discutidores casi siempre necesitan experimentar las consecuencias, porque suelen estar acostumbrados a padres que ceden. Así que hable con su adolescente, imponga el límite y cúmplalo.

## ¡Usted puede hacerlo!

Tenga en mente el futuro. Querrá que su adolescente llegue a ser un adulto capaz de confrontar y presentar su punto de vista. Pero también querrá que sepa cuándo es hora de guardar sus cartas y aceptar las cosas tal como son. Ese es el camino de la sabiduría.

# CAPÍTULO 24

## Rompiendo acuerdos

«Le devolveré el teléfono a Nicole».

«Cortaré el césped mañana».

«Te devolveré el dinero la semana que viene».

«Haré mi tarea este fin de semana».

«Estaré en el estacionamiento a las 3 de la tarde para cuando me vengan a buscar».

Los adolescentes, como todos los demás, hacen distintos tipos de acuerdos.

Los acuerdos y las promesas son parte importante de la vida. El amor, la amistad y hasta los negocios se construyen sobre la base de acuerdos y promesas. Porque estos son el soporte para las relaciones seguras, donde hay confianza mutua. Cuando una persona cumple con su palabra, la vida va mejor. Pero cuando no lo hace, hay cierto nivel de conflicto. Y aunque nadie puede cumplir todo a la perfección, si su adolescente tiene el hábito de prometer y no cumplir, esto le afecta a usted, a la familia y a las relaciones que su hijo o hija tenga.

### Definamos el problema

Muchos adolescentes no tienen la capacidad que hace falta para cumplir con sus acuerdos. Porque se requiere buen criterio, una base de realidad, una orientación hacia el futuro y el entendimiento de lo que uno está acordando o prometiendo. Pocos adolescentes han llegado al punto de pulir estas habilidades o destrezas. Por lo tanto prometen todo tipo de cosas sin pensar en lo que esto implica. Su proceso de pensamiento es similar al del adicto a la tarjeta de crédito que es eternamente optimista: *Pagaré la deuda después.* Pero ese después nunca llega y la deuda sigue aumentando.

Si su adolescente no es bueno para cumplir con sus compromisos, tenga compasión mientras trabaja para ayudarle a mejorar. Es menos posible que se trate de engaño o desafío, y más probable que tenga que ver con su limitado criterio y experiencia en esta etapa de la vida. Claro que algunos adolescentes prometen o hacen acuerdos sin intención alguna de cumplir, y este es un asunto de engaños y mentiras (Ver capítulo 29, «Engaños y mentiras»), aunque la mayoría no es así.

A medida que su adolescente aprenda a efectuar y cumplir acuerdos, también desarrollará su orientación hacia el futuro, algo muy valioso. La capacidad de preguntarse: *¿De qué manera afectará a mi futuro lo que haga yo hoy?* Le ayudará a controlar impulsos, demorar gratificaciones, tolerar las frustraciones y alcanzar sus objetivos. La capacidad de su adolescente para cumplir con sus acuerdos afecta un amplio espectro de áreas en su vida, hoy y mañana.

Cumplir las promesas y acuerdos no es lo mismo que seguir reglas y requisitos impuestos en el hogar. Porque estos últimos son formales, muchas veces por escrito, con amplias expectativas en cuanto a tareas, conducta y actitud. Los acuerdos son más informales y tienen que ver con situaciones que surgen y requieren de rápida negociación. Uno no puede tener reglas para todos los acuerdos que existen o surgen en la vida. Esto implicaría anotar todo en un gigantesco cuaderno. Pero como veremos ahora, *uno puede tener expectativas en cuanto a los acuerdos.*

## Cómo manejar el problema

Aquí hay algunas formas de ayudar a su adolescente para que logre unir sus «dichos» con sus «hechos».

**Ponga el problema sobre la mesa.** Primero hable y ponga el problema ante la relación. Sea cálido y muestre espíritu de aceptación, pero también sea directo. Trate el tema como problema que deberán resolver entre los dos: «Stacy, he observado que prometes muchas cosas pero que luego te cuesta cumplirlas hasta el final. Por ejemplo, la semana pasada dijiste que ibas a hacer una bolsa con ropa que ya no usas para donarla, pero nunca lo hiciste. Y ayer dijiste que cargarías combustible pero el tanque está vacío».

«Estuve ocupada. Sabes que tuve mucha tarea de la escuela».

«Sé que tuviste mucha tarea. Pero cuando acuerdas hacer algo, esto afecta a otras personas y dependemos de ti. Cuando no lo cumples, las cosas se hacen más difíciles y me cuesta más confiar en ti. Ese es un problema y quiero que ambas trabajemos en ello».

Este primer paso por lo general hará que su adolescente tome mayor conciencia de que las promesas incumplidas son un problema. A menudo no será la solución, pero una mayor conciencia del tema será de ayuda.

**Ofrézcale a su adolescente una manera de pensar antes de prometer o hacer un acuerdo.** Como dije antes, muchos adolescentes no entienden cómo pensar antes de prometer o acordar algo, en especial si nunca se les ha exigido que cumplan. Este es un ejemplo de la conversación que podrá tener para ayudar a su hijo o hija a pensar antes de hacer una promesa o acuerdo.

Podrá decir: «Pienso que a veces acuerdas hacer algo solamente para sacarme de encima y para que te deje de insistir. O porque piensas que puedes hacerlo en ese momento. Lo entiendo. Pero quiero ayudarte a comenzar a pensar un poco más en esto».

«¿Qué quieres decir?»

«Bueno, quizá tendrías que haberme dicho que no tendrías tiempo de hacer la bolsa de ropa para donar porque tenías exámenes finales. Lo habría entendido y entonces habríamos podido buscar otro momento».

«Te enojas cuando digo que no tengo tiempo para hacer algo».

«Sí, es cierto. Pero si es algo razonable, quiero escucharte mejor. Es que a veces no tiene que ver conmigo. Sencillamente no piensas si tendrás tiempo para hacer lo que te pido. Eres bastante optimista en cuanto a lo que crees poder hacer. ¿Piensas que es posible?»

«Quizá».

«Bueno, a muchas personas les pasa. A mí, por cierto, me ha pasado. Pero antes de decir que harás algo, es importante pensar si podrás y lo harás. Preferiría que me dijeras que no podrás en lugar de que me digas una cosa y luego hagas otra. ¿Te serviría si la próxima vez te recuerdo que debes pensar antes de prometerme algo?»

Al conversar de esta manera está ayudando a su adolescente a tomar mayor conciencia antes de acordar o prometer algo, y a saber que los demás se ven afectados si no cumple. También está poniéndose a disposición para recordarle que primero debe pensar, hasta que logre hacerlo por sí mismo».

**Establezca consecuencias.** Aun en estas circunstancias es posible que con la guía y la mayor conciencia no baste para ayudar a su adolescente a pensar antes de prometer o acordar algo. Si es así, tendrá que brindar la estructura que dan las consecuencias.

No enloquezca, ni haga que su adolescente se vuelva loco con consecuencias específicas para cada promesa o acuerdo que no cumpla. Haga de esto un problema general. Diga: «Parece que todavía no lograste hacer lo que te pedí. Hasta que mejores en esta área, te quitaré el uso del teléfono durante unos días. No te estoy pidiendo que seas perfecto pero sí quiero ver que cambias tu conducta en esto».

A veces los padres establecen la consecuencia de que el adolescente tenga que cumplir con lo que prometió, haciendo lo que dijo que haría, sin embargo, este método no parece resolver el problema. Lo peor que puede pasar es que tenga que cumplir con la tarea y soportar el enojo de sus padres. Y lo mejor, es que quizá olvide pedirle que haga lo que prometió hacer, con lo cual su adolescente habrá comprado un poco más de tiempo.

Así que, haga el seguimiento pero con una consecuencia separada del tema. Esto ayudará a su adolescente a tomar mayor conciencia del modo en que su inacción le afecta en formas diferentes, que querría evitar.

## ¡Usted puede hacerlo!

Su adolescente necesita que usted le ayude a llegar a ser una persona que cumple con su palabra, porque entonces será más feliz y sus relaciones serán mejores.

# CAPÍTULO 25

## Tareas

**N**os invitaron a cenar a casa de un amigo. Cuando entramos, los hijos estaban viendo televisión mientras su madre corría para preparar todo en la cocina.

Le dije: «¿Por qué no haces que te ayuden los chicos?»

«Es demasiado problema».

«No lo sé», dije. «Más problema me parece lo que estás haciendo ahora».

## Definamos el problema

Las tareas en la casa son parte de la vida cotidiana. Y aunque los chicos de toda edad pueden ayudar de una forma u otra, los adolescentes debieran realizar tareas más avanzadas, como las que tendrán que hacer cuando ya no vivan con sus padres. Necesitan aprender a limpiar después de usar un lugar, a poner y sacar la mesa, a cargar o vaciar el lavavajillas (o lavar los platos), a lavar la ropa, trabajar en el jardín y cocinar. Estar en familia significa participar de las responsabilidades familiares que hay que cumplir.

Pero hay una razón más profunda e importante por la que los padres deben requerir que sus hijos cumplan con tareas en el hogar. Porque las tareas les ayudan a los chicos a saber para qué fueron creados. La vida, como la diseñó Dios, se puede describir en dos palabras: conectarse y hacer, o amor y trabajo. Todo lo que tiene significado en lo que hacemos, trata de las relaciones, el amor, la conexión, o las tareas, responsabilidades y trabajo.

De hecho, el primer mandamiento que Dios le dio a la raza humana tenía que ver con el trabajo: «[Dios] los bendijo con estas palabras: "Sean fructíferos y multiplíquense; llenen la tierra y sométanla"».[25] Fuimos diseñados para ser fructíferos y administrar la tierra. Así que cuando su adolescente lava los platos, participa del gran designio de Dios.

Pero eso no es todo. La vida requiere de los adultos el cumplimiento de muchas tareas: el trabajo y las responsabilidades profesionales, responsabilidades de mantenimiento del hogar, responsabilidades como padres o madres, administración del dinero, etc. Cuando los padres requieren de sus hijos que cumplan tareas en la casa están ayudándoles a prepararse para el éxito en sus responsabilidades futuras. Mucho mejor es para los adolescentes tener años de experiencia en el cumplimiento de ciertas tareas porque así pueden luego pasar sin problemas a asumir las tareas de la etapa adulta en su vida.

## Cómo manejar el problema

Casi siempre cuando las tareas no se hacen, la culpa suele ser tanto de los padres como del adolescente. Los padres caen en algunas trampas comunes, que como resultado dan la inacción. Una vez que toman conciencia de esto y resuelven estas trampas el trabajo se hace más fácil. Cuando los padres son el problema, suele ser por una de estas tres razones: no brindan estructura clara, abandonan porque sienten que es demasiado problema, o no insisten en las tareas a causa de todas las demás exigencias en la vida del adolescente.

**Establezca una estructura clara.** De todos los problemas que trata este libro, las tareas quizá sean lo más fácil de estructurar. Dé a su adolescente responsabilidades específicas a realizar con determinado nivel de competencia y con cierta regularidad, y establezca una consecuencia si no las hace. Sencillamente diga: «No hay teléfono ni televisión hasta que esté limpia la cocina», o «Nada de salir el fin de semana hasta que esté listo el jardín». Estos arreglos tienen significado para los adolescentes, porque ven que lo que quieren depende de lo que hagan.

Hay muchos tipos de cartillas organizadoras que pueden ayudar a los chicos a realizar sus tareas. ¡Busqué en Internet («family chord charts») y encontré casi 45.000 sitios (en inglés) sobre el tema!

Casi siempre, en lugar de estructurar el mantenimiento de la casa, los padres les dicen a sus adolescentes que limpien mejor después de usar un espacio y luego se enojan si no lo hacen, lo cual sucede casi todas las veces.

Así que si todavía no lo hizo, tómese el tiempo de establecer sus expectativas en cuanto a las tareas, según las necesidades de su familia. Si no ha dado este paso, lo más probable es que esté haciendo demasiadas tareas usted mismo. Y no recompense a los chicos por hacer las tareas en la casa. Podrá recompensar a un chico de cuatro años cuando ordena su cuarto por primera vez. Pero el adolescente que espera una recompensa por hacer lo que se espera de él, está preparándose para la desilusión cuando su cónyuge no le recompense por ayudar en la casa.

**Siempre requiera alguna tarea.** Es posible que su adolescente tenga muchas exigencias legítimas en su vida. El estudio, los deportes, actividades culturales, eventos sociales o actividades de la iglesia son cosas que toman mucho tiempo. Hay padres que sienten que ya les están pidiendo tanto a sus hijos que no es justo insistir en que hagan cosas en la casa. A otros les resulta problemático porque su adolescente no está en casa cuando hay que hacer algo. Si hay que sacar la basura los jueves por la noche, y su adolescente estudia o practica deportes hasta muy tarde ese día, ¿cómo podría hacerlo?

Estas son realidades, y no hay solución fácil. Si su adolescente se conduce bien en la escuela y la vida, y tiene buena actitud y todo su tiempo está ocupado en cumplir con sus metas quizá deba requerir menos de él. Por cierto no querrá abrumarle.

Pero pídale que haga algunas cosas. Los adolescentes tienen que tener tareas regulares en la casa. Porque tienen un papel importante en el desarrollo. Si no hay tiempo para tareas de la casa, puede ser señal de que su hijo o hija están demasiado ocupados y necesitan su ayuda para equilibrar este aspecto de su vida. A veces los padres tenemos que entrar y ayudar a que dejen ciertas actividades.

**Haga que cumpla con sus tareas.** Aplicar consecuencias requiere de trabajo y esfuerzo, *pero la tarea de los padres consiste en hacer que los hijos cumplan con sus tareas.* Esto puede causar mucho trabajo y problemas, al menos hasta tanto el trabajo se haga rutina en la mente del adolescente.

En muchos hogares el padre y el adolescente juegan a ver quién se cansa primero. Si el adolescente logra con paciencia protestar, discutir, evadir y desafiar, quizá el padre o la madre desistan. La señal de que el padre levanta la bandera blanca de rendición es: «No importa. Es más fácil hacerlo yo mismo que lograr que tú lo hagas».

Si ha dicho y hecho esto, no está solo. Todos los padres lo hacemos. Pero aquí deberá elegir el camino más difícil. Tómese el trabajo de investigar. Si puede mantenerse firme con consecuencias lógicas y justas a lo largo del tiempo, ganará usted el juego de la espera y las cosas deberán mejorar. Jamás olvide el objetivo: un joven adulto que sabe cómo ser responsable, que sabe trabajar y cuidar de sí mismo. Usted está impidiendo un problema grande en el futuro.

Recuerde que la evasión y el desafío también pueden formar parte del problema. Hay un mundo enorme e interesante allí afuera y la vida de su adolescente está avanzando rápidamente en esa dirección, y no hacia el hogar. Debe recordar esto la próxima vez que se sienta abandonado por su adolescente porque no haya cumplido con alguna tarea. Y recuerde que su negligencia no es hacia usted, sino que se debe a los inmaduros esfuerzos del adolescente por entrar en el mundo. Necesita que usted le ayude a aprender a cumplir con sus responsabilidades ¡antes de salir al mundo!

Así que no personalice las evasiones y protestas. Con amor y paciencia, manténgase firme en cuanto a las consecuencias hasta que le sea más trabajoso protestar y resistirse que sacar la basura.

## ¡Usted puede hacerlo!

Las tareas, algo que suena aburrido y mundano le brindan algo valioso a su adolescente: los dones del dominio propio, la diligencia, la fidelidad y la responsabilidad. Elija cualquier método de listas o cartillas para organizar las tareas, pero cuando encuentre uno que funcione ¡úselo y no abandone!

# CAPÍTULO 26

## Vestimenta

«¿**Q**ué hay de malo con mi blusa?»

«Déjame tranquilo. No importa qué cosa diga lo impreso en mi camiseta».

«Todos usan jeans como estos».

«No puedes decirme qué ropa ponerme».

### Definamos el problema

La ropa, algo muy importante para los adolescentes, puede ser causa de discusiones grandes entre padres e hijos. Y aunque en la superficie pueda parecer un problema menor, sí importa cómo visten porque la ropa dice algo acerca de quien la lleva puesta.

La vestimenta que no es adecuada para los adolescentes incluirá toda prenda que sea demasiado sensual, o que revele partes del cuerpo que no se debieran mostrar. También, la ropa que tenga propagandas con influencias negativas, como las drogas, el sexo, la violencia y la muerte, o la ropa que refleje alianzas con culturas poco saludables como las pandillas.

### Cómo manejar el problema

Hay algunas formas de manejar el tema de la vestimenta.

**Permita un estilo personal.** La vestimenta tiene un papel importante en el desarrollo de su adolescente. El adolescente está convirtiéndose en persona por propio derecho y trata de diferenciarse de sus padres.

Necesita espacio y un modo de hacer esto que no le haga correr riesgos. El estilo de su ropa será una de las formas en que el adolescente pueda indicar que no es como sus padres, que se identifica con sus pares, que se prepara para formar sus propios valores, sentimientos y actitudes. La ropa del adolescente refleja sus diferencias internas con los padres.

En la mayoría de los casos, cuando el adolescente se siente más afianzado en su identidad, su vestimenta será menos extrema. Esto es señal de que se sienten más seguros y sólidos internamente, como individuos. Pueden también identificarse con cosas que les gustan de sus padres, porque ya no necesitan diferenciarse. ¡Y hasta en ocasiones, quizá vistan vestido o pantalón elegante!

Así que no reaccione negativamente ante lo que decida ponerse su adolescente, porque entonces estará iniciando una batalla de poderes que puede hacer de este período algo peor de lo que suele ser. Además, recuerde mantener cierta perspectiva en cuanto a este tema. Algunos de los chicos más perturbados con los que trabajé se vestían de manera muy conservadora. Por otra parte, conozco a chicos excelentes que visten raro pero que se llevan bien con su familia y con las demás relaciones, y se desarrollan muy bien. Más que la ropa, importa cómo le va a su adolescente en estas áreas.

**Sepa que la vestimenta tiene su significado.** No cometa el error de intentar hacer que su hijo se vista mejor sin comprender su interior. Jesús les dijo a los fariseos, religiosos hipócritas, que estaban concentrándose en lo externo y abandonando lo más importante en el interior: «¡Fariseo ciego! Limpia primero por dentro el vaso y el plato, y así quedará limpio también por fuera».[26]

El estilo de la vestimenta, especialmente si es inaceptable, tiene su significado. Puede decirnos mucho sobre el mundo interior del adolescente: lo que le importa, cómo se siente consigo mismo, y lo que piensa de sus relaciones. Por ejemplo:

- El estilo indecoroso puede indicar necesidad de aprobación de los pares.
- Un estilo sensual puede indicar que la joven depende más de su cuerpo que de su carácter para atraer a los chicos.
- Los temas oscuros, como la muerte, las drogas y la violencia pueden indicar alienación interna, furia y rebeldía.
- La vestimenta que se basa en la cultura, como los estilos pandilleros, puede manifestar valores inadecuados.

Si logra usted entender lo que transmite el estilo de la ropa de su adolescente podrá ayudarle de manera importante y podrá ver cambios positivos en su elección de la ropa.

El carácter por lo general surge en los temas, así que deberá observar los patrones de conducta de su adolescente reflejados en lo que elige vestir. Esto le ayudará a hablar sobre lo que está sucediendo por debajo de lo que se ve. Por ejemplo, si ve alienación, diga: «No es solo que te vistes de negro todos los días; es que pareciera que quieres alejarte de quienes te aman. Necesito que conversemos porque no sé cómo estás internamente». Si ve temas sexuales, diga: «Sé que quieres verte atractiva para los chicos. No hay nada malo en eso. Pero me parece que estás dispuesta a ser lo que piensas que los chicos quieren y eso no es quizá lo que eres en realidad. ¿Podemos hablar de eso?» Siga con el tema, y no enfoque la conversación en la vestimenta.

Así que, use la sabiduría y vea la ropa de su adolescente en el contexto de su carácter y lo que usted conoce de su persona.

**No moralice ni identifique con exageración.** La mayoría de los padres o madres tienen dos reacciones opuestas ante la vestimenta de los adolescentes. Ninguna de las dos funciona. La primera reacción es la de interpretar las diferencias como algo destructivo, y que preocupa. Esto puede ser un error porque estos padres están *moralizando una preferencia*. Recuerde que si a usted no le gusta un estilo en particular, esto no significa que la ropa en sí sea algo digno de reprimenda. La vestimenta suele ser cuestión de preferencias, no de moralidad.

La otra reacción es la *sobre identificación*. Hay padres que se sobre identifican cuando en su intento por establecer una conexión, adoptan el estilo de ropa de sus adolescentes. Pero esto suele volverse en contra de ellos. Porque aunque la intención sea buena, esta sobre identificación obliga al adolescente a diferenciarse aun más, al servicio de su intención de marcarse como individuo. Así que el padre que quiere parecer un *punk* porque quiere conectarse con su hijo a menudo encontrará que su hijo busca un estilo extremo que le ayude a diferenciarse de él.

Los chicos necesitan una brecha generacional para poder darse cuenta de quiénes son. Puede usted aprender a conectarse sin tener que verse como adolescente. Sea adulto. Su adolescente necesita estar al lado de un adulto.

**Enfrente lo que no sea apropiado**. Sin embargo, dicho esto deberá usted confrontar a su adolescente si su estilo de vestimenta no es apropiado. Querrá que sea responsable por lo que viste y por cómo esto afecta a los demás.

Comience por elaborar un acuerdo para definir lo que no es apropiado, como por ejemplo:

- La ropa que llama demasiado la atención hacia el cuerpo y que la aparta del carácter o el rostro.
- Las palabras y dibujos que transmiten mensajes oscuros.
- Los estilos que son tan bizarros que interfieren con la escuela o las relaciones.
- La ropa que dice algo sobre el adolescente, que no es lo que es en realidad.

Converse mucho aquí con su adolescente y escúchelo, para que se involucre y pueda elegir. Cuanto más comprenda las definiciones, menos discutirá después.

Otórguele tanta libertad como sea posible. Cualquier cosa que no cruce el límite establecido estará bien. Si su adolescente no está de acuerdo con los límites y ha intentado usted involucrarlo y ser razonable, diga: «Hasta que logres trabajar conmigo en esto, serán estas las reglas. Quiero que puedas tener libertad en medida razonable, pero por ahora, estas serán tus reglas para vestirte».

Si su hijo sigue transgrediendo los límites en cuanto a su vestimenta, deberá imponer una consecuencia y decir algo como: «Si insistes en vestirte así perderás el entorno social en el que quieres estar cuando llevas puesta esa ropa». Esto significa que la gente para quien se viste no verá la ropa que se pone. Esta consecuencia ayuda a quitar la motivación que hace que vista de manera impropia.

**No caiga en la trampa de las luchas de poder.** Si su adolescente sale hacia la escuela con ropa que no es apropiada, pídale una sola vez que se cambie. No intente obligarlo a hacer esto si se niega. Si se niega, recuérdele la consecuencia y permita que su decisión afecte su futuro social.

## ¡Usted puede hacerlo!

Ahorre su energía para temas más importantes que la vestimenta. Pero esté atento a lo que la ropa le dice sobre el corazón y los sentimientos de su adolescente. Son una ventana hacia el ser interior de los chicos.

# CAPÍTULO 27

## Violaciones a los horarios de llegada

Es viernes por la noche y su hijo adolescente está divirtiéndose con sus amigos en casa de uno de ellos. Están escuchando música, jugando video-juegos, mirando televisión, comiendo y bromeando. Después de una dura semana en la escuela, su hijo está divirtiéndose por fin.

Mira el reloj y ve que tiene unos cinco minutos para llegar a casa en horario. Pero entonces uno de sus amigos le dice que es su turno para la competencia en el videojuego, y él juega bastante bien a este juego en particular.

Su hijo no piensa: *Estoy decidiendo llegar tarde a casa.* Los adolescentes no piensan así. Piensa: *Sé jugar bien a este juego y puedo hacerlo rápido.* Pero claro, la realidad le gana aun al mejor jugador, y llega a casa después del horario permitido.

### Definamos el problema

Muchos subestiman el valor del «toque de queda». La mayoría de los padres olvida lo importante que es poner buenos límites de horarios de llegada. *Los adolescentes necesitan aprender a despegarse de lo que les gusta para cumplir con sus responsabilidades.* Es una destreza muy útil en la vida de los adultos.

Imagine la vida profesional de un joven adulto que puede dejar una conversación o un proyecto, administrando su tiempo como para llegar a la siguiente reunión, siempre listo y puntual. Esta es la fibra de la que están hechos aquellos que tienen la más alta jerarquía en las empresas.

Y el toque de queda para el adolescente puede ayudarle en el mundo de las relaciones, también. La persona confiable, fiel y concentrada es la que atrae y mantiene las buenas relaciones. Así que no subestime el poder del límite en el horario de llegada.

## Cómo manejar el problema

Si quiere reducir a su mínima expresión todo problema con los horarios de llegada, puede hacer algunas de estas cosas.

**Asegúrese de imponer un horario razonable.** A medida que su adolescente se involucre más y más con el mundo exterior, es posible que necesite más, de un horario límite para llegar a casa. Si tiene que estar en casa a determinada hora, estará protegiendo su tiempo y su vida, además de aprender lo que es la responsabilidad. El horario de llegada también le permitirá organizar mejor el resto de la actividad familiar.

Antes de que su adolescente salga por la noche, sea claro en cuanto al horario y las consecuencias en caso de incumplimiento. Por ejemplo, podrá decir: «Que te diviertas. Te espero de vuelta a las 10.00 p.m. Si eliges llegar más tarde, no podrás salir la próxima vez que quieras divertirte con tus amigos».

Recuerde las características de un buen horario límite.

*Un buen horario límite otorga tiempo suficiente para desarrollar relaciones.* Necesita que el horario sea lo suficientemente amplio como para que su adolescente tenga varias horas en las cuales hacer cosas que tengan significado para su vida social. Si es demasiado estricto y exige que vuelva muy temprano, no podrá conectarse con su nuevo mundo en un nivel que le permita apego. La copa relacional del adolescente necesita tiempo para poder llenarse.

Pero si su adolescente es siempre el último en irse porque todos los demás tienen que llegar más temprano de regreso a casa, ya no estará en compañía. Esto no cumplirá con el propósito de desarrollar relaciones. Converse con padres que le parezcan sensatos y sanos, y si es posible, acuerden un horario que sea similar para todos los chicos y chicas.

*Un buen horario de llegada tiene en cuenta la seguridad.* La hora límite debe tomar en cuenta la seguridad del adolescente, de manera que evite los horarios en que pueda haber situaciones de vulnerabilidad. Por supuesto esto depende de la edad del adolescente y su nivel de madurez. Por ejemplo, un chico de catorce años que va al centro de compras no podrá salir al estacionamiento después de que cierren los negocios. También tome en cuenta los horarios de su localidad, en especial si su adolescente conduce el auto.

*Un buen horario de llegada tomará en cuenta la necesidad de sueño.* Asegúrese de tomar en cuenta cuántas horas necesita dormir su adolescente. ¿A qué hora tendrá que levantarse? ¿Qué tiene que hacer al día siguiente? Proteja su día de mañana.

*Un buen horario tomará en cuenta su crecimiento.* En lo posible, haga participar a su adolescente de la decisión. Porque a medida que crezca y madure, el horario podrá extenderse. Escuche su lado de la historia y utilice su contribución para decidir.

Cuando los adolescentes no llegan a horario los padres se preocupan porque no saben si están bien o no. ¿Cómo sabrá cuándo quedarse despierto y cuándo ir a dormir?

**Sepa cuándo quedarse levantado.** Esto dependerá de cómo es el adolescente en cuestión. Si tiene un historial de llegadas puntuales, no miente y no engaña, es probable que no haya problemas si usted va a dormir. Pero si ha llegado tarde sin cumplir el horario límite, o se ha escapado de casa sin su consentimiento, entonces espérelo levantado. Necesita más estructura y presencia de su parte hasta tanto sea más responsable y consciente en este aspecto.

Sea que lo espere o no, si no cumple tendrá que resolver el problema.

**Cómo manejar la situación si no cumple.** Aquí hay algunos lineamientos bastante directos para cuando su adolescente no respete el horario de llegada.

*Establezca una consecuencia y hágala efectiva.* Recuerde cómo funcionan las consecuencias: son el agregado de algo que al adolescente no le gusta, o la remoción de algo que sí le agrada. Tienen como propósito afectar el futuro de su adolescente, más que actuar como castigo. Así que cuando el adolescente viola su horario límite, tiene sentido quitarle algo de su tiempo social.

Sin embargo, no le comunique solamente la consecuencia. Si llega tarde, converse sobre el tema. Está ayudándole a crear la capacidad de despegarse de algo que esté haciendo para hacerse responsable de una obligación en el futuro.

***Diferencie entre razones y excusas.*** A veces a los padres nos cuenta entender la diferencia entre una razón válida y una excusa. Es útil pensar en esto de antemano, junto con su adolescente. Y aunque no pueda anticiparlo todo, el resultado será una menor cantidad de discusiones.

Aquí hay algunas de las cosas que los adolescentes suelen decir cuando no cumplen con el horario de llegada establecido, y también añado mis respuestas.

*«¡Tuve una emergencia!»* Por cierto una emergencia médica o problemas con el auto, son razones legítimas para no haber llegado puntualmente. Reserve la palabra *emergencia* para lo que sea emergencia de verdad. Por ejemplo, quedarse sin combustible no es una emergencia, porque el adolescente podría haberlo previsto.

*«Llegó tarde quien me venía a buscar».* La primera vez, sí es una razón válida. Pero si su adolescente le da esta respuesta a menudo, hay algo más. Quizá necesite experimentar la consecuencia para estructurar los tiempos con su amigo, o buscar a alguien más que venga a buscarlo.

*«No me di cuenta de que pasaba el tiempo».* Esto es siempre una excusa. No es una razón válida. El tiempo fuera de casa es un privilegio.

*«La película empezó tarde».* Una excusa también. No es una razón. Porque los horarios de los cines están publicados. Su adolescente puede planificar su salida antes del momento de dejar la casa.

*«Te llamé para decir que llegaría tarde».* Aunque está bien que haya llamado, esto no cambia el hecho de que no llegó a tiempo.

## ¡Usted puede hacerlo!

A diferencia de otros problemas de conducta, los adolescentes que violan su horario de llegada se ven motivados a cambiar cuando este problema de conducta causa que no puedan salir con sus amigos. En la mayoría de los casos verá cambios positivos si establece límites razonables y los cumple, y ayudará a su adolescente a manejar su tiempo con mayor responsabilidad. Así que si las tablas del piso en su casa crujen, no las repare y preste atención a la hora en que llegan sus hijos.

# CAPÍTULO 28

## Cortes y automutilaciones

Gayle acababa de descubrir que su hijo Dennis era un «cortador», es decir, que tenía la costumbre de hacerse cortes pequeños y poco profundos en los brazos, usando un cortaplumas. Se preocupó y asustó, por supucsto.

Cuando le pregunté cómo había descubierto el hábito de automutilación en su hijo, me dijo: «Es raro. Como es tan tranquilo nunca sospeché nada. Lo que me hizo prestar atención fue que usaba mangas largas aun en días calurosos. Si no fuera por eso no sé cuánto tiempo habría pasado hasta que me diera cuenta».

### Definamos el problema

Hace tiempo ya que existe el problema de los cortes y otras formas de automutilación, pero son costumbres más populares entre los adolescentes. Este hábito no respeta fronteras socioeconómicas, y hay chicos y chicas de toda clase social que sufren de este problema. Como mínimo, es algo molesto y en su peor expresión puede ser muy peligroso para el adolescente.

Hay diversos tipos de automutilación, y varios grados de gravedad, pero los cortes y quemaduras son los más comunes. Algunos chicos, como Dennis, usan cuchillos, hojas de afeitar, lapiceras o lápices para cortarse periódicamente, en los brazos, las piernas u otras partes de cuerpo, dejando rasguños largos y poco profundos. Otras veces, los cortes son más graves y dejan cicatrices, pero no siempre. En los casos más graves el adolescente se corta hasta sangrar profundamente, y siempre está el riesgo de las infecciones. Yo tuve un caso de un adolescente que se amputó el dedo.

Otros chicos se queman con cigarrillos o encendedores, dejando marcas redondas. Muchas veces se arrancan la costra luego, lo cual puede causar infecciones. Hay otros que se golpean la cabeza contra la pared. Aunque los tatuajes y piercings (colocación de aros), a veces se consideran formas de automutilación, tienen más que ver con el estilo, y esto difiere de los cortes y quemaduras.

A veces algunos de estos adolescentes muestran sus cicatrices o heridas, usando ropa que las deja en evidencia. Esto señala el deseo de que sus padres o pares noten que tienen un problema, sin necesidad de verbalizarlo. Es un grito pidiendo ayuda.

La automutilación casi siempre indica la existencia de un problema más profundo, aunque su adolescente no tenga idea de qué es lo que pasa. Gran parte de la investigación se ha dedicado a descubrir por qué un adolescente se infligiría heridas, con una conducta que parece tan enfermiza y destructiva. Casi siempre el hábito tiene más que ver con algo que está causando dolor interno. Aquí menciono algunas de las razones más comunes.

**No sienten nada, y el dolor les hace sentir que están vivos**. Cuando el adolescente está desconectado de sus sentimientos y de los demás, suele sentirse irreal, como si no existiera. Como nuestras emociones son las que nos hacen sentir que estamos vivos, el adolescente desconectado emocionalmente buscará lastimarse para sentir algo. El dolor es mejor que la insensibilidad.

**Necesitan una forma de expresar hacia fuera el dolor que sienten por dentro.** Algunos adolescentes cargan con enorme dolor emocional, que incluye la pena, la culpa, el enojo y el miedo. Pero a menudo no pueden articular todo esto que sienten y la automutilación les provee de un medio externo con el cual identificarse con su dolor interno. A veces, los adolescentes me dicen: «Por dentro estoy igual que por fuera cuando me corto».

**Sienten que merecen ser castigados.** Si un adolescente siente que ha hecho cosas malas, o que es mala persona, y que merece un castigo puede lastimarse físicamente en un intento simbólico por recibir este castigo. Actúa como si fuera criminal, juez y jurado al mismo tiempo.

**Reviven algún abuso o trauma para intentar resolverlo.** Hay chicos y chicas que sufrieron de abusos o traumas que a veces se cortan o queman a propósito. Quizá intentan revivir la experiencia traumática de modo de poder elaborarla y resolverla. Por supuesto, estas acciones no los ayudan a resolver su trauma, por lo que siguen intentándolo.

**Quieren reemplazar sentimientos malos por buenos.** Algunos investigadores piensan que el dolor de la automutilación libera endorfinas, sustancias del cuerpo que crean una sensación de bienestar, como cuando acabamos de hacer ejercicio. Creen que algunos adolescentes se automutilan porque buscan que un sentimiento bueno medique a un sentimiento malo, buscando aliviarse a sí mismos.

**Quieren conectarse con sus pares.** Hay adolescentes que todavía no han resuelto su identidad de manera estable y segura. Les falta cohesión. Como resultado, ven los cortes y quemaduras auto infligidos como una forma de llamar la atención para conectarse con los demás. Se están identificando con adolescentes que se rebelan contra los padres, maestros y autoridades.

**Pueden tener un problema bioquímico.** En algunos casos la razón para la automutilación y los cortes puede ser más fisiológica que emocional. Quizá tenga un desequilibrio químico que requiera de atención médica y tratamiento.

## Cómo manejar el problema

Si su adolescente se automutila no deje pasar esto como si fuera una fase. Pero tampoco entre en pánico. Su adolescente necesita de su compresión y acción. Aquí hay algunos lineamientos sobre qué hacer si su adolescente se corta o se provoca quemaduras.

**Hable con su adolescente e intente encontrar patrones.** Siéntese y diga: «Sé que te estás cortando. Intento saber más sobre esto para poder ayudarte, y no para enojarme. Pero te digo en serio que vamos a resolver esto. Quisiera que me digas todo lo que sabes, sobre cuándo lo haces, con qué frecuencia, cuánto hace, con quién lo haces y en tanto puedas, por qué lo haces».

Y no se conforme con el inevitable: «No lo sé». Insista en que le diga qué cosas pueden ser disparadores, por ejemplo: la pérdida, el fracaso, un novio o novia, estrés en la escuela o un problema familiar. En lo posible busque los patrones, porque posiblemente encuentre en ellos algo de significado.

**Ayude a su adolescente a identificar el problema subyacente**. Si encuentra usted un patrón claro, ayude a su adolescente a entender el problema que subyace a esto. Por ejemplo, podría decir algo así: «Pienso que entiendo que te cortas cuando estás enojado/a conmigo, o porque sientes miedo o soledad. ¿Es así?»

Si el adolescente asiente, diga: «Quiero ayudarte con esto. Cortarse no es la solución, no es bueno para ti y puede ser peligroso». Pregunte si hay algo que hace usted que impide que su adolescente venga a confiarle sus problemas. Trabaje en su relación y en la apertura. Ayude a su adolescente a elaborar los problemas subyacentes, y dígale que volverá a preguntarle sobre esto si nota que sigue cortándose.

Si la conducta sigue, consulte a un terapeuta, porque no hay que permitir que continúe. La mayoría de los especialistas en adolescencia están capacitados para entender e intervenir en este tema de la automutilación, y alguien con experiencia puede ayudar a su adolescente a resolver el problema.

## ¡Usted puede hacerlo!

Ante todo, participe como padre o madre. Enfrente el problema, insista en hacer que entre en su relación hablando de ello y trabajando juntos, y busque ayuda si la conducta continúa. Aunque el problema puede asustar, también puede resolverse con éxito.

# CAPÍTULO 29

## Engaños y mentiras

Es sábado por la noche y su hijo quiere jugar con los videojuegos. Usted le recuerda que las reglas son que tiene que haber terminado con su tarea escolar antes de divertirse, pero él insiste en que no tiene tarea. Usted le toma la palabra, pero luego descubre que tenía una prueba el día lunes y que sacó una mala nota.

Su hijo no gritó: «¡No puedes obligarme a estudiar!» En cambio, le engañó sin decir nada.

### Definamos el problema

Cuando su adolescente le engaña, se está escondiendo de usted, y *usted no le conoce*. Su adolescente no está presente con usted. Y eso no es bueno. Si su adolescente miente, necesitará usted primero entender por qué. Exploremos tres razones entre las más comunes.

**Miedo.** A veces el adolescente miente o engaña porque teme ser sincero. Quizá tenga miedo de desilusionarlo a usted, o a un amigo. Quizá tenga miedo de expresar directamente sus diferencias, o tenga miedo de que se enoje y se aleje de él.

La causa del engaño del adolescente a menudo está arraigada a un conflicto entre la verdad y la relación. En algún nivel, su adolescente *puede temer que la verdad interfiera con el amor*. Puede temer que la verdad no resulte en la relación, sino que la destruya o dañe.

177

Si esta es la situación con su adolescente, ayúdele a sentir seguridad dentro de la relación. Pregúntele si no está permitiéndole ser genuino o si está controlando tanto su vida que no puede tener libertad o secretos. Hágale saber que aunque no esté usted de acuerdo con cosas que dice, no importa qué pase, usted está de su lado. Reafirme a su adolescente, diciéndole que lo ama más allá de lo que pueda decir o hacer y aliéntele a correr riesgos con usted para ver si esto es verdad. Dígale que quiere que tenga amor, espacio y libertad. Al hacer estas cosas le está ayudando a integrar la verdad con el amor, que es algo que necesita mucho.

**Dobles vínculos parentales.** A veces los padres sin advertirlo ponemos al adolescente en una situación de desventaja, en la que el chico casi se ve obligado a mentir. Es decir, que los padres imponen reglas no realistas, con las que el adolescente jamás podrá ganar en ninguna situación.

Aquí va un ejemplo. Le dije a mi hijo que no se juntara con Steven, porque me parecía mala influencia para él. Steven estaba fuera de control, y bebía y usaba drogas. A mi hijo le gustaba Steven y me preocupaba que fuera vulnerable con él. Mi hijo acordó hacer lo que le pedí. Poco después un grupo de amigos de mi hijo se reunió y Steven estaba entre ellos. Mi hijo se sentía avergonzado de tener que apartarse, por lo que no hizo nada, y tampoco me lo contó.

Me enteré de esto y cuando hablé con él sobre lo sucedido vi que había puesto a mi hijo en mala situación. Lo pensé y le dije que aunque desearía que me hubiera contado esto, veía que para él había sido mejor idea acordar no estar a solas con Steven. En un grupo mi hijo en realidad no era vulnerable a Steven. El peligro real estaba cuando no había nadie más.

La vida de su hijo o hija ya es bastante complicada. No necesita que se la complique usted aun más con reglas y exigencias innecesarias.

**Mentalidad de atajo.** A veces los chicos mienten porque les parece más fácil que decir la verdad. Tienen un conflicto interno en cuanto al engaño. Para ellos, mentir es más práctico. Y aunque todos tenemos esta mentalidad de atajo en determinado nivel, uno no quiere que su adolescente desarrolle el hábito de la mentira y el engaño crónico, que podría arruinarle la vida. Entender por qué su adolescente recurre a las mentiras y el engaño es una cosa. Ayudarle a cambiar, es algo distinto.

## Cómo manejar el problema

Recuerde las mentiras que decía usted en esta época de su vida, y tenga algo de compasión mientras maneja este asunto con su adolescente. Además, aquí hay algunas formas en que puede ayudar a su hijo o hija a decir la verdad.

**Adopte la posición de cero tolerancia.** Para enfrentar este problema, tiene que tomar una posición clara y directa en cuanto a que no tolerará el engaño. Dígale a su adolescente que tendrá cero tolerancia hacia la mentira y que no existe tal cosa como una mentirita blanca, o una mentirita inocente. La mentira es mentira.

No quiero sonar demasiado duro. Enfrente este problema, como todos los demás, con amor, aceptación y gracia. Pero hágale ver a su adolescente la realidad de que no está bien, y que nunca estará bien, engañar o mentir en cuanto a dónde o con quién estuvo. Al adoptar esta posición firme, puede ayudar a su adolescente a desarrollar un carácter que valore la verdad al igual que la relación. Necesita entender que *cuando comienzan los engaños, las relaciones se terminan.*

**Siga conectado, aun en medio del problema.** Esto es muy importante. Recuerde que este es el lado oscuro de su adolescente, y que tiene que hacerle saber que usted lo sabe y que la relación contendrá también este lado oscuro. Al mismo tiempo, hágale ver cómo la mentira dificulta la conexión. Apele a su relación. Por ejemplo, puede decir: «Siempre estoy de tu lado, aunque mientas. Pero cuando me engañas me es difícil saber quién eres, o creer en lo que dices. Quiero una relación contigo y voy a seguir trabajando en esto. Pero quiero que sepas que el engaño y la mentira se interponen en la relación». Su adolescente necesita saber que al mentir se aleja de la relación.

**Deje en claro que el amor es gratis, pero que la libertad se gana.** Recuerde el principio fundamental de que los adolescentes quieren libertad ¡y mucha! Así que hágale saber a su adolescente que *en la misma medida en que mienta y engañe, perderá la libertad que desea.* Necesita comprender que aunque su amor es incondicional y lo recibe sin hacer nada a cambio, usted necesita confiar en él para poder darle más soga, de modo que será él quien elija cuánta libertad obtiene. Dígale: «Yo sé que quieres poder salir más. Pero tus mentiras hacen que me sea imposible confiar en ti. Así que saldrás menos, hasta tanto vea mayor sinceridad en ti».

**De a su adolescente una manera de ganar libertad.** Una vez que haya dado estos pasos que mencionamos, otorgue a su adolescente un poco de libertad y vea qué hace con ella. Por ejemplo, puede decirle que podrá salir con amigos, pero que por ahora y a causa de las mentiras, tendrá que llamarlo varias veces mientras no está y que un adulto tendrá que estar allí para verificar si está donde dijo que estaría.

Esto requerirá de bastante tiempo y esfuerzo de su parte, y también ciertas acciones. Su hijo dirá que no siempre puede estar con adultos. Pero necesita saber que el engaño es algo grave y que la forma en que ganará más libertad es lentamente volviendo a ganar su confianza.

**Sea más leve con las confesiones, y más duro con los engaños.** Dígale a su adolescente que si rompe una regla, le será mejor admitir la verdad en lugar de que lo atrapen en una mentira. Si ha mentido, la consecuencia será peor que si sencillamente le hubiera confesado la trasgresión.

**Encuentre lo que pueda, pero manténgase enfocado en la relación.** Al mismo tiempo, no espere descubrirlo todo ni enterarse de todo. No haga que su adolescente piense que va a vigilar cada segundo de su vida. Porque esto a menudo hace que sean más creativos para engañar. El adolescente que miente y que tiene intención de mentir inevitablemente se saldrá con la suya en ocasiones. Su tarea es, en lo posible, ayudarle a experimentar que la verdad, las relaciones y la vida son mejores si uno es honesto y sincero. Atrape todos los engaños que pueda, pero concéntrese en la relación.

## ¡Usted puede hacerlo!

Ore por su adolescente y sus mentiras. Dios diseñó la vida para que la vivamos mejor cuando vivimos en la luz. Él quiere que su hijo o hija cosechen los beneficios de la vida de amor y verdad que nos ofrece: «Vivan como hijos de luz».[27]

# CAPÍTULO 30

## El desafiante

**A**unque no es agradable que su hijo o hija sean desafiantes, prefiero esto antes que el engaño y la mentira. Cuando un adolescente nos enfrenta, al menos sabemos dónde está. Sabemos exactamente qué siente y dónde está parado.

A veces los padres se sienten intimidados ante un adolescente desafiante que grita o amenaza. Antes de ceder, sin embargo, pruebe con este ejercicio: Imagine a un chico de tres años, furioso porque usted no le deja comer una galleta. Vea cómo se le hincha la carita, y oiga sus gritos. Ahora, ponga la cara de su adolescente a ese niñito. Tiene ahora la imagen de con qué se enfrenta. ¿Le ayuda esto?

### Definamos el problema

Aunque pueden parecerse, el desafío y la discusión no son la misma cosa, y es importante conocer la diferencia. Como vimos antes, el adolescente que discute en cierto nivel sigue aceptando su rol como padre o madre, aunque intenta desesperadamente lograr que cambie de idea. El adolescente que desafía cuestiona o rechaza por completo su autoridad como padre.

A veces la discusión se convierte en desafío. Este desafío que se enciende enseguida y es de naturaleza emocional, puede llevar a las palabras que se dicen sin pensar. Por ejemplo: «¡Qué malo eres! ¡Voy a ponerme ese vestido, no importa qué digas!»

Aunque suena desafiante, quizá no lo sea. El cerebro del adolescente todavía no redacta ni edita bien y su hijo/a quizá no esté hablando en serio. Es probable que recuerde haber dicho usted cosas que no quería decir y que luego lamentó. Así que, no tome a pecho cada palabra. Diga: «Bueno, sé que todo esto es muy importante para ti, así que vamos a esperar a que la cosa se calme, y lo hablaremos luego». Esto le da un poco de espacio y libertad, y además impide la lucha de poder. Usted quiere impedir que su hija sienta la necesidad de probarle que hablaba en serio sencillamente porque no quiere dar el brazo a torcer. Con los adolescentes, la alharaca no funciona muy bien.

*El desafío real, no es impulsivo* por naturaleza. Los adolescentes desafiantes quieren ser su propio jefe aquí y ahora, y prematuramente despedir a sus padres como guardianes y tutores. Su grito de batalla es: «¡No puedes decirme qué tengo que hacer!»

Este pensamiento tiene, por supuesto, algunos problemas. Primero, los adolescentes no están listos todavía para ser su propio jefe. Sin padres que los guíen y protejan podrían lastimarse o lastimar porque les falta madurez y no tienen suficiente experiencia de vida como para tomar decisiones con conocimiento. El segundo problema, más profundo, es este: *por designio, jamás estaremos total y plenamente a cargo y en control de nuestras vidas.* No fuimos creados para ser nuestra propia autoridad suprema. Como adultos, todos tenemos que sujetarnos en cierto punto a otras autoridades. De Dios para abajo, a jefes, supervisores y cónyuges, siempre necesitaremos mostrar respeto por alguien.

Así que el deseo del adolescente —el de estar a cargo de su vida— necesitará madurar, adquirir forma para que le sea útil y pueda llegar a ser un adulto que funcione, con todas las libertades y restricciones propias de la vida adulta.

## Cómo enfrentar el problema

Si es usted como muchos padres, le será difícil enfrentar al desafiante. Porque el desafiante ataca su rol como protector y puede agotarle emocionalmente. Ahora, si su adolescente es verdaderamente desafiante tendrá que actuar usted, por su bien. Aquí van algunos lineamientos sobre cómo hacerlo.

**Manténgase firme contra el desafiante**. Sea razonable y amoroso, pero mantenga su límite y sea fuerte, como lo muestra el siguiente diálogo:

*Adolescente desafiante:* «Voy a salir por esa puerta y no podrás detenerme».

*Padre:* «Es cierto. No podré detenerte. Pero por favor escúchame primero. Quiero que trabajemos juntos en esto. ¿Podrías reconsiderarlo?»

*Adolescente desafiante:* «No. Tú eres muy injusto. Me voy de aquí».

*Padre:* «Tengo que decirte que es tu decisión y que no voy a detenerte, pero habrá una consecuencia, y será grave».

Si en este momento su hijo o hija salen por la puerta, asegúrese de ser consistente. No deje que el miedo, la fatiga o la culpa se lo impidan. Su adolescente necesita saber que hay alguien que le ama lo suficiente como para ser más fuerte, que puede soportar su desafío y que le dará controles externos cuando sus controles internos no basten.

Cuando se mantiene usted firme contra el desafío está dando desde afuera lo que su adolescente no tiene dentro: estructura, autocontrol, respeto por la autoridad, demora de la gratificación, control de los impulsos y otras buenas destrezas. Su adolescente luego puede interiorizar estos atributos de usted, para hacerlos propios.

**Siga conectado.** Aun en el caso de que el enojo y la rebeldía en contra de usted haga difícil la conexión, en lo posible siga en relación con su adolescente. Tome la iniciativa de seguir hablando. Hágale saber que está de su lado, aunque se muestre desafiante. Escúchelo y valide sus emociones. Recuerde que en la adolescencia los chicos están aprendiendo a integrar sus partes más oscuras y agresivas. Así es cómo maduran y se hacen capaces de manejar el fracaso, el enojo y el dolor de manera segura y saludable. Si usted no logra mantener la conexión a pesar del desafío, su hijo o hija no aprenderán todo esto.

Esto no significa que tenga que exponerse a insultos o abusos. Siempre protéjase, pero al mismo tiempo hágale saber que quiere seguir conectado.

**Otorgue la libertad que su adolescente gane.** Si tiene un adolescente desafiante, insistirá en la libertad total y completa. Resístase a la tentación de quitar todo privilegio y libertad hasta que su hijo o hija admita que usted es quien manda. Este plan suele volverse en contra porque el adolescente se siente obligado a actuar con más y más fuerza, aumentando la resistencia. En cambio, déle lo que gane. Por ejemplo, no le permita salir, o quítele la música. Pero no ambas cosas a la vez si no hace falta.

**Es esperable que empeore**. Al menos al principio, sepa que la cosa puede ponerse peor después de que haya impuesto límites. Es así la naturaleza del desafiante. Su adolescente intenta ver hasta dónde puede llegar, y aunque no lo ve, está necesitando padres firmes y amorosos frente al desafío. Sea más fuerte que su adolescente. Es lo que hacen y son los padres.

**Aliente a la adaptación y al duelo**. Si todo va bien, su adolescente se adaptará a la realidad. Dejará de pelear y aceptará que no puede controlarlo todo y que sí tiene que responder ante alguien. Sin embargo, sentirá cierta tristeza porque no puede hacer lo que quiere y por tener que rendirse, perdiendo ciertas libertades. El enojo se convierte en tristeza, y esto es lo que crea a un adulto que funciona bien.

**Busque ayuda profesional**. Si la actitud desafiante de su adolescente se va de control, busque ayuda. A veces el adolescente necesita límites y estructuras que sus padres no pueden brindarle. Hay consejeros, pastores de jóvenes, maestros, centros de tratamiento que podrían respaldar su esfuerzo y valores. Pueden hacerse cargo de su adolescente en los momentos extremos y ayudarle a ser mejor padre para que pueda manejar las cosas cuando su adolescente regrese a casa.

## ¡Usted puede hacerlo!

En su mente, tenga dos imágenes presentes. La del niño de tres años sin su galleta, y la del adulto que logra adaptarse a las autoridades… desde los jefes y supervisores, a Dios mismo.

# CAPÍTULO 31

## El desapego enfermizo

Estaba hablando con María, una vecina. Cuando le pregunté cómo estaba su hija Kate, María me dijo: «Bueno, supongo que bien. En realidad no sé cómo está. Apenas viene a casa para dormir y comer. Cuando uno es nada más que una estación de servicio, no hay mucho contacto».

María intentaba ser graciosa pero no creo que le encontrase la gracia a esta situación. En realidad no estaba segura de cómo le iba a su hija.

Como María, quizá usted se sienta desconectado de su adolescente, en especial si este ha comenzado a conducir. ¿Es esto un problema? Después de todo, ¿no se supone que deban comenzar a separarse y desapegarse para estar preparados para el momento en que dejen la casa de los padres? ¿No tiene que ser así? Quizá sí, y quizá no.

### Definamos el problema

Si se siente desconectado de su adolescente, el problema puede ser suyo y no de su hijo o hija. Recordará del capítulo 12, «Separación de los padres», que los adolescentes están en el proceso de prepararse para dejar el hogar. Esto es algo normal, saludable y que está de acuerdo al designio para ellos. Están gradualmente cambiando sus intereses, apegos y lealtades a relaciones externas a la familia para poder luego exitosamente dejar el hogar como adultos. No pueden estar 100% conectados a sus padres y a sus amigos por igual, ni tiene por qué ser así.

De modo que estudie sus sentimientos con sinceridad y asegúrese de que no está interpretando esta separación normal y saludable como abandono o desapego. Usted ama a su adolescente y siente apego por sus hijos, por lo que le duele cuando ve que comienza a apartarse. Ha pasado muchos años de alegría y también de locura, e invierte todo su ser en lo que le sucede, por lo que no le es fácil dejar la relación que solía tener. Pero tendrá que hacerlo.

Déjele ir. Hágase responsable de sus sentimientos y tristeza. Busque en otros, no en su adolescente, la ayuda para poder sentirse triste, llorar y dejar que se vaya. No haga de esto un problema de los hijos, porque ellos ya tienen suficiente para enfrentar. Y comience también a permitir que se desapegue. Porque su adolescente necesita de su apoyo y bendición, ya que el mundo es un lugar que asusta si uno nunca ha estado allí.

Sin embargo, y a pesar de que la separación en sí misma es algo normal y saludable, no todos los adolescentes dejan el hogar de los padres de manera saludable. Puede ser que su adolescente tenga un problema y no se esté separando de usted como debiera. Si ve lo siguiente en su adolescente, querrá decir que el desapego es enfermizo.

**Retraimiento emocional.** Si su adolescente se muestra retraído, distante o frío, considérelo un problema. El adolescente necesita una base, un hogar emocional y cálido desde donde salir para poder sentirse respaldado ante todo riesgo. Y aunque no esté tanto en la casa, debiera seguir conectado y presente. Quizá esté teniendo un conflicto en la familia. Quizá esté enojado, o deprimido o hasta tenga problemas con abuso de sustancias.

Investigue.

**Persistente actitud antifamilia.** Los adolescentes sí tienen que desafiar los valores y relaciones de la familia. Pero no todo el tiempo. Su actitud no debiera ser la de «los amigos siempre tienen razón, pero la familia jamás la tiene». Porque estas señales por lo general muestran que hay temas sin resolver en el hogar.

Si su adolescente se muestra siempre en contra de la familia, confróntelo. Descubra por qué necesita hacer que sean ustedes siempre los malos de la historia. Puede ser que sienta que esta es la única forma de escapar de su control. Los chicos que se sienten asfixiados por sus padres pueden actuar así. Necesitan que sus padres les den espacio, elecciones y libertades adecuadas para ayudarles a resolver su actitud antifamilia.

**Demasiada inversión en el mundo exterior.** A veces los adolescentes se desapegan del hogar porque se ocupan demasiado con sus amigos, la escuela y las actividades. Este problema tiene más que ver con la incapacidad para estructurar sus vidas, y no tanto con la alienación. Sin embargo, si invierten demasiado en sus amigos y el mundo exterior, puede ser un problema porque se ocupan tanto que no logran acudir a su hogar para encontrar el apoyo, conexión y estabilidad que necesitan. Estos adolescentes necesitan ayuda para estructurar mejor su tiempo. Probablemente todavía no estén lo suficientemente maduros como para decir «no» a oportunidades atractivas y necesitan que los padres les ayuden a hacerlo.

Si su adolescente se está desapegando de manera no saludable no lo acepte como parte normal de la adolescencia. No lo es, y su adolescente necesita de su ayuda para cambiar.

## Cómo manejar el problema

Aquí van algunos lineamientos generales.

**Hable con su adolescente sobre lo que siente usted.** Hágale saber que aunque apoya sus actividades y la nueva vida que emprende, siente que ya no están conectados y que quisiera que esta situación cambie. Déjele saber que le extraña y que quisiera poder estar más a su alcance, pero que no está tratando de echarle culpas. Es una invitación de corazón, que puede ayudar al acercamiento.

**Pregúntele si tiene sentimientos negativos hacia usted.** Los adolescentes muchas veces callan en lugar de decir que están enojados con sus padres, en especial si estos intentan convencerlos o anular sus sentimientos. Así que, aquí deberá esforzarse por demás. Pregúntele si está enojado, herido u ofendido por algo que ha hecho usted. Valide los sentimientos de su hijo y resuelva todo problema que usted pudiera haber causado. Esto ayudará a su hijo a enfrentar sus emociones negativas y a sentirse más seguro cerca de usted.

**Requiera respeto.** Los adolescentes a veces descartan emocionalmente a sus padres porque estos no han requerido respeto de ellos. Cuando los padres permiten que sus hijos se vuelvan narcisistas y egocéntricos, los chicos no sienten empatía ni interés por las vidas de los demás, en especial de su familia.

Si su adolescente es egocéntrico, confróntelo en este aspecto porque está dañando su futuro. Hágale saber que quiere que escuche a su familia, que se preocupe por los miembros de su familia aun cuando no pase demasiado tiempo en casa. Si ve que no hace ningún esfuerzo, limite el tiempo que pasa con sus amigos hasta que muestre respeto por su familia.

**Programe tiempo en familia con su adolescente.** Antes de la adolescencia, no hacía falta programar demasiado el tiempo en familia. Se daba, porque el niño dependía mucho más. En contraste, los padres de hijos adolescentes deben iniciar algún tipo de estructura para mantenerse conectados con ellos.

Por ejemplo, cuando noto que no estoy tan al tanto de las vidas de mis hijos como quisiera estar, salgo a caminar con ellos. Quizás damos solamente un par de vueltas a la manzana, los dos solos. Cuando preguntan: «¿Qué tengo que hacer mientras camino?», les dijo: «Solo hablar de cómo te va».

Mis hijos a veces se resisten al principio pero después de unos minutos, me cuentan sobre sus actividades en la escuela, sus amigos o lo que estén haciendo. Funciona en nuestro caso, por varias razones. La actividad de dar un paseo no nos distrae de la conexión, como los deportes o el cine. Al caminar, tienen más espacio y no se sienten asfixiados ni abrumados. Pueden no hablar, mirar y desentenderse un poquito hasta sentir ganas de conversar.

Programe y mantenga momentos en familia. Y haga que sean sagrados.

## ¡Usted puede hacerlo!

Camine por la cuerda floja entre estar emocionalmente disponible y al mismo tiempo, dejar ir a su adolescente. Los hijos necesitan saber que estamos allí.

# CAPÍTULO 32

## La falta de respeto

**N**o hace mucho un padre me dijo: «¡No puedo creer lo que me dijo cuando no le permití ir a andar en patineta! Y ese tono de voz, como si pensara que no soy nada».

Y otro dijo: «Hay momentos en que mi hija y yo estamos discutiendo en el auto y ella se vuelve tan hiriente y mala conmigo. A veces lloro. Pero no quiero que se sienta culpable, ni que tiene que hacerse cargo de mis sentimientos, así que lo oculto y sigo conversando».

He oído quejas similares de parte de padres y madres. La falta de respeto y el adolescente parecen ir de la mano. Si su adolescente tiene este problema, es importante que usted sepa que la falta de respeto a veces es el punto de partida para otros problemas de conducta. Por ejemplo, los adolescentes que no respetan el deseo de sus padres de que no beban, están a un paso de beber. Los adolescentes que no respetan las opiniones de sus padres con respecto a los límites sexuales tienen más probabilidades de involucrarse sexualmente.

Así que, como padre o madre, necesitará entender la falta de respeto y cómo manejarla de modo que ayude a su adolescente a madurar y convertirse en una persona exitosa.

### Definamos el problema

A la mayoría de la gente le resulta más fácil reconocer la falta de respeto que definirla. La falta de respeto se puede ver en el tono de voz, en la postura, en los ojos que miran hacia arriba, o en decisiones que indican que no se hace caso de los valores de los padres. Por lo general los padres saben cuándo sus hijos son irrespetuosos porque sienten que son atacados. Y así es. La falta de respeto es un ataque a la posición que usted tiene en la vida de su hijo.

En lugar de la presencia de algo, la falta de respeto es la ausencia de algo: *la ausencia de honra*, porque el respeto implica honra. Mostramos honra cuando damos peso a algo que importa en una persona: su rol en nuestra vida, su autoridad, su afecto por nosotros. Cuando su adolescente le falta el respeto, está descartando esa honra. Sienten desprecio o enojo hacia una persona o sencillamente, la ignoran. Esta falta de honra puede dirigirse a alguien como persona, o hacia sus sentimientos, opiniones, necesidades, reglas o parámetros.

El adolescente puede ser irrespetuoso con sus padres, maestros, parientes, vecinos y hasta con sus pares. Cuando conduzco, llevando a mis hijos y a sus amigos, muchas veces tengo que decir cosas como: «Estás siendo demasiado duro con Alex. No está bien que le hables así. Cálmate».

La falta de respeto tiene sus raíces en diversas cosas que suceden simultáneamente en su adolescente.

**Egocentrismo**. El adolescente suele ser narcisista. Le interesa menos la unidad de la familia, y más sus sentimientos e ideas emergentes, que ven como propias y de nadie más. Y estas ideas y sentimientos son intensos, potentes.

Es difícil que los adolescentes presten atención a su mundo interior y al mismo tiempo, estén atentos a lo que dicen los demás. Por eso, se escuchan más a sí mismos (y a menudo a los pares que más admiran) y menos a los otros.

Este egocentrismo contribuye a la falta de respeto. Cuanto más invierten en su propia percepción, menos honor podrán otorgar a otros. Los que les rodean se sienten negados, despreciados porque el egocentrismo es muy fuerte.

**Cambios de poder**. Los adolescentes están comprendiendo su propio sentido del poder. Son más inteligentes, más verbales, más móviles y más libres que nunca antes. Junto con este aumento de poder personal puede venir la falta de respeto por los sentimientos e ideas de otros. Como están experimentando con su nueva fuerza, los adolescentes quizá no sean tan cuidadosos o amables con los demás, por lo que la gente que los rodea se molesta u ofende.

**Cambios de autoridad.** Los adolescentes también están estableciéndose en términos de autoridad. Quieren ser sus propios jefes, y no rendirle cuentas a nadie. Sin embargo, no están listos para esa clase de libertad y por eso desafían, cuestionan y discuten con cualquier y toda autoridad adulta.

En sí mismo esto no es malo. Es una tensión útil, que el adolescente debe resolver. Pero puede llevar a la falta de respeto hacia los sentimientos, deseos, reglas o valores de los padres, y convertirse en actitud desafiante. (La actitud desafiante se relaciona directamente con el conflicto de autoridad, y a causa de su importancia se la trata en el capítulo 30.)

**Maldad.** Además de todo esto los adolescentes despiertan a su propio lado oscuro como parte del pasaje por esta etapa. Pueden ser malos y crueles. Esta es una parte de la humanidad que por cierto no es buena, pero todos tenemos capacidad para ser malos. La maldad a menudo niega el respeto y el honor que un adolescente les debe a otros. El adolescente puede ser sarcástico, atacando o descartando a otros y ni siquiera sentirse mal por ello.

## Cómo manejar el problema

Usted estará pensando: *Todo esto es demasiado. Quizá mejor me siento y espero hasta que se vaya de casa.* No ceda a esa tentación. Puede usted ayudar a su adolescente a cambiar conductas y actitudes de falta de respeto. Su adolescente necesita que usted se ocupe, y cuando lo haga estará marcando una diferencia.

Aquí hay cinco cosas que puede hacer para aumentar el nivel de respeto de su adolescente.

**Sea una persona a la cual respetar.** Su hijo o hija tiene que respetarle, pero quizá esté haciéndole las cosas más difíciles, en particular si tiene problemas y temas no resueltos a nivel personal, como la bebida, los estallidos de ira, el egocentrismo, la irresponsabilidad, el ser complaciente o transmitir el mensaje de «haz lo que digo pero no lo que hago». Lo mismo, si depende de su adolescente para encontrar consuelo.

Esto hay que repetirlo: su adolescente no necesita a un padre o madre perfectos. Pero sí necesita poder admirarlos y decir: *Así es ser adulto. Es algo bueno ser adulto.* En otras palabras, una persona honorable, con respeto por sí misma. Esto le dice a su adolescente que usted debe recibir honra y a la vez, su adolescente también tendrá más posibilidades de convertirse en una persona honorable.

**Deje lugar para las diferencias y el enojo**. Las diferencias y el enojo están allí, son reales y no son del todo malos. Los adolescentes necesitan tener sus propios sentimientos y experiencias y saber cómo es el enojo a nivel aceptable.

No intente recuperar al complaciente niño o a la niña agradable de nueve años que solía tener, porque estará obligando a su adolescente a ir hacia atrás en lugar de avanzar, y lo más probable es que se resista (cosa muy natural, por cierto). En cambio, haga que esté bien que tenga sus propios sentimientos e ideas. Cuando no está de acuerdo, diga: «Interesante idea. ¿Por qué piensas eso?» De este modo, desarmará gran parte de la provocación y el desafío.

A menudo preparo el desayuno para ayudar a mi esposa y darles a nuestros hijos un buen comienzo del día. Para que no sea aburrido, siempre busco preparar cosas nuevas. Una mañana preparé avena con pasas de uvas y canela. Mientras lo hacía, uno de mis hijos dijo: «Papá, nada más quiero decirte que no me gusta la avena».

«Bueno, qué bien. Gracias por avisarme» dije. No estaba siendo rebelde. Estaba diciendo lo que no le gustaba. No quiero que mis adolescentes crezcan diciendo cosas que no quieren decir, y tolerando cosas que no debieran tolerar.

**Requiera respeto**. Hay, aun así, una diferencia entre las diferencias y la falta de respeto. Los adolescentes, sí necesitan espacio para diferenciarse de sus padres, pero esto se puede hacer con honra y respeto.

Específicamente dígale a su hijo qué cosa es aceptable y qué no lo es. Puede ser que con toda sinceridad, no conozca la diferencia. O si la sabe, al ser específico usted le está mostrando dónde marca la línea. Por ejemplo, diga: «Está bien que estés en desacuerdo y también puedes enojarte. Así sabemos que tenemos que conversar, y qué problemas hay por resolver. Pero desde ahora, no está bien que me faltes el respeto. Esto es lo que llamo falta de respeto: poner los ojos en blanco, ser sarcástico conmigo, hablarme en tono de voz petulante, levantar la voz, insultarme, decir malas palabras. Puede haber más cosas, pero te iré avisando a medida que las hagas».

Lo del tono de voz es tramposo, porque es muy subjetivo. Pero la mayoría de los adolescentes entienden lo que uno quiere decirles con esto. Su tono de voz también les causa problemas con los maestros en la escuela, y muestra desprecio por el punto de vista del otro. Aun si su adolescente insiste en que no entiende lo que le quiere decir, represéntelo para mostrarle a qué cosas se refiere. Que le quede claro que ahora es responsable porque está informado.

**Sea un sistema de retroalimentación exacto.** Como padre o madre, es usted el primer maestro para que su hijo aprenda cómo estar en desacuerdo siendo respetuoso, y su retroalimentación debe ser clara y exacta. Si usted es muy susceptible cuando la gente es directa con usted, entonces trabaje en esto. Es más un problema suyo que de su adolescente, y no querrá que sea deshonesto o poco sincero con los demás a causa de lo que aprendió con usted.

Pero cuando su adolescente sea maleducado o irrespetuoso, confróntelo. Necesita esta información, así que no se la escatime aunque sea difícil o inconveniente. Hace poco estuve en una cena, con algunos padres y sus hijos. Había un chico que estaba de mal humor, que luego se dirigió hacia su madre, que es amiga mía. Decía cosas hirientes, como: «Eres una madre desastrosa. No sabes nada», y ella trataba de desviar el tema diciendo: «¿Cómo está tu hamburguesa?, o ¿Qué película querrías ver hoy?»

No interferí en ese momento, pero luego le dije a mi amiga: «Hoy Travis te trató muy mal. ¿Por qué no le dices nada?»

A lo que respondió: «Bueno, no fue para tanto, y además estaba cansada de pelear».

Entiendo eso de estar cansada de pelear, de veras. Podía ver que estaba cansada y que Travis la agotaba. Pero a ningún chico se le debería permitir que le hable a nadie de ese modo. Si su adolescente le dice cosas parecidas, hay algo que no está bien. Busque ayuda, apoyo y fuerzas en otras personas para que pueda comenzar a enseñarle a su hijo o hija que la actitud maleducada e irrespetuosa no está bien.

**Imponga y mantenga las consecuencias.** Si ha sido claro en cuanto a la falta de respeto pero hasta ahora no impuso consecuencias, es de esperar que su adolescente desafíe los límites. Así que, prepárese y haga cumplir las consecuencias.

Aquí le doy un ejemplo: «Te hablé hace unos días sobre la falta de respeto y te dije que perderías una noche de fin de semana con tus amigos si faltas el respeto. Bien, en la cena usaste ese tono de voz y pusiste los ojos en blanco. Eso es faltar el respeto. El viernes por la noche no saldrás».

«¡Pero eso no es justo!»

«Sé que piensas que no es justo, pero repasamos las reglas, así que son claras. Y está bien que creas que es injusto, pero espero que no empeores las cosas, expresando ahora tu desacuerdo de manera irrespetuosa, porque perderás otra noche más».

«¡Pero yo no lo sabía!»

«Bueno, lo habíamos conversado. Y recuerda que te di un par de advertencias antes de imponer la consecuencia, para que lo supieras. Así que si ahora no quieres estar conmigo puedes salir de la habitación. Puedes enojarte, siempre y cuando no te enojes faltando el respeto».

## ¡Usted puede hacerlo!

Dé paciencia, amor y gracia con generosidad, pero exija que su hijo o hija le respete y muestre respeto hacia los demás. Al hacerlo estará ayudándole a convertirse en un adulto que sabe respetar a su prójimo.

# CAPÍTULO 33

## La licencia de conducir y los autos

**M**e gustaría decir que cada vez que voy en el asiento del acompañante y dejo que mi hijo practique con el auto, me siento orgulloso y disfruto del hecho de que crezca. No es así. También siento cierta ansiedad y algo de tristeza. Pienso que esto quizá simboliza para mí la creciente falta de control que tengo sobre la vida de mi hijo con cada día que pasa. No es algo malo. Pero es así.

### Definamos el problema

Aquí está la situación: alguien cuyo cerebro todavía no está del todo desarrollado, especialmente en cuanto al criterio y el control de los impulsos, opera una enorme máquina de metal que puede ir a alta velocidad. ¿Es buena idea esto?

Conducir por cierto pondrá a su hijo bajo el riesgo de accidentes o lesiones, y será automáticamente mucho más autónomo cuando tenga su licencia. Pero al mismo tiempo, conducir el auto le ayuda a seguir desarrollando su relación con el mundo exterior. Porque le da más opciones y la oportunidad de ser responsable de sus decisiones. Si su adolescente conduce, usted ya no tiene que ser el chofer siempre, y tiene un potente privilegio a mano que podrá quitarle cuando le sea necesario. Si su adolescente no conduce con responsabilidad, quítele el privilegio hasta que lo haga.

Para la mayoría de los padres los problemas con el auto no siempre tienen que ver con malas conductas como la alta velocidad, los accidentes o la imprudencia. Los padres saben cómo manejar estos temas: toman las llaves, les hacen pagar por sus errores, y permiten que la policía y la corte hagan su trabajo. Es más común que los padres quieran tener una perspectiva general en cuanto a este tema. Quieren lineamientos que respondan a tres preguntas:

1. ¿Cuándo debo dejar que mi hijo saque su licencia de conducir?
2. ¿Cuánto podré permitirle conducir?
3. ¿Le compro un auto?

## Cómo manejar el problema

Aquí hay algunos lineamientos que podrán ayudarle a responder a estas preguntas.

**Requiera que su adolescente cumpla con los requerimientos básicos de la vida antes de que obtenga su licencia de conductor.** Aunque la mayoría de los adolescentes suponen que pueden obtener su licencia al cumplir dieciséis años, no hace falta que usted lo suponga también. Obtener la licencia será un privilegio, no un derecho. Solamente porque una persona haya alcanzado la edad que requiere la ley, esto no implica que tenga la madurez que hace falta para conducir con responsabilidad. No querría usted que un chico de cuatro años conduzca un auto, por grandote que sea.

Así que, si su adolescente todavía no tiene licencia, converse. Diga: «Me gustaría que hagas el curso de educación vial y que obtengas tu licencia a los dieciséis años. Pero eso depende de ti. Si no puedes decidir ser responsable en las otras áreas de las que hablamos, no creo que puedas ser responsable para conducir un auto. Así que voy a esperar ciertas cosas de ti».

Luego, tres meses antes de que pueda inscribirse en el curso de educación vial, establezca un período mínimo de tiempo para que manifieste las conductas esperadas. Establezca expectativas lógicas que deberá cumplir. Por ejemplo, requiera que logre un promedio bueno en sus estudios, y que no presente conductas que violen reglas, como el alcohol o las mentiras, durante esos tres meses. Si su adolescente no lo cumple, el reloj vuelve a cero y tendrá que volver a pasar por otro período de prueba antes de poder inscribirse en el curso.

Esto no tiene que ver con el espíritu de castigo. Es la única vez en la vida de su adolescente en que usted tendrá esta ventaja. Su hijo o hija tienen que saber que esto es importante y que sus límites tienen significado y sustancia.

**Establezca parámetros apropiados para la edad.** No permita que use el auto para ir a donde quiera y cuando quiera. Eso ya sucederá pronto. Es mejor idea establecer parámetros adecuados, que podrá ir extendiendo gradualmente a medida que madure. Por ejemplo:

*Requiera que cumpla con ciertos requisitos.* Asegúrese de que conozca cuáles son los requisitos. Por ejemplo, dígale que podrá usar el auto siempre y cuando su conducta, actitud y calificaciones sean aceptables. También dígale que podrá perder este privilegio toda vez que cruce la línea en estas áreas. Pero no establezca la perfección como parámetro, porque se arriesgará a causar desaliento y alienación.

*Requiera que no tenga problemas con el auto, como accidentes, excesos de velocidad o imprudencia.* Estas son sencillamente causas para perder el privilegio del uso del auto. Si su adolescente pierde este privilegio, ayúdele con la actitud que haya causado esto. ¿La inexperiencia? ¿Mal criterio? ¿La impaciencia? ¿El sentirse omnipotente y no ser cuidadoso? ¿Conduce de manera diferente cuando está enojado? Mantenga en pie la consecuencia mientras ayuda a resolver el problema de actitud que la causó.

*Requiera que pida permiso.* Por cierto, al principio su adolescente tendrá que pedirle permiso antes de usar el auto. Porque esto le recuerda que el auto no es una extensión de su cuerpo y además, usted tendrá tiempo para pensar si da permiso o no. Tome en cuenta el estado emocional de su adolescente (que no conduzca si está molesto o enojado, por ejemplo), si ha cumplido con sus tareas de la casa o la escuela (¿hay tareas que usted quiere que haga?), y a dónde quiere ir (un adolescente va mucho más lejos con un auto que con su bicicleta o patineta).

*Requiera que haga los mandados.* Ahora su adolescente puede hacer mandados para la familia. ¡Use esta ventaja! Envíelo al supermercado con la lista de las compras, haga que vaya a la tintorería o que busque la comida que ordenó por teléfono. Está aprendiendo a hacer cosas que en pocos años le tocarán hacer para sí mismo. Además, necesita entender que la familia es un equipo y que los mayores privilegios también implican mayor responsabilidad.

*Antes de comprar otro auto, decida si es para cubrir una necesidad.* ¿Está pensando en comprar otro auto para cubrir una necesidad de la familia, o solamente es para hacer feliz a su adolescente? La ventaja de otro auto es que no tendrá que compartir el suyo. Pero si su familia no usa mucho el auto, entonces no será una necesidad.

*En lugar de comprarle un auto a su adolescente, compre otro auto para toda la familia.* Si otro auto cubre una necesidad, quizá sea mejor comprar otro para toda la familia, y no para su adolescente. Hay una diferencia entre perder el auto de la familia y perder «su propio» auto. Si necesitara quitarle a su adolescente el privilegio de conducir durante un tiempo, pondrá menos resistencia si el auto le pertenece a usted, y no a él.

*Requiera que su adolescente pague algunos gastos del auto.* Si opta por comprarle un auto, entonces haga que pague una parte con su dinero. Haga que sienta responsabilidad como propietario del auto.

Y aunque el auto no sea de su hijo o hija, si es quien lo usa tendrá que tener ciertas responsabilidades. Haga que ayude a pagar parte de los gastos de combustible, seguro, mantenimiento, etc. Cree una fórmula que sea realista para su adolescente, dadas sus responsabilidades en la escuela. Si tiene tiempo para hacer algún trabajo, probablemente deba pagar algunos gastos porque esto le ayudará a establecer la conexión entre usar un auto y correr con los gastos.

## ¡Usted puede hacerlo!

La licencia de conducir significa que su adolescente estará alejándose de sus padres, literalmente, a distancias gradualmente mayores, hasta que llegue el momento de dejar la casa. Ayude a su adolescente a prepararse para ese día, requiriendo que sea responsable y libre a la vez.

# CAPÍTULO 34

## Dios y la espiritualidad

Por lo general llevo a un grupo de adolescentes en mi camioneta al servicio para jóvenes en la iglesia. Hace ya varios años vi que mis hijos se oponían menos a ir a la iglesia si iban sus amigos también. Al bajar de la camioneta, siempre les digo: «Aprendan algo sobre Dios».

Después de la iglesia los llevo a comer hamburguesas, pero no permito que nadie baje del vehículo sin haber respondido una pregunta: «¿Qué aprendieron hoy sobre Dios?» No impongo parámetros demasiado altos. Aceptaré cualquier respuesta que muestre que estaban prestando atención. ¿Por qué? Porque el crecimiento espiritual viene de interesarse por asuntos espirituales. Si muestran algún interés, comen una hamburguesa. Hasta ahora, nadie se ha quedado sin comer.

Quizá está leyendo usted este capítulo porque su adolescente se resiste o no se interesa por los asuntos espirituales. Quizá los domingos por la mañana sean un campo de batalla porque tiene que pelear para que sus adolescentes vayan a la iglesia. O quizá se nieguen a ir, sencillamente.

Si es así, no olvide que Dios ha creado a su adolescente para que se relacione con él. Su hijo o hija tiene dentro un vacío que solamente Dios puede llenar. Como dice Salomón: «Dios hizo todo hermoso en su momento, y puso en la mente humana el sentido del tiempo, aun cuando el hombre no alcanza a comprender la obra que Dios realiza de principio a fin».[28] Dios ha puesto la eternidad en el corazón de su adolescente. Lo sepa o no su hijo, necesita del amor y la verdad de Dios.

Sin embargo, la relación con Dios es algo que cada uno ha de buscar por sí. Su adolescente también tendrá que elegir, ya que no puede obligarse ni forzarse la relación con Dios. Sin embargo, *y aunque usted no pueda obligarlo a elegir a Dios, sí puede exponerlo a él*. Los adolescentes expuestos a Dios reciben oportunidades de experimentar, aprender y sentirse atraídos a él y sus caminos.

## Definamos el problema

Como señalé en la segunda sección de este libro, la adolescencia es el momento en que los chicos intentan descubrir en qué creen y en qué no. Esto significa que su adolescente lo cuestionará, y cuestionará sus valores y la realidad misma. Está intentando buscar su fe y no ser un clon de lo que usted haga o le diga.

Cuando su adolescente era niño o niña, tenía posiblemente una visión idéntica de usted y de Dios. Sin embargo, a medida que maduró comenzó a diferenciarlos. Ha llegado a una edad en que puede ver quién es Dios en realidad, e investigar por sus propios medios de qué se trata el tema de los asuntos espirituales.

Puede ser una época desconcertante para todo padre o madre. Uno ora por su adolescente, tiene conversaciones espirituales con sus hijos e intenta exponerlos a buenas actividades espirituales. Sin embargo, al final serán sus hijos quienes decidan, como sucede con todos nosotros.

Cuando se trata de lo espiritual, la mayoría de los adolescentes tiene problemas en tres áreas: dificultad con la fe, problemas de estilo de vida, y resistencia a actividades espirituales.

## Cómo manejar el problema

Veamos cada una de estas áreas y cómo puede intervenir usted.

**Ofrezca apoyo y conexión.** Cuando su adolescente pregunte: «¿Por qué creo lo que dice la Biblia?», o diga: «No sé si creo», usted podrá sentirse ansioso y preocupado. Sin embargo, estas declaraciones indican que su adolescente en cierto nivel se ha envuelto en o se interesa por los asuntos espirituales. No diría tales cosas si estuviera desechando la fe, o no se interesara por lo espiritual. Su adolescente necesita cuestionar su fe, para que esta se convierta en algo sustancial en su vida. Si no muestra resistencia en cuestión de fe, es posible que su corazón no esté verdaderamente involucrado.

**Extraiga preguntas.** Descubra por qué su adolescente se pregunta lo que se pregunta. Escuche. No cometa el error de ofrecer respuestas de rápido arreglo. Porque a menudo servirán nada más que para calmarlo a usted y no ayudarán a sus hijos. El Proverbio enseña: «Es necio y vergonzoso responder antes de escuchar».[29] Su adolescente necesita además de respuestas, una tabla de resonancia, un eco donde escucharse.

A menudo les digo a mis hijos: «Están teniendo que descubrir qué creen con respecto a Dios. Quiero ayudarles de la forma en que pueda. Pero no quiero que se preocupen porque Dios se enoje porque cuestionan. Sabe que están interesados en él porque están preguntando y preguntándose. Y si nuestra fe es verdadera, soportará su escrutinio. Son bienvenidas todas las preguntas».

Puede ser útil leer libros con su adolescente, que tengan que ver con este tema. Por ejemplo, Lee Strobel ha escrito excelentes obras para jóvenes, que responden preguntas sobre la fe cristiana (El caso de la fe, edición estudiantil)[30] y también sobre la persona de Cristo (El caso de Cristo, edición estudiantil).[31] C. S. Lewis y Josh McDowell también han escrito libros que provocan al pensamiento, y de los cuales pueden beneficiarse y aprender los adolescentes.

**Hable sobre cómo la fe interactúa con la vida real.** A los adolescentes suele costarles integrar sus creencias con la práctica. Intentan aplicar su fe en el mundo real, y muchas veces tropiezan. Los adolescentes cristianos luchan con las mismas dificultades que todos los demás adolescentes, por ejemplo, con su sexualidad incipiente, y con el hecho de poder pertenecer o encajar en un grupo de pares. Esto le brinda a usted oportunidades para hablar con su adolescente sobre lo que la Biblia dice al respecto.

**Hágale saber que Dios se preocupa más por la relación que por el puntaje.** En lugar de señalar estas decisiones que tiene que tomar su adolescente como algo contrario a la fe, muéstrele un camino que funcione en su caso en particular. Aunque siempre debiera brindarles a sus hijos corrección, confrontación y consecuencias cuando sea necesario, también es esencial que le ayude a ver que Dios quiere respaldarle y ayudarle con todo lo que le preocupa y que no quiere condenarle.

**Haga que se integre a un grupo de jóvenes sanos.** Las conexiones, identificación y apoyo de pares que los adolescentes obtienen en buenos ministerios para jóvenes son de valor extremo. He conocido padres que cambiaron de iglesia durante la adolescencia de sus hijos porque a los chicos les gustaba un determinado grupo de jóvenes. Cuando su adolescente desea ir a la iglesia, uno no quiere hacer nada que pudiera cambiar este deseo.

**Insista en que su adolescente vaya con la familia a la iglesia.** Es común que los adolescentes protesten por tener que ir a la iglesia o a las reuniones para jóvenes. A veces se trata sencillamente de conflictos de autoridad con los adultos, pero otras veces, sucede que el joven no tiene interés alguno por lo espiritual.

Recomiendo esta posición porque cuando uno lleva al adolescente a la iglesia, lo está exponiendo a información y oportunidades para que pueda tomar decisiones espirituales. Si su adolescente lo acusa de obligarlo o atragantarlo con Dios, no haga caso. Sencillamente aclare que podrá creer lo que quiera, pero que irá a la iglesia porque eso es lo que hace su familia.

En el final de la adolescencia, si su hijo o hija se niega y surge una pelea importante, quizá concuerde usted en que no tiene por qué asistir todas las veces. Sin embargo, no le permita hacer algo social o divertido mientras usted va a la iglesia. Haga que se quede en la casa, estudiando o haciendo algo que no sea diversión o entretenimiento.

## ¡Usted puede hacerlo!

Un libro de reciente aparición es *Soul Searching: The Religious and Spiritual Lives of American Teenagers*,[32] [Escudriñando el alma: La vida religiosa y espiritual de los adolescentes norteamericanos]. Este libro concluye que los padres somos la mayor influencia en las creencias religiosas de los adolescentes. Cuando usted busca señalar hacia Dios, su adolescente ve esto como algo de significado.

En última instancia, sin embargo, la fe será algo entre su adolescente y Dios. Su hijo o hija decidirá qué es verdad y a quién seguir. En lo posible, apoye esta búsqueda, ofreciéndole la mayor exposición posible, y luego salga del camino. Dios está obrando, atrayéndole, conectándose y haciendo que su adolescente vaya hacia él: «A los que me aman, les correspondo; a los que me buscan, me doy a conocer».[33]

# CAPÍTULO 35

## El que ignora a los padres

**Y**o solía pensar que si quería que mis hijos me escucharan, solamente tenía que quitarles los auriculares. Esta idea no duró demasiado. Descubrí que los adolescentes en realidad tienen el equivalente a un iPod mental en sus cabezas, y que pueden mantenerse apartados de lo que uno diga, durante el tiempo que sea.

Mis hijos parecen poder oír cosas como «Sí», «Está bien», «Mesada» y «Puedes salir hoy», pero parecen no oír «No», «Haz tu tarea», o «Limpia tu cuarto». Es un misterio.

### Definamos el problema

Bromas aparte, si encuentra que su adolescente no le presta atención o no le escucha, considérelo un problema. Porque su hijo o hija necesita de su guía y necesita escuchar a las personas, aun cuando no tenga ganas. Después de todo, esto es lo que tenemos que hacer los adultos para poder mantener y seguir adelante con nuestras relaciones y responsabilidades. Puede ser útil recordar esto. Los padres tienen que tratar con este problema de los adolescentes, no a causa de su frustración ante el hecho de que son ignorados, sino por el bien del éxito futuro de sus hijos.

El problema es en parte un tema del desarrollo, ya que su adolescente está dejando de invertir en sus padres para invertir en el mundo exterior. Los padres están convirtiéndose día a día en algo menos central. Así

que no espere que su adolescente se relacione con usted como un perro
con su amo. Por ejemplo, cuando llego a casa, soy el centro del mundo
de mis perros, en especial si llevo comida. Mis perros siempre me consideran su Alfa, y nunca dejan de depender de mí. Es la naturaleza de la
relación perro-amo. Sin embargo, no es así la relación padre-hijo. Es
propio del adolescente ir haciendo lugar para otros en su vida.

Jamás pierda de vista esta realidad. Es algo bueno para su adolescente. Si pasa con éxito por este proceso, cuando deje de vivir con usted tendrá un buen sistema de soporte y podrá elegir y mantener amistades
saludables.

También vea que la mayoría de los adolescentes están tan llenos de sus
propias sensaciones, sentimientos y opiniones que no escuchan bien a
nadie más, y ni siquiera se escuchan del todo entre sí. A veces sus conversaciones se parecen al monólogo dual de los niños de jardín de infantes:

«Ese maestro es tan tonto».

«¿Oíste lo de Ann y Nick?»

«Me da demasiada tarea para los fines de semana».

«Rompieron. No lo puedo creer».

Es decir, que probablemente no sea usted la única persona a quien su
adolescente ignora. Lo que pasa es que a usted le molesta más que antes.

## Cómo manejar el problema

Dicho esto, veamos qué podemos esperar del adolescente cuando se
trata de escuchar, y qué puede hacer usted para ayudarle a mejorar en
esta área.

**Espere que su adolescente le preste atención.** Su adolescente, sí
estará distraído por su mundo interior y exterior, pero cuando usted le
habla tiene que prestarle atención. No tiene por qué estar de acuerdo ni
brindarle demasiada devolución, pero necesita prestarle atención.

**Hable con su adolescente sobre el problema.** Siéntese a conversar
y sea directo. Diga: «Michael, es difícil hablar contigo porque parecería
que no estamos en sintonía. Esto no está bien para mí porque necesito
conectarme contigo. No es que quiera que estés pendiente de cada palabra que digo, pero sí insisto en que me prestes atención cuando te hablo,
sea en la cena o en tu cuarto».

También vea si su adolescente se ha alejado de usted por alguna
razón. A veces, los adolescentes se retraen porque se sienten heridos o

incomprendidos. No es tanto un problema de no escuchar, como de no sentir apego. Descubra si hay algo entre ambos, o en la vida de su hijo o hija, que sea la causa del problema.

**Espere a que su adolescente reconozca que lo escucha y pida una respuesta.** Solamente porque le esté mirando, no significa que entiende lo que usted le dice. Dígale exactamente lo que tiene que hacer para que usted sepa que está escuchando. Por ejemplo:

«Quiero que cuando hablamos me mires. No voy a hablar interminablemente».

«Necesito que digas "Está bien", o "Bueno" si entiendes. No hace falta que estés de acuerdo. Significa que me estás escuchando. No es aceptable que estés allí nada más sin responder. De hecho, eso es mala educación».

«Necesito que me digas lo que acabo de pedirte que hagas y para cuándo, así sé que lo entendiste».

Si no insiste usted en una respuesta, su adolescente podrá decirle: «No te oí», cuando no haga algo que le haya pedido.

**Hágale rendir cuentas por lo dicho.** Si le pidió usted que pusiera la mesa en cinco minutos y no lo hizo, algo no sucedió que sí debiera haber sucedido. Diga: «Te pedí que pusieras la mesa y seguiste jugando a los videojuegos. Eso no está bien para mí».

**Imponga consecuencias si su adolescente sigue ignorándolo.** Necesitará dar el paso siguiente. Diga: «Creo que este problema es más grande de lo que pensé. Te pedí que me prestes atención cuando te digo algo y que reconozcas que me has oído. Esto no está sucediendo. Así que desde ahora, si no me dices "está bien" y haces lo que te pedí, perderás lo que sea que te esté distrayendo, sea la televisión, la computadora o la música».

**No espere que su adolescente sea su confidente, su paño de lágrimas.** A veces los padres quieren contarles a sus hijos todo lo que les pasa, sus problemas, dificultades, como si el adolescente fuera un amigo íntimo. Como recordará del capítulo 7 «Para madres y padres solteros», esto se llama hacer del hijo un padre, y no es bueno para el adolescente. Los chicos que asumen este rol luego suelen tener problemas más adelante en la vida ya que no pueden diferenciar lo que sienten de lo que sienten los demás.

Aunque su adolescente necesita poder interactuar con usted en cierto nivel, no lo cargue con tener que ocuparse de sus necesidades emocionales. Use a otro adulto para este fin. La vida de su adolescente está tan llena y es tan confusa que solamente puede ocuparse de sus propias cosas. *Ayude a su adolescente a evitar tener que evitarle porque se siente asfixiado por sus necesidades y dependencia emocional.*

Y no se sienta herido porque tiene que lograr que su adolescente le escuche. No se trata de usted: se trata del momento de la vida por el que está pasando su hijo.

## ¡Usted puede hacerlo!

Aunque está bien que su adolescente se interese más por su mundo que por el de sus padres, no está bien que lo ignore. Usted forma parte de su mundo y responsabilidades. Ayúdele a salir de su egocentrismo para prestarle atención a usted y a los demás, así podrá aprender a relacionarse con el mundo real.

# CAPÍTULO 36

## Conductas impulsivas

Las conductas impulsivas en los adolescentes pueden comprender desde lo más tonto a lo más peligroso:

- Salir a hacer lío con amigos después de la hora límite por las noches.
- Pegarle con un libro al que está sentado adelante.
- Depilarse los brazos quemándose el vello.
- Entrar en un auto con un tipo lindo al que no conoce.
- Meter el dedo en un tomacorrientes.
- Chocar contra un árbol cuando anda en patineta.

Si su adolescente tiene estas conductas impulsivas, no pregunte: «¿En qué estabas pensando?» Ya conoce la respuesta. Porque si hubiera estado pensando, no habría hecho lo que hizo.

### Definamos el problema

Recordará, del capítulo 11, «Los adolescentes piensan distinto», que las partes de la racionalidad en el cerebro de un adolescente están menos maduras que las partes emocionales y reactivas, por lo que su criterio es pobre y no controlan del todo los impulsos. Al mismo tiempo sus hormonas son intensas y fuertes, y tienen sentimientos que antes no tenían.

Los adolescentes están volviéndose más poderosos, más curiosos y más interesados por probar cosas nuevas, en tanto desarrollan su propia identidad, su lugar en el mundo. Esta es una combinación inestable, al menos durante un tiempo.

La impulsividad es señal de vida. Da muestras de que su adolescente siente cosas y que quiere experimentar la vida, correr riesgos, estar presente. De hecho, el adolescente que no siente impulsos quizá tenga problemas de desapego o depresión. La adolescencia es el momento de la impulsividad. Así que si la conducta impulsiva es esporádica y no es grave, no se preocupe. Es normal.

Sin embargo, no toda impulsividad es normal. Cuando la conducta impulsiva de su adolescente interfiere con sus relaciones, la familia, las tareas, la escuela o la vida, es un problema. Si se interpone o es dañina y no mejora, necesitará ayudar a su hijo o hija.

Muchos de los problemas que tratamos en este libro son de naturaleza impulsiva: la conducta agresiva, la violencia, la desfachatez sexual, el uso de drogas, los estallidos verbales. No suponga que su adolescente madurará y dejará esto atrás. Muchos adultos acosados por sus impulsos viven esclavos de conductas que jamás lograron dejar en su pasado de adolescencia. Su hijo o hija necesita de su apoyo y estructura para avanzar, dejando las reacciones y pasando a usar el criterio y sentido común.

## Cómo manejar el problema

Aquí enumero algunas acciones que podrán ayudar a un adolescente a controlar sus conductas impulsivas.

**Distinga entre la conducta impulsiva y la personalidad.** Ante todo, sepa que los impulsos puros son, por definición, cosas que no se piensan. No tienen intención real y deliberada. Simplemente son, como la combustión espontánea. Sin embargo, los rasgos de la personalidad son algo diferente. Porque sí son pensados y tienen intención. El adolescente puede ser inseguro, sentirse aislado, asustado, enojado y hasta ser cruel. Quizá no sepa expresarlo con palabras, pero usted puede ver estas emociones en su rostro, gestos y acciones.

Hay conductas impulsivas, como las que enumeramos al principio de este capítulo, que pueden ser tontas, cosas hechas con descuido. Pero hay otras como la violencia, el abuso de sustancias o la desfachatez sexual que tienen más que ver con la personalidad. Como padres debemos prestar atención a ambos tipos de conductas impulsivas para poder ocuparnos de los temas que subyacen a las conductas.

Por ejemplo, supongamos que su hijo bebe. Lo ha atrapado ya varias veces, y ahora tiene por delante un problema grande. Podrían estar pasando varias cosas. Quizá bebe porque anhela la aprobación de sus padres. O quizá esté poniendo a prueba a sus padres y los límites. También podría ser que se sienta con derecho a hacer lo que se le dé la gana.

Combine cualquiera de estas motivaciones con una vulnerabilidad a los impulsos y es fácil entender por qué bebe. Así que no se ocupe solamente de la conducta. Asegúrese de estar ayudando también a su adolescente en su mundo interior.

**Traiga el problema a la relación**. Como siempre, hable con su adolescente sobre su conducta. Hágale saber que se conecta con él o ella, aun cuando se comporte de manera errática, y que no se irá. Hágale ver este problema para que tenga palabras y conceptos que le ayuden a entender qué es lo que está haciendo. Por ejemplo, podría decir: «Creo que eres bastante impulsiva y que esto te está causando algunos problemas. Lo veo cuando me gritas aquí en casa, o cuando estás en problemas en la escuela. Cuando actúas así, pones distancia y me lastimas. Me preocupa porque esta conducta podría afectarte de maneras todavía peores, así que tendremos que enfrentarlo. Estoy aquí para ayudarte». Si su adolescente niega el problema o rechaza su ayuda, no preste atención. Porque en parte le asusta perder el control, y necesita que alguien entre en acción y le ayude a retomarlo.

**Ayude a su adolescente a reflexionar sobre su conducta y los costos de esta**. Como los impulsos no se conectan con el pensamiento, traiga el pensamiento a escena. Hable con su adolescente sobre lo que hace y lo que le cuesta esto. Preséntele el concepto de la reflexión y el criterio para que vea cómo se ve. Como todavía no tiene la capacidad de reflexionar y tomar decisiones sólidas, necesita ver estas cosas en usted para poder interiorizar lo que ve que hace usted por él o ella. Así es como los adolescentes desarrollan las capacidades que luego les permitirán hacer esto por ellos mismos.

Por ejemplo, podrá decir: «¿Recuerdas que esta tarde me gritaste porque te dije que ordenaras tu cuarto? No estoy enojada por eso, y no te estoy criticando tampoco. Lo que sí quiero es ofrecerte un modo diferente de hacer las cosas. Cuando te digo que limpies tu cuarto, no quiero que digas nada inmediatamente. Quiero que solamente escuches y luego pienses durante unos segundos en lo que te dije. Si te pido esto en mal momento, o si no te sientes bien como para hacerlo, me lo dices y conversaremos. Si piensas que deberías limpiar, también está bien. Pero quiero que empieces a pensar en pensar, y quiero que observes lo que piensas y sientes».

Si esto suena demasiado abstracto como para su adolescente, simplifíquelo. El objetivo es ayudarle a responsabilizarse de sus ideas y sentimientos. Porque este es el comienzo del camino hacia el conocimiento de sí mismo.

**Minimice el caos externo.** Los chicos que tienen dificultades con la impulsividad, tienen muchas cosas que suceden por dentro y no logran encontrarle sentido a esto. Tienen un caos interno. El caos externo puede exacerbar el caos interno. Si, por ejemplo, su adolescente ve que usted y su cónyuge tienen muchos conflictos, no tendrá a dónde ir con su propio caos. Necesita vivir en un entorno que no sea caótico. Necesita amor, apoyo, estructura y orden en su mundo exterior.

Así que, mantenga toda la calma posible. Por ejemplo, establezca horarios fijos para las comidas, mantenga la casa ordenada, y haga que su adolescente se acueste a una hora adecuada todas las noches. Esta estructura externa, este orden, le ayudarán a interiorizar la estructura que no tiene para poder formar parte de ella.

**Establezca y mantenga los límites.** No solamente necesita su adolescente empatía y comprensión con respecto a su impulsividad, sino también le hacen falta límites. Si su adolescente no logra controlar sus palabras o conductas agresivas, no las ignore. Estas conductas no están bien. Su adolescente necesita saber que si sigue haciendo estas cosas sin pensarlo, está eligiendo perder algo que le importa, ya sea la libertad, el tiempo con amigos, los privilegios o alguna otra cosa. Sea claro y cumpla con las consecuencias.

Cuando los chicos con problemas de impulsividad experimentan consecuencias adecuadas y consistentes, comienzan a desarrollar el control propio, la conciencia y frustración que en última instancia resolverán el problema.

A veces los impulsos de un adolescente están tan lejos de su control que no puede detener su conducta. Si piensa usted que este es el caso, recuerde que cuanto mayor sea el problema de la impulsividad de su hijo, tanto mayor serán la estructura y el cuidado externo que pueda necesitar. *Aumente el apoyo y la estructura, en la misma medida de los impulsos de su adolescente.* Esto puede implicar varias cosas, desde los grupos de pares, a la consejería, o al cambio de ambiente (esta última sugerencia es para casos extremos). Consulte con alguien experimentado en estos asuntos para que le ayude a determinar el mejor curso de acción para su hijo o hija.

## ¡Usted puede hacerlo!

El autocontrol no es solamente señal de crecimiento espiritual.[34] Es también señal de madurez. Dios diseñó a los adolescentes de modo tal que puedan salir de la atadura de los impulsos para entrar en una vida de la que puedan hacerse cargo. Su tarea como padre o madre, es ayudar a sus hijos a entrar en este camino.

# CAPÍTULO 37

## Internet

**S**ea lo que sea que usted piense sobre la Internet, como padre o madre tendrá que enfrentar tres realidades:

1. Puede ser muy útil para su adolescente.
2. Puede ser muy dañino para su adolescente.
3. No desaparecerá.

Hay personas que calculan que hoy hay dos mil millones de sitios Web, una cantidad que casi no podemos comprender. Internet brinda a su adolescente acceso a una cantidad enorme de información sobre investigaciones, noticias y otros datos útiles. Pero la información a tan grande escala implica también que habrá problemas si usted no está al tanto, monitoreando y ayudando a sus hijos.

## Definamos el problema

Cuando de Internet se trata, deberá proteger a su adolescente del contenido dañino, de personas dañinas y de la sobre-exposición.

**Contenido ofensivo**. La pornografía, la violencia extrema y otro tipo de información en contra de la vida están disponibles en Internet.

A veces los adolescentes estarán expuestos a imágenes y textos que no son buenos para nadie, y en especial para un adolescente en desarrollo.

**Depredadores, personas dañinas.** Los adolescentes establecen contacto en línea con mucha gente, a través de la mensajería instantánea, el correo electrónico, las salas de chat, los blogs *(sitios de Internet que contienen un diario personal en línea con reflexiones, comentarios e hipervínculos)* y otros sistemas de intercambio social en red. A veces pueden formar relaciones poco saludables con quienes conocen en línea. También, están expuestos a depredadores o personas que pueden tener mala influencia sobre ellos.

**Desconexión de la vida real.** También en el caso de la información o conexiones inocuas, los adolescentes pueden llegar a involucrarse demasiado con Internet. Pueden pasar demasiado tiempo delante de la pantalla y no ocuparse de sus tareas o responsabilidades. En un nivel más profundo, corren el riesgo de vivir en un mundo cibernético y virtual, desconectándose de las relaciones, actividades y experiencias de la vida real.

## Cómo manejar el problema

Si la situación es grave, tendrá que quitar todo acceso a Internet. Sin embargo, podrá establecer otros parámetros que ayudarán a proteger a su adolescente mientras le permite acceder a Internet.

**Sepa qué es lo que atrae a sus hijos.** Los chicos con problemas en cuanto a Internet son vulnerables por distintas razones. Cuanto más entienda a su adolescente, mejor podrá ayudarle con su vulnerabilidad en particular. Algunos adolescentes, por ejemplo, se desapegan de las relaciones y por eso tratan de llenar ese vacío con un mundo virtual. Otros no tienen mucho control sobre sus impulsos y se sienten atraídos a material nocivo o dañino. Y hay otros que como están infelices con sus vidas, buscan una vía de escape en Internet.

Así que, encuentre qué es lo que le atrae a su adolescente en Internet y ayúdele con sus puntos débiles y vulnerabilidad. Aunque podrá brindarle protección desde afuera, usted no estará allí eternamente. Lo que su adolescente realmente necesita es ayuda para fortalecer y edificar su interior, de modo que no sea tan vulnerable a la influencia nociva de Internet. Después de todo, es posible que se conecte cuando deje la casa. Ayúdele a crecer y desarrollarse para que pueda usar Internet con responsabilidad cuando llegue ese momento.

**Hable con personas con experiencia en el uso de la computadora.** Afortunadamente hay gente y organizaciones que brindan información, respuestas y soluciones informáticas para algunos de estos problemas. Por ejemplo, los filtros y proveedores de conexión a Internet pueden reducir en mucho la cantidad de contenido inadecuado. También hay formas en que puede monitorear las conexiones de su adolescente o sus conversaciones de computadora a computadora.

Contacte a profesionales en servicios de computación y sepa cómo bloquear o desalentar el uso y exposición a Internet. Aunque su adolescente tenga en esto más experiencia que usted, no se preocupe. Hay mucha gente que sabe más que su hijo. ¡Hable con ellos!

**Insista en la seguridad por sobre la privacidad.** Si su adolescente utiliza Internet de manera poco sana, su seguridad tiene prioridad por sobre su privacidad y la necesidad de preservar sus amistades y espacio propio. Usted deberá quizá monitorear manual o electrónicamente con programas de computación lo que su hijo está haciendo. Cuando vea que las cosas mejoran, como sucede en las demás áreas, podrá gradualmente monitorearlo menos y ver cómo maneja el aumento de libertad.

**Requiera que viva en el mundo real.** La Web puede atrapar durante horas. Soy adulto, y ya no puedo llevar la cuenta de cuántas horas he pasado navegando en Internet. Los adolescentes son todavía más susceptibles a quedar atrapados en el fascinante mundo del ciberespacio.

La vida y las relaciones son para vivirlas personalmente, cara a cara, piel con piel. Así es como mejor operamos y nos relacionamos. Así que, asegúrese de que la vida de su adolescente se centre en el mundo real. Insista en que tenga contacto real con familiares y amigos, deportes, las artes, hobbies, actividades musicales, tareas escolares y actividades de la iglesia. Cuando su adolescente sea capaz de tener la vida real en el centro de su mente, podrá subordinar a ello su actividad en Internet, y utilizarla de la mejor manera.

Imponga límites de horarios y duración del uso de Internet. No debería utilizarla mientras tiene que estudiar, porque la mensajería instantánea distrae demasiado. Otórguele el tiempo necesario para que pueda investigar cuando lo necesita, pero no le permita investigar como entretenimiento.

**Establezca el uso de Internet como privilegio y no como necesidad.** Casi todo lo que su adolescente valore de la Web no es una necesidad, sino más una conveniencia. Por ejemplo, puede hablar por teléfono con sus amigos, escuchar música en la radio o el equipo de audio o su iPod. También puede ir a la biblioteca y usar libros en lugar de la computadora para investigar temas.

Así que no tema limitar su acceso a Internet. Puede quitar o bloquear aplicaciones como la mensajería instantánea y los programas de chateo si se convierten en problemas. (Si no sabe cómo hacerlo, consulte con un experto). Sin embargo, si no quiere o no puede hacer esto, o si su adolescente reinstala los programas, limite su acceso a la computadora a momentos en que usted está en la habitación monitoreando lo que hace. Hasta puede negarle el acceso a la computadora. Si su adolescente reinstala programas quitados por usted, sin embargo, también tendrá que manejar el tema del engaño o desafío que hay tras esta acción.

## ¡Usted puede hacerlo!

Si tiene un adolescente y usted no sabe manejar la computadora, aprenda. Internet es un aspecto importante en la vida de su adolescente, y cuanto más sepa usted, tanto más podrá hacer para ayudarle a utilizarlo para su ventaja en lugar de hacerlo para su perjuicio.

# CAPÍTULO 38

## Dinero

Cuando estábamos creando nuestra estructura de mesadas, Barbi y yo les dijimos a los chicos: «Ahora son responsables de pagar por sus salidas, de su vida social cuando no estamos presentes. Si vamos con ustedes, pagamos nosotros». Así que, cuando no tienen dinero, a veces nos invitan al cine con su grupo de amigos... siempre y cuando nos sentemos en un sector diferente.

## Definamos el problema

El dinero puede decirle mucho sobre su adolescente. El modo en que maneja sus finanzas le dirá no solo cómo lo hará cuando sea adulto, sino cómo administrará su vida en general.

Cuando piense en su adolescente y el dinero, piense en la palabra *futuro*. No hay otro problema entre los que presentamos aquí que tenga tanto que ver con el futuro de su hijo. Los adolescentes por lo general tienen orientación existencialista: viven en el aquí y ahora. Piensan: *mañana quizá nunca llegue, así que vivo para el hoy*. Si esta actitud persiste, sin embargo, su adolescente tendrá problemas.

Las compañías de tarjetas de crédito ahora hacen fila en las universidades, esperando que llegue su hijo o hija. Atraen a los estudiantes para que tengan tarjetas de crédito, prometiéndoles gratificación instantánea y «dinero gratis». Muchos estudiantes no entienden la realidad de que están formando deudas que luego no pueden pagar. ¿Hará esto su adolescente?

Muchos de los problemas que encuentran los padres con sus adolescentes, se parecen a los problemas de muchos adultos. Gastan más de lo que pueden. Compran cosas por impulso en lugar de hacerlo pensando. Y a menudo toman prestado de amigos y familiares, y luego no pueden devolver el dinero.

Muchas veces estos adolescentes tienen padres indulgentes, que prefieren evitar conflictos, o que quizá no están del todo informados. Son estos padres los que causan el problema. Porque en general, los padres somos la fuente de dinero de los hijos, y si nos atuviéramos al límite, no existirían muchos de los problemas de deudas y mal manejo del dinero que vemos hoy entre los chicos.

Como padre o madre tiene usted gran influencia en la actitud de sus hijos frente al dinero. Hay cosas que pueden hacerse para educar a los hijos en cuanto al manejo del dinero, ayudándole a aprender cómo ahorrar y gastar con sabiduría.

## Cómo manejar el problema

Aquí hay algunas cosas que puede usted hacer para ayudar a su adolescente a ser fiscalmente responsable.

**Hable con su adolescente sobre el tema del dinero**. La mayoría de los adolescentes no sabe cuánto cuestan las cosas, ni saben cómo ahorrar, o cuál es el valor de todo. Por eso los publicistas del mundo apuntan al mercado adolescente con tanto furor en estos días: hay ingresos para gastar pero no hay criterio.

Hasta tanto le enseñe usted, su adolescente probablemente sea muy poco realista en cuanto al dinero, en particular si puede obtenerlo de usted cuando sea. ¡Hasta puede creer que usted lo obtiene «gratis» del cajero automático!

Así que enséñele. Déle algunas realidades. Asegúrese de que sabe de dónde vienen sus ingresos (no hace falta darle números específicos), en qué lo gasta y cómo a veces tiene que negarse a sí mismo ciertas cosas para poder cumplir con sus metas para el futuro, como la universidad o su cuenta de retiro. Ayúdele a entender cómo funcionan las tarjetas de crédito y dígale que no hay tal cosa como «dinero gratis».

**Decida cómo obtendrá dinero su adolescente**. Usted querrá que su adolescente tenga ciertos ingresos como para ayudarle a ser responsable de sus gastos. Esto puede significar una mesada, o hacer que busque un empleo, o ambas cosas a la vez. Sea cual sea el método, haga que su ingreso sea para más que diversiones. Debiera tener ingresos suficientes, si es posible, como para pagar cosas de la vida real, como artículos de tocador, ropa, eventos sociales y entretenimiento, para dar solo algunos ejemplos.

Dicho esto, hagan un presupuesto. Hágale saber que usted se hará cargo de ciertas cosas, y que otros gastos correrán por su cuenta. Si gasta todo su dinero en salidas, tendrá menos ropa, por ejemplo. Los presupuestos hacen que los adolescentes experimenten la realidad de la responsabilidad fiscal, que puede luego (en el futuro) reportarle grandes dividendos (literalmente).

**Mantenga la línea.** A muchos padres no les importa demasiado que sus hijos se atengan al presupuesto. El dinero extra tiene que venir de alguna parte, por lo que muchos padres ceden y hacen excepciones porque se sienten culpables, o porque les da pena o no quieren enojar a sus hijos.

Si este es su caso, quiero que piense en el futuro que está ayudando a crear para su adolescente. Imagine que no sepa luego establecer su crédito o no pueda obtener un préstamo de hipoteca a causa de lo que aprendió de usted. El amor muchas veces es decir «No», ante el pedido de «Más, por favor».

A veces los padres prestan dinero a sus hijos a cuenta de la siguiente mesada. Piensan: *Es su dinero después de todo, ¿qué hay de malo?* Hay mucho de malo, creo yo. Porque establece una peligrosa mentalidad con respecto al crédito. Así que cuando su adolescente le pida un adelanto, diga: «Te di tu mesada hace dos semanas. Tendrás que hacer lo que hago yo cuando gasto de más, que es vivir con menos durante un par de semanas. Creo que lo lograrás». De a su hijo o hija la experiencia de aprender a gastar *lo que se tiene,* y no *lo que se tendrá.*

**Abra una cuenta de ahorros para su adolescente.** No solo querrá que su adolescente aprenda a gastar el dinero sabiamente, sino que además desarrolle el hábito de ahorrar. Llévelo al banco y ayúdele a abrir una caja de ahorro.

Asegúrese de que la mesada incluya un poco de dinero extra, más de lo necesario para los gastos, como para que pueda ahorrarlo y luego ver cómo aumenta el saldo de su cuenta. Querrá que tenga como hábito el apartar un poco de dinero cada vez que recibe una suma, sea como regalo o mesada.

**Prevea las ofrendas y donaciones.** También incluya en la mesada una suma para ofrendas y donaciones. Haga que el dar sea algo normal y esperable para que la generosidad forme parte de la vida de su adolescente. Cuando nuestros hijos eran pequeños, Barbi y yo restábamos un pequeño porcentaje de sus mesadas para las ofrendas y donaciones de la iglesia, y nada más les avisábamos. Cuando llegaron a la adolescencia, les dijimos: «Ahora depende de ustedes. Tienen que dar algo, pero decidirán cuánto». En pocos años, estaban ya tomando esa decisión por sí mismos, así que les damos la libertad de decidir una parte de este tema mientras todavía viven bajo nuestro techo.

## ¡Usted puede hacerlo!

Como padres podemos utilizar el dinero para enseñar a nuestros hijos a hacerse cargo de algo, a ser responsables y a tener control de sí mismos. Si sus hijos gastan de más, no corra al rescate. Permita que experimente la consecuencia natural de haber gastado demasiado. Obrará maravillas para la actitud de su adolescente respecto del dinero.

# CAPÍTULO 39

## Cambios de ánimo

**B**romas y risitas. Lucha libre en la sala. Afecto y abrazos, que surgen de la nada.

Puertas cerradas de golpe. Silencios inexplicables. Comentarios negativos, gritos por cualquier cosa.

Estas imágenes opuestas pueden pertenecer al mismo adolescente, y surgir de un minuto a otro.

Los cambios de ánimo que caracterizan a los adolescentes dejan perplejos a muchos padres y madres. Sin embargo, su adolescente pasa por estos cambios súbitos por una razón.

### Definamos el problema

El estado de ánimo, que es básicamente un estado emocional predominante en una situación, puede ser positivo o negativo, para arriba o para abajo. En la mayoría de la gente los cambios de ánimo vienen y se van pero no se interponen en el camino del amor y la vida. Pueden despertar de mal humor por no haber dormido o después de una discusión la noche anterior, pero con el tiempo este mal humor pasa. Los adultos sanos tienen estabilizadores integrados en su sistema, que permiten que puedan discernir. Por ejemplo: la capacidad para calmarse uno mismo, la de tener perspectiva, el saber que uno puede resolver un problema y la capacidad para tener esperanza.

Los adolescentes, sin embargo, todavía no han desarrollado estas capacidades. No están maduros todavía. Piense en cómo ve la vida un chico de tres años. Todo es blanco o negro, cielo o infierno, agonía o éxtasis. Los adolescentes tienden a ver la vida del mismo modo. Y aunque son más maduros que los niños de tres años, claro, también tienen que enfrentar cantidad de exigencias que los pequeños no tienen. Los adolescentes tienen relaciones más complicadas. Desean la libertad pero todavía son dependientes. Sienten confusión e inestabilidad, y por eso su capacidad para manejar sus estados de ánimo no funciona.

Las circunstancias y el entorno no controlan el estado de ánimo de quien es maduro. Cuando la persona madura está bajo estrés, por lo general podrá refrenarse. Cuando tiene gran éxito celebrará, pero pondrá su logro en perspectiva. No están «atados al estímulo», como dirían los psicólogos. Su entorno no gobierna los sentimientos que tienen.

Pero para el adolescente el entorno lo es todo. Porque vive y respira según lo que suceda con sus amigos, en su hogar y en la escuela. Lo bueno los pone eufóricos, y lo malo los desespera y deprime. A veces el aumento de energía y actividad en un adolescente se debe a la agitación más que a la euforia, y con el tiempo la energía y actividad disminuyen.

Sin embargo, a la mayoría de los padres no les preocupan los ánimos «exaltados», sino los abruptos cambios hacia lo negativo. Durante tales períodos, al adolescente no se le puede animar con palabras. Quizá actúen enojados, y hasta culpen a sus padres por sus problemas. El ánimo negativo dificulta la vida del adolescente y de quienes le rodean.

Muchas veces los adolescentes se muestran de peor humor en casa de lo que lo hacen en la escuela o con sus amigos, en particular cuando se trata de lo negativo o depresivo. Esto hace que muchos padres se pregunten si es una estrategia de manipulación. Después de todo, a su hijo o hija parece irles bastante bien en las demás áreas o ambientes.

Si este es el caso, sepa lo siguiente: su adolescente tenderá a mostrarse más taciturno, triste o negativo en casa porque allí se siente a salvo. Su hogar es donde siente que puede ser él mismo o ella misma. Y por esto se permite expresar las partes más primitivas e inmaduras cuando está en casa. Sí, a usted le toca la peor parte de su adolescente. Pero su tarea consiste en ayudarle a madurar y desarrollar las capacidades y habilidades que necesita para estabilizar sus estados de ánimo, mostrándole aceptación y amor, aun cuando le muestre su peor parte y usted se sienta tan mal.

## Cómo manejar el problema

¿Cómo podrá ayudar? Hay varias cosas que puede hacer para marcar una diferencia. Ante todo, haga lo mismo que cuando su hijo o hija eran pequeños. Esto es a lo que me refiero:

**Contenga y muestre empatía.** En el capítulo 10, «Un período de cambios tremendos», hablamos sobre la tarea de contener y mostrar empatía hacia las emociones potentes de los adolescentes. Usted, como adulto, escucha, ofrece compasión y retroalimentación de las emociones para que su adolescente pueda entonces absorberlas de manera menos extrema y con más sentido.

Contendrá los sentimientos de su adolescente en lugar de reaccionar, invalidarlos o intentar cambiarlos. Evite decir: «¿No estás exagerando? No es para tanto. Anímate. Todo irá mejor». Su tarea consiste en acompañar a su adolescente tal como es.

Así es como aprenden a regular sus estados de ánimo. Recuerde que sus sentimientos le parecen demasiado, y que quizá le asusten. Cuando usted escucha y pone estos intensos sentimientos en perspectiva, está ayudándole a soportarlos.

Permítame mostrarle cómo se vería esto. Digamos que su hija de catorce años vuelve de una fiesta y está deprimida y enojada por algo que pasó. Para contener sus sentimientos y mostrar empatía, usted dirá: «Brooke, sé que te duele cómo te trató Kelly en la fiesta. Se interpuso entre tú y tus amigos, así que te sentiste avergonzada. Veo por qué te sientes triste y sola».

Sus palabras habrán ayudado a su hija a sentir que alguien entiende cómo se siente. Y no es todo. Porque también le habrán mostrado una perspectiva más madura de lo que pasó. Si usted hubiera dicho: «Brooke, si Kelly me hubiera hecho eso a mí me querría morir. Sentiría que todos mis amigos me odian y ya no querría volver a la escuela», estaría expresando emociones similares a las de su hija. Pero como no está reflejando su ansiedad como en un espejo, está ayudándole a interiorizar una experiencia más madura y su estado de ánimo negativo irá mejorando. Si no sucede esto, quizá necesite ofrecerle mayor claridad en los conceptos.

**Claridad.** Cuando usted aclara algo, está dándole realidad y perspectiva a su adolescente, y a la situación en que está. Podrá contraponer comprensión a su pensamiento de catástrofe. Y esto puede ayudarla a estabilizarse. Requiere de cierto esfuerzo, porque no deberá ser usted condescendiente ni darse aires de superioridad. Porque en tanto busca introducir a su adolescente en la realidad, debe saber que su hijo o hija quieren que se respeten sus sentimientos.

Por ejemplo, supongamos que Brooke sigue bastante molesta. Podría usted clarificar la situación diciendo: «Brooke, claro que estás molesta por lo que hizo Kelly. Fue hiriente. Al mismo tiempo quiero que recuerdes que las chicas que están de tu lado en serio no te dejarán, porque sí tienes amigas buenas y leales. Eres buena persona y la gente buena como tú seguirá queriéndote».

**Provea estructura.** Los adolescentes con cambios de ánimo frecuentes necesitan un entorno ordenado y estructurado. Su mundo interno no tiene estructuras, es un tanto caótico y todavía está en formación. Así que necesitan que su mundo externo (usted y su hogar) sean seguros y estables. Un buen principio para recordar es el siguiente: *cuanto más inestable sea por dentro su adolescente, tanta mayor estabilidad externa tendrá que brindarle.*

Así que si su adolescente tiene altibajos emocionales, deje usted los propios para otras personas. Asegúrese de mantener sus promesas, y sea confiable en términos de horarios, actividades programadas y comidas. Esto, junto con su apoyo y calidez, puede hacer mucho por ayudar a su adolescente a comenzar a regular sus estados de ánimo.

Mantenga los límites y consecuencias que normalmente mantendría. A menos que tenga un desorden físico (que luego veremos), no permita la falta de respeto, la agresión o las actuaciones exageradas. Los adolescentes con estados de ánimo cambiantes necesitan mucho apoyo y consuelo, pero no por eso tienen permiso para perturbar las vidas de los demás.

**Mencione el estado de ánimo únicamente cuando haya contenido, aclarado y brindado estructura.** Antes de decir: «He observado que tus sentimientos son extremos y quiero ayudarte con eso» intente contener, clarificar y dar estructura primero. De este modo no corre el riesgo de causar que su adolescente se sienta disminuido o invalidado, sintiendo que no podrá mejorar porque sencillamente, tiene que demostrarle que usted está equivocado. Sin embargo, si sus estados de ánimo no mejoran con el tiempo, servirá mencionar esto para que pueda tomar conciencia de lo que está pasando.

**Distinga entre cambios de ánimo y desorden bipolar.** A veces los cambios de ánimo pueden tener como causa un problema clínico. Por ejemplo, los adolescentes con desorden de personalidad bipolar tienen cambios de ánimo extremos que perturban el funcionamiento normal. Tienen desequilibrio químico que contribuye al problema y necesitan la ayuda de un profesional para mejorar. No bastará con ser buenos padres. Necesitan medicación para estabilizarse.

Si ha implementado las sugerencias mencionadas y observa que se agravan los cambios de estados de ánimo y su adolescente no responde, llévelo a que lo evalúe un psiquiatra para adolescentes.

## ¡Usted puede hacerlo!

No se asuste ante los cambios de ánimo de su adolescente. Tómelos como algo esperable y manéjese con calma. Necesita un padre o madre que converse, se preocupe, y participe ayudándolo. Necesita a alguien que sepa qué hacer, o que sabe cómo encontrar a alguien que pueda ayudar.

# CAPÍTULO 40

## Fiestas

Aquí está la trascripción de una conversación telefónica con uno de nuestros hijos mientras estaba en una fiesta:

«¿Hola?»

«Hola, es Papá».

«Hola Papá. ¿Qué tal?»

«Quería saber si necesitas volver temprano hoy».

«¿Tengo que volver temprano?»

«Sí».

«Uh…no…»

«Te paso a buscar en unos minutos».

«Papá…vamos…»

«Te veo».

«Bueno, hasta luego».

En esta llamada estábamos usando un código. «¿Tengo que volver temprano?» significa «Sí, quiero irme a casa ahora». Si mi hijo hubiese dicho «Todo está bien», habría significado «Estoy bien. Volveré a la hora de siempre».

De vez en cuando, llamo y verifico si es que tengo preguntas en cuanto a alguna fiesta en la que están mis hijos. No tengo suficientes preguntas como para prohibirles ir, pero sí algunas que me impiden estar totalmente relajado.

Y mi llamada les da una salida si la necesitan, aunque sin pasar vergüenza ante sus pares. En este caso en particular, algunos chicos habían comenzado a beber y las cosas estaban saliéndose de control. Mi hijo quería dejar la fiesta. Esto comienza a suceder cuando están madurando. Es el objetivo supremo.

No quiero darle la impresión equivocada. Hemos tenido muchas conversaciones en las que ellos insisten en quedarse y yo insisto en que se vayan. Por supuesto, preferiría que pudiesen decirles directamente a sus amigos por qué se van. Pero hasta que esto suceda, sigo con el sistema de «las llamadas de papá».

## Definamos el problema

Las fiestas de los adolescentes son distintas a las fiestas de la escuela primaria. Estas últimas tienen más que ver con los cumpleaños, las fiestas de fin de clases, las tortas, actividades planificadas y demás. Pero las fiestas de los adolescentes se parecen más a una fiesta de universitarios: estar juntos, con música y sin actividades planificadas, o al menos ninguna actividad de la que se informe a los padres.

Si ha tenido problemas con su adolescente en las fiestas, es posible que haya sucedido alguna de estas cosas. Su adolescente:

- bebió o usó drogas;
- se involucró sexualmente;
- volvió con actitud desafiante;
- dejó la fiesta y se metió en problemas; o
- estuvo en contacto con la gente equivocada.

Pueden ser problemas graves, que tendrá que manejar seriamente y enseguida. Las fiestas pueden causar la regresión en un adolescente. Los pares, la atmósfera de diversión, la falta de un adulto sólido presente, todo esto puede disminuir el criterio y control de un adolescente.

Algunos padres no permiten que sus hijos vayan a fiestas en general a causa del riesgo de que se expongan al alcohol, las drogas y el sexo. Si su adolescente ha demostrado ser vulnerable en estas áreas, quizá quiera restringir su asistencia a fiestas hasta que demuestre más responsabilidad y autocontrol.

¿Necesitan ir a fiestas los adolescentes para poder madurar y desarrollarse? Claro que no. Los adolescentes pueden equiparse para la vida sin ir a una fiesta.

Sin embargo, también es cierto que las fiestas seguras pueden ser experiencias positivas y llenas de significado para los adolescentes, porque están llenas de buenos momentos, diversión, conexión y celebración. Los adolescentes pueden aprender y vivir cosas útiles en cuanto a las relaciones cuando asisten a buenas fiestas. Y asistirán a fiestas cuando ya no vivan con sus padres, así que es mucho mejor que logren aprender cómo manejarse cuando todavía viven con ellos.

Si es usted como la mayoría de los padres, se preocupa cuando no puede monitorear lo que pasa en las fiestas. Sabe que a veces pasan cosas malas y que no tendrá control sobre cómo decide responder su adolescente si las cosas se descontrolan. ¿Sabrá cómo salirse si hay sexo, drogas o alcohol? ¿Sabrá divertirse a salvo?

Si no está seguro, aquí van algunas cosas que puede hacer para resolver su ansiedad.

## Cómo manejar el problema

Para maximizar las posibilidades de que su adolescente viva experiencias sanas y relativamente seguras, haga lo siguiente.

**Sea claro en cuanto a las expectativas y consecuencias.** Dígale claramente qué conducta espera en las fiestas. Por ejemplo, puede decir: «Quiero que te diviertas con tus amigos. Sé que no estaré allí para verte, pero espero que te conduzcas con responsabilidad, esté yo allí o no».

Bríndele algunos lineamientos y reglas básicas que espera que cumpla, por ejemplo:

1. Nada de alcohol o sustancias prohibidas.
2. Nada de sexo.
3. Nada de agresiones físicas.
4. Nada de dejar la fiesta y andar por la calle o por ahí.
5. Que siempre haya supervisión de un adulto.

También, asegúrese de que su adolescente sepa que habrá consecuencias si viola estas reglas básicas. Asegúrese de que sepa que si decide no vivir según estos valores, perderá algunos privilegios, como el uso del teléfono o la computadora. Y también, que podrá prohibirle ir a fiestas durante un tiempo.

Trate todo problema grave como el alcohol, las drogas y el sexo por separado (ver el capítulo 22 «Alcohol, drogas y dependencias», y el capítulo 44 «Vida sexual»). Quizá necesite consultar con un profesional sobre cómo ayudar a su adolescente.

**Hable con los padres del anfitrión.** Aprendí hace mucho a no creer cuando me dicen: «La madre de Jamie dice que está todo bien». A veces, esto es mentira y otras veces, es lo que querrían los chicos. No importa cuál sea el caso, una de mis reglas básicas es: *no irás hasta que hable con los padres.* Esa sencilla regla me ha ahorrado muchas penas. He conocido a padres realmente agradables y ellos siempre han apreciado mi llamada.

Así que, llame a los padres del anfitrión. Los conozca o no, hablar con ellos es bueno. Pídales que le digan algo sobre la fiesta, porque quiere que los padres estén de acuerdo. No sea extremo pero al mismo tiempo, no tema preguntar qué se hará. Aquí hay algunas preguntas que puede hacer.

**«¿Puedo ayudar?»** Pregunte si puede ayudar a supervisar, o ayudar con la comida. A menudo aceptarán su ofrecimiento.

**«¿Estarán ustedes allí mientras dure la fiesta?»** A veces los padres de los anfitriones están allí durante un rato pero luego se van. Otras veces, se quedan en un lugar separado de la casa y nunca pasan por donde están los chicos, así que esta «presencia» no sirve de nada.

**«¿Van a permitir el alcohol?»** No es una pregunta loca. Hay padres que me dijeron: «Van a beber de todos modos, así que prefiero que lo hagan bajo mi control, en casa». Creo que esto tiene el mismo sentido que repartir condones en la fiesta. De todos modos, sepa la respuesta a esta pregunta.

**«¿Va a ir X o Y?»** Si hay chicos en su lista de alerta roja, que usted sabe que siempre se meten en problemas, pregunte si irán. No quiere decir que su adolescente no pueda asistir, pero usted necesita estar informado.

Cuando tenga esta información, quizá no quiera que su adolescente vaya a la fiesta, en especial si los padres del anfitrión no se involucran. Si las respuestas le dan tranquilidad, recuerde que ahora tiene usted bastante con qué guiar a su adolescente. Dígale que ir a fiestas es un privilegio, no un derecho, y que su conducta en los días previos a la fiesta determinará si va o no.

**Tenga un plan de respaldo**. Haga algún arreglo con su adolescente para que pueda salirse de la fiesta si es necesario. Puede decirle que lo llame si quiere irse temprano. Mi esposa y yo hemos tenido que dejar una cena con amigos para poder ir a buscar a nuestros hijos cuando nos llamaron. Pero valió la pena.

## ¡Usted puede hacerlo!

No sea paranoico. Pero tampoco niegue las fiestas. Los adolescentes pueden divertirse sanamente en las fiestas. Cuantos más padres haya que busquen la sana diversión, más seguras serán las fiestas para los chicos.

# CAPÍTULO 41

## Pares

Los «Stoners».
Los fiesteros.
Los irrespetuosos.
Los de bajo rendimiento.
Los sin rumbo.
Los que rompen reglas.

Su adolescente tiene algunos amigos con los que usted no se siente cómodo. Y cuando usted le habla sobre lo que le preocupa, lo único que recibe es un discurso en defensa de los amigos, y palabras que indican que como padre o madre no lo comprende. ¿Qué puede hacer?

## Definamos el problema

Los chicos son altamente vulnerables a las actitudes y conductas de sus pares. Sus amigos pueden enseñarles cosas que usted jamás querría que sus hijos aprendan y pueden influir para que hagan cosas que no solo son poco prudentes, sino que presentan flagrante peligro.

A veces los padres se preguntan si de algún modo debieran encontrarles amigos nuevos y prohibirles volver a ver a los viejos. Y aunque esto puede ser necesario en casos de extrema seriedad, por lo general no es el camino más sabio. Si se resiste a los amigos que elige su adolescente, o le impide hacer amigos fuera del núcleo familiar, estará poniendo en riesgo la capacidad de su hijo o hija para relacionarse con un mundo al que tarde o temprano entrará.

Recuerde que Dios diseñó a su adolescente para que cada vez invierta más en relaciones fuera de la familia. La intención de Dios es que tome el amor, el crecimiento y la madurez que usted le ayudó a desarrollar, para a su vez darlo a otras personas en contextos diferentes del mundo. Este es el gran designio de Dios, y es bueno que así sea.

Pero si usted piensa que los pares pueden tener mala influencia sobre su adolescente, hay algunas cosas que sí puede hacer.

## Cómo manejar el problema

Aquí hay algunas cosas para pensar, y acciones que podrá tomar.

**Determine si hay un problema.** Si su adolescente tiene un par de amigos cuestionables, no haga nada. En cambio, vea el fruto de la vida de su hijo. Si es afectuoso y se mantiene conectado con usted, si es responsable y sincero y sus amigos principales son sanos, puede ser que logre influir positivamente en esos amigos cuestionables. Preste atención al modo en que su hijo pueda ser influenciado, pero nada más.

Sin embargo, si observa que a raíz de esas amistades suceden cosas negativas, que su adolescente se muestra más y más retraído, o desafiante, o que tiene problemas de conducta, o comienza a beber alcohol y a tener conflictos en la escuela, entonces necesita actuar.

**Determine cuál es el atractivo.** Antes de intervenir, trate de encontrar cuál es el atractivo que tienen estos amigos cuestionables. Digamos que su adolescente tiene un grupo de amigos responsables y de buen corazón, pero que también tiene amigos con mala reputación. ¿Por qué quiere estar con ellos? Hay algunas razones que podemos tomar en cuenta.

*A su adolescente le gusta la variedad.* Es posible que solamente quiera tener distintos tipos de amigos. Está buscando sus intereses, preferencias y valores, por lo que se aventura en distintos tipos de relaciones. Quiere amigos estudiosos, atléticos, artísticos, serios, divertidos, haraganes y rebeldes. Los amigos de sus hijos pueden darle a usted una visión de lo que tiene dentro. Monitoree el modo en que determina qué tipo de persona quiere llegar a ser (¡Y recuerde los amigos raros que tenía usted en su época!).

*Su adolescente ve lo bueno y lo malo, mezclado.* Su adolescente quizá vea los aspectos buenos de los chicos raros. Los adolescentes por lo general no tienen miedo a los atributos negativos de sus amigos, como sí lo sienten los padres. Así que quizá le guste que un chico raro sea amable, simpático y más sincero que otros. Su adolescente valora lo bueno que ve, en tanto usted se preocupa por los efectos de lo que ve como malo.

*Su adolescente se siente atraído hacia sus opuestos.* A veces un amigo representa un problema que está teniendo el adolescente. El tipo de persona hacia quien se sienten atraídos nos muestra alguna parte en conflicto dentro de su corazón. Por ejemplo, el chico complaciente probablemente sienta atracción por los rebeldes, lo cual significa que quiere más permiso para estar en desacuerdo. El de alto rendimiento quizá ande con amigos haraganes, indicando que no le sienta bien la presión que siente. El adolescente que no se siente aprobado puede buscar un amigo dominante, que sí aprobará de él si hace las cosas a su modo.

Si puede identificar el atractivo, podrá ayudar a su adolescente a trabajar en sus vulnerabilidades y puntos débiles para que sea menos posible que sienta atracción por la gente equivocada.

**Hable con su adolescente sobre los amigos.** Si nota que las amistades de su hijo están empujándolo hacia abajo, dígaselo. Comente qué es lo que ve, y dígale que está preocupado por esto. Hágale saber cuáles son los amigos que le gustan, y cuáles los que no, presentando sus motivos.

¿Debe decirle que quiere que ya no los vea? Depende. Si es posible, es mejor fortalecer a su adolescente desde adentro mientras sigue en relación con estos chicos problemáticos. Porque de este modo podrá elaborar internamente lo que le ayudará a formar buenas relaciones y a elegir bien sus amistades en la vida adulta. También, se sentirá menos obligado a elegir entre usted y los amigos. Los padres muchas veces son quienes pierden ante esta opción, así que mejor será presentar la opción de «ambos», en lugar de «o uno u otro».

**Imponga límites en cuanto a la cantidad y calidad de tiempo que pasa con los problemáticos.** Por ejemplo, puede decir: «Sé que te gusta Josh, pero quiero que sepas que no me parece un buen amigo para ti. No voy a decirte que no puedes juntarte con él, porque no creo que eso sea realista. Pero no me gusta que estés a solas con él. En un grupo, está bien. No espero que te alejes si está en un grupo contigo. Pero no quiero que vayas en auto a solas con él, por ejemplo. Cuando estés con Josh, quiero que haya más gente presente».

Si está pensando en cómo podría imponer tal límite y hacerlo cumplir, y si es buena idea imponer un límite que no puede hacer cumplir, entienda que aun así es bueno que su adolescente sepa que usted tiene expectativas con respecto a su conducta. Además, no está diciéndole: «Te obligaré a dejar de ver a Josh», sino «No quiero que seas vulnerable a Josh, y no porque quiero controlarte, sino porque te amo. Obviamente, no puedo saber todo lo que haces ni con quién estás siempre que sales de casa. Pero sí puedo descubrir que pasas tiempo a solas con él, y si lo descubro te quitaré privilegios. Quiero que lo sepas de antemano». Está sencillamente diciéndole cuáles son sus expectativas y qué opciones tiene.

Si su adolescente, sin embargo, es vulnerable y sus amigos tienen mala influencia sobre él, tendrá que rescatarlo. Si encuentra que por mucho que hable su hijo o hija continúan teniendo problemas a causa de algunos amigos, y sus charlas y consecuencias no logran cambios, entonces actúe con decisión. Quizá tenga que quitarlo de su entorno para ponerlo en un lugar más saludable. Por ejemplo, podrá cambiarlo de escuela.

En última instancia quiere usted que su adolescente sea lo suficientemente maduro como para poder estar rodeado de chicos con problemas sin sucumbir, porque así es la vida adulta. Así que apenas vea que su hijo se fortalece, déle un poco más de soga relacional y vea qué hace.

**Involúcrese**. Si su adolescente se siente muy apegado a los chicos que le preocupan, vaya a hablar con ellos. Conózcalos para saber con quién se enfrenta. Está haciéndoles saber que su hijo tiene padres que se involucran. Esto puede hacer que los chicos problemáticos se limiten y restrinjan sus acciones.

Y conozca a sus padres. Llámelos y diga: «Hola. Soy el papá de Taylor. Taylor es amigo de su hijo Danny. Han estado hablando de hacer algo este fin de semana y pensé que como son amigos, quizá nosotros podríamos hablar para ver qué piensa cada uno». Muchos padres no conocen a los padres de los amigos de sus hijos. En mi experiencia, a la mayoría de los padres les agrada estar en contacto.

Cuando mis hijos han estado en problemas, estando en grupo con otros, también llamé a los padres para decirles lo que había pasado y para conversar sobre cómo responder. También hablé con los adolescentes para que supieran que me gustan pero que conozco el terreno y que estaré vigilándolos durante un tiempo. A mis hijos esto no les gusta mucho, pero lo sobrellevan. Es interesante, porque los chicos con los que hablé sobre las conductas problema, son también los chicos con los que más cercana relación tengo. Parecen apreciarme como adulto y me responden porque no se sienten juzgados. Sienten que los amo pero que también estoy dispuesto a confrontarlos.

## ¡Usted puede hacerlo!

Recuerde no hacer de los amigos un problema principal. En cambio, concéntrese en ver cómo elige su hijo a sus amigos, y cómo responde ante ellos. No le obligue a elegir entre usted y sus amigos. Sencillamente ayúdele a sentir que tiene respaldo y estructura que le ayudarán a tomar decisiones con sabiduría.

# CAPÍTULO 42

## El teléfono

**N**os anotamos para probar un plan económico de teléfonos celulares, y nos convertimos en una familia inalámbrica. Todos, incluso nuestros adolescentes, tenemos un celular. Lo primero que pensé fue: ahora tenemos otra consecuencia de importancia que podemos usar.

Esta idea tiene su lado negativo. Pronto encontramos que el teléfono celular nos ayuda a saber dónde están nuestros hijos en todo momento. Y nos volvimos dependientes de esta asistencia, al punto que el celular no es lo primero que pierden cuando desobedecen. Y no somos los únicos.

A uno de mis hijos le quitaron el celular en la escuela hace poco, porque lo estaba usando en clase. La escuela exige que sean los padres quienes busquen el celular confiscado, por lo que fue mi esposa para ver cómo y cuándo podía hacerlo. Cuando Barbi le dijo a la secretaria: «La próxima vez que le quiten el celular se lo suspenderemos durante mucho tiempo», la secretaria rió y dijo: «Sí, eso dicen todos los padres al principio. Pero ustedes lo necesitan más que el chico».

### Definamos el problema

Cuando los hijos llegan a la adolescencia son inseparables de sus teléfonos. Los preadolescentes juegan y conversan un poco. Los adolescentes hablan, luego hablan de con quién hablaron, y luego hablan sobre lo que hablarán con alguien más. Su impulso interno por conectarse con gente fuera de la familia, además de su capacidad verbal y conceptual en crecimiento, encuentran expresión con el teléfono. Sin embargo, el uso del teléfono puede salirse de control, así que su tarea consiste en ayudarle a aprender cómo ser el amo, y no el esclavo, del teléfono.

Los problemas con los teléfonos tienen que ver con los excesos. Los adolescentes suelen hablar por teléfono en demasía. Si es un celular, ese tiempo que hablan representa dinero. Y no importa qué tipo de teléfono sea, si su adolescente lo usa demasiado, no estará prestando atención a otras cosas en la vida, como la tarea escolar, las tareas en la casa y las relaciones con la familia. Los adolescentes también suelen usar el teléfono en los momentos menos indicados, como cuando debieran estar estudiando o durmiendo.

Aunque es fácil suponer que el exceso en el uso del teléfono se debe a su amorío con el mundo exterior, puede ser por otras razones. Por ejemplo, quizá carezca de la capacidad para encontrar el equilibrio y el dominio propio para manejar y administrar su tiempo. O quizá esté evitando algún problema en casa, conectándose con lo que está fuera de ella. También podría ser que esté demasiado ensimismado, que su mundo y experiencia sean lo único que le importa.

Sea cual sea la razón, es un problema, y su adolescente necesita ayuda para cambiar esta situación.

## Cómo manejar el problema

Aquí van algunas sugerencias generales.

**Establezca y haga cumplir reglas básicas.** Hable con su adolescente, y hágale saber qué está bien y qué no. Sus reglas básicas pueden incluir:

*La vida es lo primero.* Por instinto, los adolescentes quieren contestar el teléfono. Cuando suena un teléfono en casa, nuestros adolescentes sienten el impulso de ir corriendo a atender. Tenemos que recordarles: «Usa el teléfono como un contestador automático. Para eso está la máquina». Los adolescentes necesitan tener el hábito de no interrumpir lo que están haciendo sencillamente porque alguien más quiera hablarles. Por eso, conviene establecer algunas reglas. Por ejemplo:

1. No usar el teléfono hasta haber terminado la tarea de la escuela y la casa.

2. No contestar el teléfono si se está haciendo la tarea, comiendo con la familia, o haciendo algo más.

Si su adolescente corre a atender el teléfono cada vez que suena, quizá le cueste concentrarse en el trabajo y las relaciones. Hay personas que se sienten heridas si su interlocutor contesta el teléfono y entra en otra conversación abruptamente (este es un problema común con los adultos también).

***El uso del teléfono también tiene horario.*** Establezca un horario límite para hacer llamadas, en especial las noches de días de semana. Si no cumple con esta regla, quítele los privilegios de uso del teléfono. Es buena idea verificar lo que hace su adolescente por la noche, ya que quizá hable hasta la madrugada. Si es necesario, quítele el teléfono a la hora indicada, y devuélvaselo al día siguiente.

***Cuando yo llamo, espero que contestes.*** Es usual que cuando no quieren que sus padres sepan lo que están haciendo, los adolescentes no contesten cuando saben que los llama su padre o madre. Su adolescente tiene que saber que esto es una forma de engaño, y que a usted no le parece bien. Dígale que si descubre que le engaña de esta manera, lo tomará como que no es lo suficientemente responsable como para tener un teléfono, y tendrá que quitárselo.

***Limite la cantidad de minutos mensuales del celular.*** Muchos padres vigilan la cantidad de minutos que le utilizan sus hijos al celular, y es buena idea. Sencillamente, establezca con su hijo cuántos minutos tendrá al mes. Hágale saber que si se excede, habrá una consecuencia, como por ejemplo descontarle esos minutos al mes siguiente. (Si depende del celular para mantenerse en contacto con su adolescente, quizá prefiera una consecuencia que no tenga que ver con el uso del teléfono). Al hacer esto está ayudando a su adolescente a ver que hay realidades y límites inherentes al uso del teléfono, que pueden afectarle.

Hace poco hablé con uno de los amigos de mi hijo. Acababa de verificar sus minutos al terminar el mes y estaba encantado porque no se había excedido. Pero no creo que le hubiera importado antes de que su madre le quitara el teléfono cada vez que se excedía. Es que la consecuencia impuesta por su madre le había ayudado a crear un sentido de la responsabilidad y el control sobre el uso del teléfono. Ahora le importa, y también le importan los minutos que usa.

**Requiera reglas básicas de educación con el teléfono.** Su adolescente necesita conocer las reglas básicas de la buena educación, como la de identificarse cuando llama a alguien. No debiera llamar y preguntar: «¿Está Pam?», sino en cambio decir: «Hola, habla Julie, ¿podría hablar con Pam?» Tampoco debería decir «Adiós» y colgar abruptamente sin que la otra persona esté dispuesta a terminar la conversación.

Los adolescentes tienen reglas con sus pares, y eso está bien. Pero asegúrese de que su hijo o hija conozcan las reglas de educación para hablar por teléfono, en especial cuando hable con adultos.

## ¡Usted puede hacerlo!

Para un adolescente el teléfono es la línea de vida con su mundo. Haga que sea responsable por mantenerse en contacto con los demás de maneras que demuestren control de sí mismo y buen comportamiento. Le oirá decir a un amigo con quien habla por teléfono: «Tengo que estudiar ahora. Después te veo». Ese es el objetivo: el control interno, en lugar del control de los padres.

# CAPÍTULO 43

## Los que se escapan

Cuando estaba a cargo de un hogar de chicos en Texas, hubo varios adolescentes que se escapaban después de la hora límite por las noches. Afortunadamente, el hogar estaba bien organizado y trabajaba en conjunto con la policía y la comunidad, por lo que eventualmente casi todos esos chicos fueron regresados.

Lo que me asombraba, sin embargo, era lo lejos que lograban llegar. Algunos detenían autos con el dedo y recorrían millas sin siquiera sufrir un rasguño. Y aunque esto me alegraba, no aprendían de la experiencia «por el susto» y entonces hubo varios que siguieron intentándolo una y otra vez. La consecuencia natural no parecía ser demasiado efectiva. Otras cosas, que mencionaré en este capítulo, parecían funcionar mucho mejor.

El adolescente que se escapa, preocupa y asusta mucho a sus padres. Porque al escapar está desprotegido y será vulnerable a situaciones y personas que ponen en riesgo su vida, que son peligrosas. Y aunque no debe entrar en pánico si su adolescente escapa, tampoco deberá dejar pasar esto como si no fuera serio. Su adolescente necesita lo mejor de usted para que pueda recibir la ayuda que le hace falta.

### Definamos el problema

Escapar es un *intento prematuro por dejar el hogar*. Cuando los adolescentes dejan el hogar según su designio natural están avanzando hacia algo y han adquirido la madurez, preparación, capacidades y sistemas de soporte que les permitirán enfrentar los desafíos de la vida. Pero los adolescentes que escapan no tendrán nada de esto. *Porque les importa más salirse de algo, que avanzar hacia algo.* Estos adolescentes escapan porque intentan resolver un problema al que no encuentran solución. Además, no tienen la capacidad necesaria para vivir solos y pueden meterse en serios problemas. La mayoría ni siquiera pensó dónde irán. Solamente piensan en lo que no quieren.

Si tiene usted un adolescente que escapa, entienda que el hecho de escapar no es el verdadero problema, sino el síntoma de un problema diferente. Claro, aun así necesita proteger a su hijo y mantenerlo a salvo. Eso lo damos por sentado. Pero el problema real es lo que le haga tomar esta decisión extrema. ¿Qué es lo que influye en su decisión? ¿Por qué quiere escapar?

La mayoría de los adolescentes escapan por alguna de las razones presentadas a continuación.

**Problemas en el hogar.** Si un adolescente vive con un padre o madre iracundos, en medio del caos, o donde hay abuso de sustancias o de tipo sexual, con padres en conflicto o con problemas similares, quizá escape porque se siente abrumado e incapaz de enfrentar estos problemas. Se supone que el hogar es un lugar donde el adolescente puede resolver y elaborar sus sentimientos, cambios, temores y relaciones en un entorno de apoyo, aceptación y estructura. Pero si el mundo externo del adolescente es tan inestable como su mundo interno, puede sentir que no tiene más opción que escapar, para quizá encontrar a alguien que pueda ayudarle a contener sus sentimientos y pensamientos, y así encontrar sentido a la vida.

**Escaso desarrollo de la capacidad para enfrentar las cosas.** Algunos adolescentes escapan porque no tienen la capacidad de resolver sus propios problemas y conflictos. En estos casos, escapar es una solución impulsiva a una situación insoportable. Por ejemplo si el adolescente es tratado con crueldad o rechazado por un grupo de personas que le gustan, pero no tiene las habilidades sociales que hacen falta para restaurar estas amistades o buscar nuevas, quizá escape para poder alejarse o evadir el dolor de sentirse rechazado o solo. Como en los años de la adolescencia pesa tanto la aprobación de los pares, el rechazo por parte de estos puede hacer que el joven sienta que se le derrumba el mundo.

**Abuso de sustancias.** Los adolescentes con problemas de abuso de drogas o alcohol a veces escapan para poder continuar con su hábito.

**Sentido del derecho propio**. Los adolescentes que sienten que no debieran estar sujetos a reglas y restricciones suelen a veces escapar. Porque sienten derecho a ser tratados de manera especial, y exigen que nadie les diga qué hacer. Esta faceta puede surgir en pequeñas dosis en la adolescencia, pero por lo general se resuelve con el tiempo.

Sin embargo, si este problema no se enfrenta y resuelve, el adolescente escapará quizá porque percibe que su hogar es injusto y controlador, buscando ser tan libre como querría. Esta clásica fantasía del adolescente no llega a concretarse nunca, claro, porque la vida no le ofrece a nadie libertad absoluta.

Sea cual sea la causa, hay pasos que podrá y deberá dar para ayudar al adolescente que escapa a cambiar su actitud.

## Cómo manejar el problema

Aquí van algunos lineamientos generales sobre qué puede hacer.

**Haga que regrese**. Cuando descubra que falta su hijo o hija, haga inmediatamente todo lo posible por lograr que regrese. A veces el escapista crónico tiene un grupo de amigos favoritos con los que se juntará siempre. Y en otras ocasiones, se va sin destino en mente porque lo único que quiere es «estar lejos de casa». Si no puede encontrarlo pronto, llame a la policía y haga la denuncia. Su seguridad es prioritaria.

**Llegue al corazón de su adolescente**. Su adolescente está sufriendo. Quizá se sienta enojado, incomprendido, abrumado o asustado. Pero hay una parte de su corazón que se ha desentendido de sus padres. Haga todo lo posible con reconectarse con esa parte, y recupere la relación.

No comience a hablarle sobre cómo le afectó el episodio, porque esto puede hacerle sentir que usted le culpa por sus sentimientos. Como muchos padres, la madre de Jesús cometió este error después de que lo perdiera accidentalmente en un viaje. «Hijo, ¿por qué te has portado así con nosotros? —le dijo su madre—. ¡Mira que tu padre y yo te hemos estado buscando angustiados!»[35]

En lugar de esto, dígale: «Me preocupa que te sientas tan infeliz aquí que sientes que quieres irte de casa. Sea cual sea el problema, y en especial si es algo que estoy haciendo yo, quiero saberlo para mejorar las cosas. Solamente quiero escucharte. Tienes que tener mucho dentro de ti, y me gustaría que me lo contaras».

Insista en esto. Si su adolescente no habla o no se abre, dígale que tendrá que llevarlo a ver un consejero hasta que logre abrirse. Esto tiene que suceder. Su adolescente vive en un mundo de sentimientos. Es todo lo que conoce. Haga todo lo posible por llegar a ese lugar oculto en lo más profundo de su corazón.

**Cambie lo que tenga que cambiar.** Si su adolescente se fue de la casa porque hay tantos problemas en el hogar, ocúpese activamente por hacer que las cosas le sean más tolerables. En toda casa hay problemas, pero haga lo posible para que su adolescente no cargue con un peso abrumador. Si usted y su cónyuge tienen conflictos, asegúrese de que su adolescente no presencie peleas.

Recuerde que por naturaleza los adolescentes tienen bastante caos interior, y que necesitan que su hogar sea un lugar donde se sienten seguros, amados, donde son escuchados. Su adolescente tiene muchos sentimientos y experiencias que usted deberá ayudarle a contener. Dependa de amigos y apoyo fuera de la casa para encontrar ayuda de manera que sus propios problemas no les quiten la paz y el espacio a sus hijos. Como adulto, usted tiene opciones para manejar sus conflictos, pero en el caso de su adolescente esto no es así y como padre o madre, es usted quien ha de brindarle apoyo.

**Requiera.** Dígale: «Estoy trabajando en esto de escucharte para poder entender por qué escapaste, y así ayudar a resolver problemas. Pero al mismo tiempo quiero que sepas que no está bien que escapes. Es peligroso, y podrías salir muy lastimado, así que no puedo permitirlo. Quiero que seas paciente y te quedes conmigo mientras manejamos lo que te está haciendo infeliz. Si sientes que quieres escapar, dímelo y así podremos conversar sobre ello. Pero si vuelves a irte tendré que imponer consecuencias para mantenerte a salvo. No quiero hacerlo, pero lo haré. Así que por favor, mantén abiertas las líneas, todo lo posible».

**Ofrezca toda la estructura adicional que haga falta.** Si su adolescente todavía parece estar en riesgo de escapar a pesar del esfuerzo que usted hace por escucharlo y ayudarle a resolver los problemas que causaron su conducta recurra a ayuda adicional. Los consejeros para adolescentes están capacitados para ayudar, y el entorno de una residencia ajena al hogar también puede marcar una diferencia.

El propósito de esta estructura adicional es el de proteger a su adolescente mientras se trabaja en conjunto para resolver las causas de su conducta, de manera que en última instancia pueda regresar a casa y luego, en el momento adecuado, irse, pero preparado y equipado para la vida como adulto.

## ¡Usted puede hacerlo!

Cuando uno está frente a un adolescente que huye del hogar, puede sentirse despreciado. No es así. Está esforzándose por amar a su hijo o hija, que por alguna razón no quiere estar en casa. Esta realidad le llama a ser mejor padre o madre que nunca. Su más alto llamado como padre o madre es hacer lo correcto, con un adolescente que pareciera odiarlo todo el tiempo. Dios lo hace por nosotros todos los días: «Más bien, él tiene paciencia con ustedes, porque no quiere que nadie perezca sino que todos se arrepientan».[36] Siga en curso y conéctese con la infelicidad. Su adolescente lo necesita.

# CAPÍTULO 44

## Vida sexual

Hace poco, la frase «fiesta del arco iris» era la más popular en las escuelas secundarias. Se refiere a fiestas en las que cada una de las chicas se pinta los labios con un color diferente para luego practicarle sexo oral a cada uno de los chicos. Aunque puede debatirse cuántas fiestas de este tipo hay, el hecho de que existan es uno de los muchos ejemplos del aumento en la vida sexual de los adolescentes. La conducta sexual que antes se consideraba inaceptable, hoy ya se acepta como cosa normal.

### Definamos el problema

Como padres de adolescentes, debemos aceptar la realidad de que este niño o niña que criamos desde que era un bebé, es ahora un ser muy sexual. Su cuerpo está preparado para el sexo. Piensa en el sexo, habla del sexo, y hay una gran parte de él que desea tener sexo. Algunos padres encuentran que les es más fácil aceptar esta realidad, pero hay que adaptar la mente para poder ayudar al adolescente a navegar las aguas de la sexualidad adolescente.

Todos sabemos que hay muchos adolescentes que tienen sexo y luego experimentan las consecuencias: dolor emocional, embarazos no deseados, enfermedades... pero como los adolescentes tienden a ocultar su actividad sexual, los padres muchas veces se enteran cuando el problema ya existe y les golpea de frente.

Hay diversas razones por las que los adolescentes comienzan a tener actividad sexual:

1. Biológicamente están listos para el sexo y sus hormonas bullen.
2. Muchos de sus pares son sexualmente activos y la cultura respalda el sexo como algo que está bien para los adolescentes.
3. No valoran la abstinencia o la virginidad.
4. Tienen debilidades y vulnerabilidades que les hacen susceptibles en esta área. (Vea el capítulo 22 «Alcohol, drogas y dependencias» para encontrar más información sobre este tema).

Si para usted todo esto suena abrumador, imagine cómo se siente su adolescente. Tiene que tratar con su propia sexualidad. Así que si descubre usted que su adolescente está sexualmente involucrado de alguna forma, no reaccione exageradamente ni intente controlarlo. Mejor, siga estos lineamientos generales.

## Cómo enfrentar el problema

Hay algunas cosas que puede hacer para marcar una diferencia positiva en las elecciones sexuales de su adolescente, sea que haya demostrado o no tener vida sexual activa.

**Tenga «La conversación», y siga hablando.** Hable con su adolescente sobre el sexo, y no solamente de los pájaros y las abejas. Mencione el tema con frecuencia para que llegue a ser un tópico de conversación que no incomode.

Su adolescente quizá actúe como si no quisiera conversar de esto con usted, pero no haga caso. Porque aun si sabe todo lo que necesita saber (porque se lo dijeron sus amigos, lo leyó en Internet, u obtuvo la información de fuentes no demasiado sanas), su adolescente necesita enterarse de boca de sus padres.

Asegúrese de que entienda lo siguiente:

1. Dios nos creó como seres sexuales, y todo lo que Dios creó es bueno.
2. La sexualidad es mucho más que la conducta sexual. Nos relacionamos con el mundo y con los demás como seres sexuales, de manera sexual. Nuestra sexualidad forma parte de quiénes somos.

3. Los chicos se relacionan sexualmente de forma distinta a las chicas. Esto forma parte del gran designio de Dios.

4. La plenitud sexual tiene por designio concretarse en el matrimonio, y cuando se vive en esta relación, puede profundizar la intimidad y el amor.

Además, ayude a su adolescente a entender que la virginidad es un regalo para el futuro cónyuge, y que necesita establecer límites físicos adecuados para proteger su virginidad. Hable con ella sobre cuáles pueden ser estos límites y déle razones para establecerlos. No basta con decirle: «No lo hagas». Necesitará darle razones potentes por las que debe abstenerse, en especial en la cultura de hoy. Converse sobre las razones personales y espirituales de la abstinencia, así como de las consecuencias naturales de la actividad sexual, como las enfermedades y los embarazos no deseados.

Ante todo, llegue al corazón de su adolescente en el área de la sexualidad. En todo lo posible conéctese con sus sentimientos y miedos para que sepa que usted está de su lado. El sexo es un tema muy privado y personal y es posible que su adolescente le oculte lo que siente al respecto. Hay muchas cosas que nunca llegará a saber sobre esta parte de la vida de sus hijos, así que su objetivo tiene que ser el de lograr que interiorice valores y parámetros saludables en cuanto al sexo. Si su objetivo es el de impedir que sus hijos tengan sexo, es que ha perdido de vista la imagen completa de lo que significa ser padres. Mejor será que su adolescente valore la abstinencia sexual, el respeto y el dominio propio porque piensa que son importantes y que representan el mejor camino para su vida.

Si no está acostumbrado a conversar sobre esto con su adolescente, pueden sentirse incómodos los dos. Pero necesita hacerlo. Este tema es demasiado importante como para delegarlo a alguien más. Conéctese con otros padres que sean sanos, con ministerios para la juventud y con expertos en adolescencia para que le ayuden a encontrar la forma de hablar con la mayor naturalidad posible. (Vea la lista de libros que pueden ayudarle a hablar con su adolescente sobre el sexo).

**Escuche y descubra qué está pasando en realidad.** Su adolescente necesita que usted le enseñe sobre el sexo y sobre sus valores. E igual de importante es el hecho de que ha de ayudarle a crecer y madurar en su carácter.

Su adolescente tiene sentimientos, experiencias y miedos en cuanto a la sexualidad. Encuentre cuáles son. Pregúntele qué le pasa, qué pasa con sus amigos, y con otros chicos en la escuela. Quizá esté esperando que usted tome la iniciativa.

Al igual que los adultos, los adolescentes usan la sexualidad como forma de manejar sus emociones y problemas. Determine cuál puede ser el problema de su adolescente. A veces, la conducta sexual impropia es síntoma de impulsividad y falta de autocontrol. Si este es el caso, hable con su adolescente sobre lo que es la paciencia, la diligencia y la demora de la gratificación en todos los ámbitos de la vida.

Si su adolescente tiene problemas para acercarse y ser vulnerable con los demás, quizá use la actividad sexual como forma de vivir la cercanía sin el riesgo de la intimidad emocional. Si es así, necesita que le ayude a abrirse emocionalmente. Ofrézcale apoyo, y guíelo hacia un mundo de relaciones cercanas para que no necesite tomar este atajo.

Si su adolescente utiliza el sexo para olvidar penas, solucionar el rechazo o problemas de su propia imagen, vea por debajo de la superficie para llegar adonde vive en realidad, y ayúdelo a resolver estos problemas subyacentes que causan su conducta impropia para que pueda sanar y fortalecerse por dentro (Una muy buena referencia para saber qué es lo que causa las conductas de los hijos es el libro que escribimos con el Dr. Cloud, *Raising Great Kids* [Criando chicos grandiosos].[37]

**Confronte toda actividad sexual de la que se entere**. Si se entera de que su adolescente manifiesta una conducta sexual impropia, confróntelo. Probablemente esté confundido o en problemas y necesita de su ayuda. Hágale saber que sabe lo que pasa, y que está preocupado.

La mayoría de los adolescentes escuchan a sus padres si estos no reaccionan con exageración y no los condenan. Es posible que en parte su adolescente sepa que está perjudicándose y que nada más necesita a alguien que le apoye a establecer sus propios límites. Si este es el caso, mantenga una línea de comunicación abierta y brinde ayuda. Ofrezca sugerencias prácticas, como encontrar a un par que sea sano o a un líder de jóvenes que pueda respaldarle y hacer que se sienta responsable de sus actos. Ayúdele a establecer un límite, como por ejemplo, que no pase tiempo a solas con personas del otro sexo, y preséntele actividades sociales sanas para llenar el vacío.

Los amigos, la música, las revistas, la televisión y las películas pueden estar ejerciendo presión sobre su adolescente para que tenga relaciones sexuales. Hágale saber que le ayudará a resistirse a estas presiones para que pueda mantener su pureza sexual y su salud física, emocional y espiritual.

Si encuentra desafío y resistencia, establezca consecuencias, como la pérdida de la libertad social que esté utilizando de mal modo. No se enfoque en el novio o novia, porque la otra persona no es el problema aquí. El problema son los valores de su adolescente en cuanto a la sexualidad. Si hace que el problema gire en torno a la otra persona, ambos se sentirán perseguidos por usted y esto hará que se unan todavía más.

¿Qué hay de la masturbación? Puede parecerle raro pensar en esto como padre, pero otra vez, recuerde su propia adolescencia. Es parte de la vida. La gran mayoría de los adolescentes (virtualmente todos los varones y muchas chicas) se masturbarán. No hay problema clínico o físico en cuanto a esto. Sin embargo, es algo con respecto a lo que puede sentir vergüenza o culpa. Háblele y hágale saber que no hay condena de su parte ni de Dios al respecto. Al mismo tiempo, si sospecha que la masturbación sirve como modo de enfrentar la presión, los problemas y la soledad, o si está en peligro de caer en la dependencia de la pornografía, necesita de su ayuda. Dígale que está preocupado y ayúdele a encontrar cómo abrirse para manejar sus problemas, miedos y temas de forma más productiva.

Finalmente, si su adolescente ha tenido relaciones sexuales y ahora siente culpa o siente que vale menos, ayúdele a conocer la gracia y el perdón de Dios. Dios es de veras el Dios de las segundas oportunidades. Su adolescente necesita saber que Dios y usted le aman y aceptan y quieren que encuentre ayuda, esperanza y un nuevo comienzo: «En él tenemos la redención mediante su sangre, el perdón de nuestros pecados, conforme a las riquezas de la gracia».[38]

## ¡Usted puede hacerlo!

Cuando camina usted junto a su adolescente por el incómodo mundo de la sexualidad, está siendo el pastor de ovejas lleno de coraje, el guardián de su hijo que Dios quiere que sea. Guíe a su hijo hacia el entendimiento y la experiencia de la sexualidad tal como Dios la diseñó: saludable, llena de amor y con dominio propio.

## LIBROS PARA ADOLESCENTES

Dr. Henry Cloud y Dr. John Townsend. *Límites en el noviazgo.* (Editorial Vida). El capítulo «Establece límites físicos saludables» brinda el entorno espiritual y relacional para poder poner límites sexuales buenos, tales como la santidad, el autocontrol, el no caer esclavo de la lujuria y el poder establecer relaciones sanas con los demás y con Dios.

Stephen Arterburn y Fred Stoeker, con Mike Yorkey. *La batalla de todo hombre joven* (Editorial Unilit). Les muestra a los varones jóvenes cómo entrenar sus ojos y mentes, cómo limpiar sus pensamientos y cómo desarrollar un plan de batalla realista para permanecer puro en la cultura de hoy, tan empapada de lo sexual.

Shannon Ethridge y Steve Arterburn. *Every young woman's battle* [La batalla de toda mujer joven] Water Brook Press, Colorado Springs, 2004. Ofrece una guía sobre cómo tener conversaciones francas, naturales y profundas con su hija sobre la sexualidad y la integridad sexual.

## LIBROS PARA PADRES

Stephen Arterburn, Mike Yorkey y Fred Stoeker, *Prepare a su hijo para la batalla de cada hombre* (Editorial Unilit). Brinda una guía sobre cómo tener conversaciones francas, naturales y profundas con su hijo sobre la integridad sexual.

Shannon Ethridge, *Preparing Your Daughter for Every Woman's Battle* [Prepare a su hija para la batalla de cada mujer] (Water Brook Press, Colorado Springs, 2005). Ofrece guía sobre cómo tener conversaciones francas, naturales y profundas con su hija sobre la sexualidad y la integridad sexual.

# Capítulo 45

## Silencio

«**P**arker es tan callado. Me preocupa. Siento que pierdo contacto con él».

Estaba hablando con Renee, la madre de Parker, en el almacén. Su hijo siempre había sido callado pero ahora, en la adolescencia, apenas si pronunciaba palabra.

«¿Está enojado contigo?», pregunté.

«No lo sé. No parece estar enojado. Es que no dice nada».

No pensé en la conversación hasta que nuestras familias se reunieron un par de semanas más tarde. Entonces, mis ojos se abrieron a la razón del retraimiento de Parker.

Me acerqué a él y pregunté: «¿Qué tal va el béisbol?»

«Bastante bien. Mi swing va...»

«Su swing es mejor que el año pasado, y este año está tomando lecciones», interrumpió su madre.

Mientras Renee hablaba, vi cómo se retraía Parker.

Pregunté entonces: «¿Y qué tal van las lecciones?»

«Bueno, estamos trabajando en mi postura porque...»

«Porque se para demasiado lejos del plato y pierde potencia».

Y una vez más, vi que Parker se retraía.

Como esa tarde observé que Renee interrumpía a su hijo reiteradas veces y hablaba por él, sentí que tenía que hacer algo. Cuando volvió a interrumpir a Parker, miré al chico directamente y dije: «Parker, quisiera escuchar tu respuesta».

Más tarde hablé con Renee sobre lo que había observado. No se había dado cuenta de cómo atropellaba a su hijo, y no le gustó lo que hacía. Vio que al hablar por su hijo constantemente estaba devaluándolo como individuo con opiniones y sentimientos propios.

## Definamos el problema

Los padres a veces se sienten preocupados o desesperados porque su parlanchín de diez años ahora se ha convertido en un retraído y callado muchacho de catorce. Sin embargo, muchas veces el silencio del chico se debe a la etapa de su vida, más que a un problema suyo o de sus padres.

El silencio es necesario y saludable como parte de la transición entre la niñez y la adultez. Los adolescentes necesitan crear en sus mentes un lugar donde sus padres no entren. Tienen que hacer espacio para poder separar las emociones e ideas ajenas de las propias. El silencio es como la memoria RAM, de la computadora, esa parte que usan los programas para realizar tareas. El silencio brinda el espacio de pensamiento que el adolescente necesita para poder figurarse qué y quiénes son.

Recuerde también que los adolescentes se preparan para la vida adulta apartándose de sus familias y comprometiéndose más y más con el mundo exterior. Si los padres pueden brindarles libertad, amor y aceptación, surgirán a la superficie para tomar aire y volverán a relacionarse con la familia. Sin embargo, sus opiniones les serán propias y quizá no compartan cada idea o sentimiento como lo hacían cuando eran pequeños.

Como descubrió la madre de Parker a veces el silencio del adolescente sí indica que hay un problema. Si el silencio de su hijo o hija está causado por alguna de las siguientes razones, no es normal ni saludable y habrá que preocuparse.

**Retraimiento por un padre o madre invasivos**. Cuando los padres interpretan el silencio de su adolescente como problema grave o la pérdida de su amor, suelen abrumar al chico con palabras. Esto puede impedirle la capacidad de vivir sus propias experiencias. Al ser demasiado invasivo el padre crea un problema real, perpetuando un ciclo de interrogación y retraimiento.

**Limitada capacidad para describir experiencias y emociones.** Los adolescentes a veces carecen de vocabulario adecuado para describir sus experiencias, sentimientos y reacciones. Se sienten mucho más cómodos haciendo breves comentarios sobre sus actividades. Las palabras con carga emocional, como *triste, enojado, confundido, herido* y *asustado* no lo hacen sentir tan cómodos y por eso evitan usarlas. Sí que viven estas emociones, pero no encuentran cómo articularlas y expresarlas con comodidad y facilidad.

**Miedo a la emoción.** Aun si tienen el vocabulario emocional, los adolescentes a menudo preferirán evitar tener que manejar emociones negativas fuertes. Todavía están ocupados en sentir emociones sin temer a que se salgan de control o se vuelvan demasiado dolorosas para ellos. En respuesta, se cierran. Las emociones no desaparecen pero el adolescente temerariamente se ahorra el miedo y la ansiedad en cuanto a lo que pueda suceder en su interior.

**Depresión.** Los adolescentes que están deprimidos suelen ser callados. La depresión es algo doloroso y a menudo el adolescente siente que todo está mal en su vida y persona. Ha perdido la esperanza de que suceda algo bueno. Es posible que se muestre retraído, alejado de sus padres o del mundo, como forma de manejar emociones muy potentes que todavía no sabe enfrentar.

**Castigo pasivo.** En ocasiones los adolescentes se retraen en silencio porque sienten enojo u hostilidad hacia sus padres y no quieren arriesgarse a incurrir en su ira si actúan o hablan de manera que demuestre sus sentimientos. Entonces se retiran en pasiva respuesta hacia la injusticia o el maltrato real o supuesto. Su silencio transmite enojo, despecho o negación de la relación.

## Cómo manejar el problema

Afortunadamente, con comprensión y paciencia los padres pueden llegar efectivamente al corazón de un adolescente que calla. Aquí van algunas sugerencias.

**Hable sobre la raíz del silencio.** Aunque sienta la tentación de hablar sobre el silencio en sí, tenga en cuenta que su adolescente se centra y vive más el problema que causó su actitud de encierro. Así que primero hable sobre la razón que hay detrás, sea un castigo, la depresión, el miedo o el retraimiento causado por actitudes invasivas.

**Hable sobre el silencio**. Una vez que haya hablado sobre el motivo, puede referirse al silencio en sí. Podrá decir: «Me alegra que hayamos hablado sobre lo enojado que estás porque no te permitimos salir. Me resulta difícil esta situación en que te ocultas y cierras. No puedo saber dónde estás y no sé qué decir o cómo ayudarte. Necesito que me digas cuando estés enojado y no que te calles todo. Quizá ni siquiera sepas que haces esto, pero sucede con frecuencia. Si no sabes cuándo necesito que me lo digas, te avisaré, ¿te parece bien?»

**Déle espacio y tiempo**. Recuerde que aunque en la vida todo vaya bien, su adolescente puede mostrarse reservado. No fuerce la conexión o conversación causando que vuelva a encerrarse. En cambio, permítale tener tiempo y espacio suficientes como para asimilar lo que se dijo o hizo hasta ese momento. Usted quiere que salga de su silencio por propia voluntad, y no porque se siente obligado a hacerlo.

**Requiera diálogo**. Es posible que deba avanzar más allá de la invitación, para ir a la expectativa. Esto se da más cuando los adolescentes se enojan y castigan que con los que se sienten heridos o tratan de huir. Porque estos últimos necesitan mayor conexión y resolución de problemas. Por ejemplo, dígale: «Haré todo lo que pueda por cambiar lo que hago y que te causa dificultad para hablar conmigo, pero necesito que me hables, y si no lo haces por tu cuenta, al menos cuando te pregunto cómo te va, contesta. Necesito que tengamos conversaciones reales porque te amo y quiero cuidarte. Y si te niegas a hablar me estás diciendo que no tomas en serio tus responsabilidades en nuestra relación, por lo que habrá consecuencias».

Sea cual sea la consecuencia recuerde que su propósito es el de ayudar a su adolescente a abrirse. Cuando haga el esfuerzo por iniciar o participar del diálogo, deje atrás las consecuencias y conéctese.

## ¡Usted puede hacerlo!

Cuesta mucho manejar el silencio en forma positiva. Al mismo tiempo las lecciones que enseñe a su adolescente en cuanto a cómo manejar situaciones difíciles sin recurrir al silencio le ayudarán en sus relaciones futuras.

# Epílogo

**C**ada vez que oigo que un adulto joven a quien conocí cuando era adolescente está haciendo las cosas bien, siento ganas de celebrar. *¡Vamos! ¡Muy bien!* También siento alivio. *Bueno, supongo que hay esperanza para el mundo entonces.* Oí de dos que se van a casar, de otro que recibió un ascenso en la compañía y de uno más que está a punto de graduarse en la universidad. ¿Cómo fueron de donde estaban adonde están hoy? Es prueba de que Dios existe.

Toda persona exitosa en el mundo, joven o anciana, fue adolescente. Todos pasaron por el fuego. Probablemente enloquecían a sus padres. Quizá cometieron errores terribles. O mostraban indicios de que jamás llegarían a nada. Y sin embargo, salieron del otro lado del túnel de la adolescencia y se ubicaron en su asiento en el mundo, incluyendo el noviazgo, el matrimonio, su carrera profesional y hasta la paternidad o maternidad.

Recuerde esta realidad durante estos años de locura. Es fácil sumergirse en la crisis del presente. Y aunque por cierto hay que enfrentar las crisis, no debemos quedar atascados en medio de los problemas. Allí es donde vive su adolescente, y usted tiene que ser quien extienda la mano y le haga salir de la crisis con amor y un mayor sentido de la perspectiva.

*Su adolescente lo necesita. Punto.*

Quizá no lo demuestre, pero por dentro siente confusión y no es capaz de funcionar como debiera. Necesita un padre, una madre que sean amorosos, que le acepten y validen para que pueda centrar su mente y que le ayuden a pasar hacia el mundo de los adultos. Cumpla con la tarea de escuchar los sentimientos e ideas de su adolescente, en especial de todo aquello que lo perturba y confunde, y ayúdele a poner sus miedos, fracasos y frustraciones a la luz de la relación, donde pertenecen y podrán madurar.

¿Hacia dónde irá usted desde aquí?

**Otorgue a su adolescente una vida de amor y estructura.** El tiempo no lo cura todo, por mucho que diga el adagio. El tiempo, más la gracia, más la verdad, pueden curarlo casi todo. Así que no espere. Tome las riendas y comience a cabalgar.

Cuanto más integre los límites a su vida cotidiana y las relaciones, tanto más normales serán estas estructuras para su adolescente. Al principio puede resultar difícil la adaptación, ir desde el rescate o la actitud de indiferencia a confrontar y hacer cumplir las consecuencias. Pero cuanto más lo haga, tanto mayor será la posibilidad de que su adolescente se adapte, sea más responsable, tome en cuenta los sentimientos ajenos y desarrolle conciencia y autocontrol.

**Trabaje en su propio crecimiento**. El ser responsables de los adolescentes suele exponer a la luz nuestras propias debilidades, como pocas otras cosas logran hacerlo. Jamás supe que tenía mal carácter hasta que mis adolescentes me lo señalaron. Ahora me lo recuerdan a menudo.

Encuentre una forma de crecer y trabajar en estas debilidades y áreas de su persona que necesitan madurar y sanar. Únase a una iglesia sana, a un grupo pequeño, o a un grupo de apoyo de padres de adolescentes, o encuentre un director espiritual, o un buen terapeuta. Cuando trabaja usted en las áreas de su carácter, también está mejorando como padre o madre porque su tarea tiene que ver con su carácter. A medida que mejore, también mejorará como padre o madre. Así que esté en contacto con personas maduras, afectuosas y sinceras, y utilice lo que aprenda.

**Busque a Dios.** Dios es personal, emocional y está presente con usted y su adolescente. La angustia del adolescente no confunde ni frustra a Dios, para nada. De hecho, como diseñador del pasaje de la adolescencia, él tiene sabiduría, guía, gracia y aliento para usted. Sígalo, búsquelo y pida su vida para su corazón. Dios se ocupa de redimir a un mundo que lo necesita y a todas las partes de la vida de su adolescente que necesitan redención, porque solamente somos plenos totalmente cuando nos conectamos con él. Pídale vida y luz para ambos. Como dice la Biblia: «Porque en ti está la fuente de la vida, y en tu luz podemos ver la luz».[39]

**Tenga a la vista el futuro de su adolescente.** Usted es la mayor esperanza que tiene su adolescente, para convertirse en un adulto afectuoso, exitoso, y pleno. Usted, el padre o madre, estricto y amoroso a quien el adolescente ama y detesta, pero a quien también necesita en el más profundo nivel.

Su adolescente está avanzando velozmente hacia su futuro. En unos pocos años estará dejándolo para ocupar su lugar en el mundo. ¿Qué puede hacer usted hoy para ayudar a su adolescente a convertirse en un adulto que prospere y brinde cosas buenas a los demás?

Como padres, no hay tarea más grande. Y no hay bien mayor que este.

Dios lo bendiga. Y Dios bendiga a su adolescente.

**Dr. John Townsend**
**Newport Beach, California**

## Apéndice A

# En búsqueda de la ayuda de un profesional

Los padres de adolescentes a menudo sienten confusión ante cómo y cuándo buscar ayuda profesional. ¿Estamos exagerando? ¿Y si es algo pasajero, que se irá solo? Afortunadamente la terapia para adolescentes puede lograr mucho en estos días, y aquí le damos algunos lineamientos para que sepa qué hacer.

## ¿Cuándo debería buscar ayuda de un terapeuta?

Debería buscar ayuda profesional cuando:

*Su adolescente está en crisis.* Los problemas como el uso de drogas, la violencia seria, los cortes o quemaduras autoinfligidos, y los pensamientos autodestructivos requieren de alguien con experiencia que pueda ayudar a su adolescente a salir del peligro.

*Todo lo demás no funcionó.* Esto incluye su intervención, apoyo, guía, aliento, reglas y consecuencias. También puede incluir el sistema de la escuela y de líderes para jóvenes en su iglesia. Si ha intentado diversos caminos y le ha dado tiempo suficiente como para que su adolescente cambie, pero no observa cambios, posiblemente haya llegado el momento de recurrir a un profesional.

## ¿Cómo encontrar un buen terapeuta?

Lo mejor será consultar a quienes con frecuencia refieren a adolescentes a este tipo de profesionales. Por ejemplo, pueden ser consejeros escolares o pastores para jóvenes, que quizá conozcan buenos especialistas en adolescencia en su área. Como trabajan con adolescentes y familias, suelen escuchar las opiniones sobre cuáles consejeros trabajan mejor con los adolescentes que tienen un problema en particular. Encuentre a los que tienen las llaves de las puertas al camino de la solución y siga sus consejos.

También recomiendo que haga que un médico revise a su hijo. Hay problemas de conducta que pueden empeorar o ser causados por problemas clínicos o biológicos, y es posible que su adolescente necesite tratamiento indicado por un médico o psiquiatra para adolescentes. Estos problemas, como el trastorno por déficit de atención (TDA), el trastorno por déficit de atención con hiperactividad (TDA-H), o el desorden bipolar, pueden mejorar mucho con la medicación adecuada, y luego esta mejora se traduce en una mejor conducta y actitud.

# Apéndice B

## Consejos para cuando no sepa qué hacer

No puede planificar cada una de las situaciones posibles. Hay cosas que surgirán y le tomarán por sorpresa. Sin embargo, tendrá que hacer algo para ayudar a su adolescente. Aquí va una lista de consejos para ayudarle en esos momentos en que no sabe qué hacer.

**Cuando esté en duda, intente conectarse con su adolescente.** No discuta, ni siga razonando o amenazando cuando está claro que no llegan a ninguna parte. Deténgase e intente lograr una conexión. Esto puede resolver una gran cantidad de problemas.

**Recuerde que es probable que su adolescente también se esté sintiendo mal, como usted.** Muestre compasión, aun cuando su adolescente esté imposible. Quizá no esté feliz y necesita saber que usted lo entiende.

**Tenga siempre en mente el futuro, aun en medio de la crisis del presente.** Nunca olvide que aunque tiene que ocuparse del problema de hoy, querrá usar esta circunstancia para guiar a su adolescente de modo que esté preparado y equipado para la vida adulta en el mundo real.

**Que el «no» sea algo normal.** No evite decir «no» cuando haga falta, por el bien de sus hijos. Si la palabra «no» es algo normal y habitual, su adolescente podrá aceptarla como parte de la vida. «No» es una palabra que no debiera causarle un ataque de nervios o depresión. Ayude a su adolescente a acostumbrarse a la realidad.

**Tolere el enojo de su adolescente.** A menos que lo esté maltratando seriamente, permítale enojarse y no se aparte. Escuche, conténgalo, entienda lo que le dice y aclare si es que haya hecho algo que merezca enojo. Pero en lo posible, conéctese con su adolescente aun cuando se muestre enojado con usted.

**Busque la responsabilidad y la libertad, no el control.** Deje de intentar «hacer» que saque buenas notas, o que lo respete, o que sea responsable. En cambio, busque formas de darle libertad de elección y haga que experimente consecuencias, así aprenderá lo que es la responsabilidad.

**Sea blando en cuanto a las preferencias y el estilo, pero duro con la falta de respeto y el egoísmo.** Otórguele a su adolescente espacio para ser distinto a usted en cuanto a la cultura, la vestimenta y el estilo. Pero sea estricto en cuanto a cómo trata a sus padres y a los demás.

**Usted es el adulto. No pelee.** Cuando su adolescente quiera discutir, hágalo. Pero si no discute con lógica, entonces deje la discusión. «Ya no voy a seguir con esto. Lo volveré a conversar contigo cuando no estés tan enojado».

**Sea afectuoso pero directo.** No ande con vueltas cuando confronta un problema. Lo más probable es que su adolescente ya sepa que hay un problema entre los dos.

**Si usted está demasiado cansado, débil o sin muchas ganas de hablar, no amenace a su adolescente con una consecuencia.** Espere hasta haber recuperado la energía, los recursos o el apoyo que necesita. Su adolescente tiene que aprender que las malas decisiones tienen consecuencias garantizadas y consistentes, y no quizá... alguna vez... posiblemente una consecuencia.

**Conéctese con personas sensatas que entiendan.** Si le hace falta, llame pidiendo guía y sabiduría antes o después de tener el problema con su adolescente.

**Haga una fiesta cuando su adolescente cambie para bien.** A los adultos nos cuesta cambiar. A los adolescentes les cuesta todavía más. Cuando su hijo o hija admitan un error, cambien su conducta o actitud o den un paso positivo hacia delante, con toda sinceridad elógielo y muestre su apoyo. ¡Quiere volver a ver algo como esto!

# Notas

1. Henry Cloud y John Townsend, *Límites*, Editorial Vida, Miami, FL.
2. Santiago 1:6.
3. Lucas 15:17-19.
4. Substance Abuse and Mental Health Service Administration (SAMHSA) www.oas.samhsa.gov/nhsda/2k3tabs/sect4peTabs1to60.htm#tab4.15acentersfordiseasecontrol/apps.nccd.cdc.gov/yrbss/SlectLocyear.asp?cat>4&Quest=Q58)
5. Substance Abuse and Mental Health Service Administration (SAMHSA) www.oas.samhsa.gov/nhsda/2k3tabs/sect4peTabs1to60.htm#tab4.17.a
6. Substance Abuse and Mental Health Service Administration (SAMHSA) www.oas.samhsa.gov/nhsda/2k3tabs/sect4peTabs1to60.htm#tab4.1.a
7. Substance Abuse and Mental Health Service Administration (SAMHSA) www.oas.samhsa.gov/nhsda/2k3tabs/sect4peTabs1to60.htm#tab4.1.a
8. Mateo 5:37 (RV60)
9. Eclesiastés 4:9-10
10. Hebreos 4:16
11. Salmo 22:9
12. 2 Corintios 7:9-10
13. Henry Cloud y John Townsend, *How to have that difficult conversation you have been avoiding,* Zondervan, Grand Rapids, MI, 2005.
14. Salmo 68:5
15. Proverbios 19:11
16. Gálatas 4:1-3
17. Génesis 2:24
18. Henry Cloud y John Townsend, *Raising Great Kids,* Zondervan, Grand Rapids, MI, 1999, p. 29.
19. 1 Corintios 8:6
20. Isaías 35:3
21. Romanos 4:15
22. Gálatas 6:7
23. Mateo 9:36
24. Proverbios 31:30
25. Génesis 1:28
26. Mateo 23:26
27. Efesios 5:8
28. Eclesiastés 3:11
29. Proverbios 18:13

30. Lee Strobel, El caso de la fe, Editorial Vida, Miami, FL.

31. Lee Strobel, El caso de Cristo, Editorial Vida, Miami, FL.

32. Christian Smith y Denton Melinda Lundquist, *Soul Searching, The Religious and spiritual Lives of American Teenagers,* Oxford University Press, New York, 2005.

33. Proverbios 8:17

34. Gálatas 5:23

35. Lucas 2:48

36. 2 Pedro 3:9

37. Henry Cloud y John Townsend, *Raising Great Kids,* Zondervan, Grand Rapids, MI, 1999.

38. Efesios 1:7

39. Salmo 36:9

# Índice

# Acerca de los autores

El Dr. Henry Cloud y el Dr. John Townsend han estado llevando esperanza y sanidad a millones de personas durante veinte años. Han ayudado a personas de todas partes a encontrar soluciones a los desafíos personales y relacionales más difíciles. Su material brinda respuestas sólidas y prácticas, y guía en las áreas de *la crianza de los hijos, los problemas de los padres y madres solteros, el crecimiento personal y el liderazgo.*

Lleve al Dr. Cloud o al Dr. Townsend a su iglesia u organización. Están disponibles para:

- Seminarios sobre una amplia variedad de temas.
- Capacitación para líderes de grupos pequeños.
- Conferencias.
- Eventos educativos.
- Consultoría para su organización.

Otras oportunidades:

- Talleres de liderazgo en California del Sur, todo el año.
- Currículo para grupos pequeños.
- Seminarios vía satélite.
- Audio Club de soluciones, soluciones en presentaciones semanales grabadas.

Para más recursos, o para fechas de seminarios y talleres a cargo del Dr. Cloud y el Dr. Townsend, visite:


**www.cloudtownsend.com**

Para otra información llame al (800) 676-HOPE- (4673)

O escríbanos a:
Cloud-Townsend Resources
3176 Pullman Street, Suite 105
Costa Mesa, CA